Der Nahe Osten

H.-W. Gille **Der**

Nahe Osten

Europas fremde Nachbarn

Verlag Welsermühl

Text- und Bildlayout: Friedrich Spendou.
Herstellung: Welsermühl, Druck- und Verlagshaus AG, Wels, Austria.

ISBN 3-85339-198-2

Bildnachweis

Breyer, K.: 77 u. – *Gille, H.-W.:* 2, 3, 18, 19, 29, 30, 31, 32, 53, 56, 67 u., 77, 78 u., 79, 96, 106, 107, 121, 122, 123, 129, 130, 131, 132, 141, 166, 168. – *IFA-Bilderteam:* 43, 44 u., 65, 79 o., 94, 121, 122, 124, 154, 179 o. – *Kortler, F.:* 1, 17, 41, 53 u., 56 li. und u., 77 o., 79, 144, 153. – *Redl, H.:* 4, 43, 44, 54, 55, 67, 68, 79. – *Reisch, M.:* 93 u., 108, 176, – *Roßdeutscher, H.:* 121 r. – *Schön, H.:* 20, 42, 156. – *Shell Foto,* London: 78 o., 176 li. o. und u. – *Süddeutscher Verlag:* 105, 142, 143. – *Transglobe:* 106 u., 122 li., 165, 178, 179 u. – *Mutzel, U.:* 144 u., 166 r. – *Welsermühl Verlagsarchiv:* 66, 79 u., 93 o., 94 o., 95 o.

Inhaltsübersicht

Bilder am Titelbogen:

Seite 1: Der Schador (Schleier) – Symbol der Solidarität der traditionsbewußten Frauen.

Seiten 2/3: Strategisch wichtig: Die Wüsten in der Nähe des Roten Meeres. Die Bergsockel bestehen aus Granit und Sandstein.

Seite 4: Im Dienst der Religion verwirklicht sich die Kunst. Den vollkommensten Ausdruck findet sie in der Gestaltung der Moschee.

Vorwort

Über den Nahen Osten zu schreiben, erscheint mir noch immer als ein Bemühen, die Rätsel der Sphinx zu lösen. Aber man darf sich nicht entmutigen lassen – auch wenn man nach langer, gefahrvoller Suche vor einer geheimnisumwitterten Wandinschrift steht und entziffert: »Du wirst nie erfahren, was das alles bedeutet.«

In meiner Kindheit las ich von einem Vorderen Orient, wo mutige Männer mit langsam dahinziehenden Karawanen die Wüste durchquerten. Heute führt auch durch die Sahara eine Asphaltstraße; aus den dreihunderttausend Einwohnern von Damaskus sind drei Millionen geworden; aus Basra, dem Hafen Sindbad des Seefahrers, wurden hart umkämpfte Schlachtfelder und aus dem alten, verträumten arabischen Jerusalem die Hauptstadt Israels.

Bis zu meinen Reisen war mir der Nahe Osten fremd gewesen, und ich hatte zu diesem Teil der Welt nur durch Lektüre, Gespräche und Filme eine Beziehung. Aber als ich in Kairo ankam, hatte ich sofort das Gefühl einer schicksalhaften Begegnung. Ungeachtet aller Belastungen trieb mich eine seltsame Neugier dazu, immer weiter zu forschen und den Menschen, ihren Schicksalen und der Geschichte ihrer Völker und Staaten nachzugehen.

Die Geschichte zieht sich wie ein roter Faden durch meine Darstellung. Sie ist Pfad und Wegweiser zugleich, die zum Verständnis des Heute führen; sie ist der Schlüssel, der mir half, verschlossene Tore aufzuschließen und hinter die Fassaden zu blikken.

Die Geschichte der deutsch-arabischen Beziehungen ist so stark aus unserem Bewußtsein verdrängt worden, daß man sich manchmal fragt, ob es eine derartige Geschichte überhaupt gegeben hat. Ich bin den verschütteten Wegen nachgegangen; forschte auch nach den Hintergründen der islamischen Revolution und danach, was der Staat Israel für die arabische Welt bedeutet.

Kreuz und quer habe ich die Länder am östlichen Mittelmeer durchstreift, bin weit ins Innere und nach Süden und Osten vorgedrungen. Jede Gelegenheit, eine Zeitlang mit den Menschen zu leben, habe ich wahrgenommen. Überall – ob in Oasen oder Weltstädten, in Kibbuzim oder Nomadenlagern, bei Kampftruppen oder in Flüchtlingssiedlungen, in Universitäten oder Fabriken, in Ministerien oder bei Naturschutzorganisationen – geriet ich in das Spannungsfeld der Widersprüche, von denen die Welt des Nahen Ostens heimgesucht wird.

Wohin geht Israel? Wie lange ist es her, daß eine große Religion – wie heute der Islam – die Welt beunruhigte? Wie stark ist der Einfluß der erdölproduzierenden Länder auf die Entwicklung der Weltwirtschaft? Welche Antworten erhalten wir auf unsere Fragen – am See Genezareth und am Staudamm von Assuan, im Palästinenserlager Yarmuk und an der Straße von Hormuz, in Jericho und in Beirut, in Luxor und in Palmyra?

Was ich berichte, basiert auf meinen Erlebnissen. Das Buch ist für die breitere Öffentlichkeit bestimmt; die Wissenschaftler mögen mir einige Vereinfachungen nachsehen.

Zum Abschluß möchte ich noch erwähnen, daß nicht die Jagd nach Sensationen mich in den Nahen Osten trieb; ich wollte mit eigenen Augen sehen, wollte zuhören und verstehen.

Dieses Buch hätte ohne die Unterstützung von vielen in- und ausländischen Freunden nicht geschrieben werden können. Einer großen Anzahl von Arabern, Israelis, Deutschen, Amerikanern und Iranern bin ich zu Dank verpflichtet. Nicht alle kann ich nennen – und einige, insbesondere aus den arabischen Staaten, baten darum, nicht namentlich erwähnt zu werden.

Für die Durchführung der Reisen waren die Empfehlungen von Dr. Schiecke, Hochschule für politische Wissenschaften, München; Dr. Krempl, Industrie- und Handelskammer, München; Dr. Niggestich, Goethe-Institut, München; Dr. Sussmann, Bayerische Landeszentrale für politische Bildungsarbeit, München; W. Graf, Nahost-Referat Commerzbank, Frankfurt/Main, hilfreich.

Wertvolle Hinweise ergaben die Gespräche mit dem deutschen Botschafter in Damaskus Dr. Dr. Wölcker, mit dem Vertreter des Botschafters der Bundesrepublik in Tel Aviv, Werner Pieck, mit Dr. Schabert und Dr. Ewel im Goethe-Institut, Damaskus, und mit dem syrischen Schriftsteller Dr. Abboud.

Meine Frau Eva hat das Manuskript auf der Maschine geschrieben und durch ihren unermüdlichen Einsatz das Zustandekommen dieses Werkes mit ermöglicht.

Almut Korte half bei der Durchsicht der Korrekturfahnen.

Für ihre Mitarbeit beim Recherchieren in den Bibliotheken und die Zusammenstellung der Grunddaten danke ich Sandra Kaas; meiner arabischen Dolmetscherin Huda Tayeb für ihre Hilfe bei Interviews und Gesprächen und zahlreichen Spezialisten deutscher Firmen im Nahen Osten für die Einsicht in aufschlußreiches Informationsmaterial.

Ulrich Mutzel war hilfreich bei der Beschaffung von Fotomaterial von der arabischen Halbinsel.

Ein besonderer Dank gebührt Verlagsdirektor Karl Pramendorfer. Sein Verständnis für immer wieder auftretende Schwierigkeiten half mit, die Arbeit zu einem guten Abschluß zu bringen.

Laß dir nichts einreden, sieh selber nach

Wenn meine Reisen in den Nahen Osten einer Erklärung bedürfen, so will ich gleich zu Anfang dieses Berichtes sagen, was mich dorthin führte. Jahrzehnte hat mich die so widersprüchliche Berichterstattung über die arabischen Länder und über Israel beunruhigt. Man braucht zum gleichen Tatbestand – etwa zum Krieg im Libanon – nur die Kommentare in einer westdeutschen Tageszeitung und in dem ostdeutschen Presseorgan »Neues Deutschland« zu vergleichen.

Stellen die Betroffenen ihre Lage selbst dar, sind wir eher geneigt, nachsichtig zu urteilen. Jeder weiß: Wer in einen Konflikt verwickelt ist, ist Partei. Zu welch extremen Haltungen es dabei kommen kann, zeigen zwei Beispiele.

»Der Weltimperialismus versucht, seine wirtschaftlichen und sozialen Probleme auf Kosten der Menschheit zu lösen. Er schürt Krisen, entfacht Kriege und verhindert friedliche Lösungen. Der Weltimperialismus und sein Verbündeter, der Weltzionismus, tragen die Aggressionen in die arabischen Länder, nach Afrika und nach Lateinamerika hinein. Ihre Verbündeten sind die Diktatoren. Wir aber grüßen die Sowjetunion und ihren unermüdlichen Einsatz für Frieden und Abrüstung.«

Diese Botschaft des syrischen Präsidenten wurde der Konferenz des Weltgewerkschaftsbundes 1986 in Berlin aus Damaskus übermittelt. Sie enthält nur eins: Behauptungen.

Etwa zum gleichen Zeitpunkt beschwerte sich ein israelischer Friedens-Aktivist bei den Abgeordneten des Parlaments in Jerusalem über die Folter, denen der zwölfjährige Palästinenser Muhammad Abu Wardeh aus dem Flüchtlingslager Balata in der Nähe von Nablus nach seiner Verhaftung durch das Militär ausgesetzt war, und forderte eine Bestrafung der Schuldigen. Die einzige Antwort, die er erhielt, kam von der Partei der extremen Rechten: »Wir fordern Sie auf, uns dabei zu helfen, die in Israel lebenden Araber in die arabischen Staaten abzuschieben. Dann können solche Dinge nicht mehr vorkommen.«

Solche »Dinge« lassen mir keine Ruhe. Ich bin in meinem Leben viel gereist und habe in vielen Ländern der Erde gelebt. Dabei habe ich immer wieder erfahren, daß es auf die Begegnung mit dem einzelnen Menschen ankommt. Die einzelnen sind es, die uns helfen, das Kollektiv zu ertragen. Sie können Vorurteile, Propaganda, Haß und Unwissenheit mildern. Sie können uns nachdenklich machen. Wer in politischen Kategorien denkt, mag darüber lächeln. Wer nur an Bevölkerungsschichten, Gesellschaftsklassen und wirtschaftlichen Machtverhältnissen interessiert ist, dem wird immer die Partei wichtiger sein als die Menschen, die ihr angehören. Ich wende nichts ein gegen den eventuellen Widerspruch der Soziologen zu meinen Worten, ich sage nur, daß für mich das Leid des Muhammad Abu Wardeh greifbarer ist als das Leid »der Palästinenser«.

Und nach allem, was ich bisher in der Welt erlebt habe – in Brasilien und in Guatemala, in Alaska und in Sibirien, in Südafrika und Ägypten, in der Mongolei und in Bangla Desh, in Australien und in Malaysia, in Indien und in China –, kann ich nur der Aussage von Bert Brecht zustimmen: »Laß dir nichts einreden, sieh selber nach.« Doch das ist alles andere als einfach.

Bei meiner Ankunft in den arabischen Ländern – und später auch in Israel – empfand ich vieles als unwirklich und doch manches auch wieder den Vorstellungen ähnlich, die ich mir vor der Reise gemacht hatte. Das Bild der total vom Krieg zerrütteten Länder verschwand; gezeichnet, getroffen und bis in den Alltag hinein für jeden spürbar aber war die Atmosphäre von »Krieg und Frieden«. Damaskus, knapp 100 Kilometer von Beirut und etwa 50 Kilometer von den Golan-Höhen entfernt, bezeichnen die Syrer heute als »Frontstadt«, und in Jerusalem vergeht kein Tag ohne Tätlichkeiten zwischen Juden und Arabern.

Doch bald verblaßte das Kollektivbild, und ich begegnete Menschen mit ganz verschiedenen Ansichten und Schicksalen. Das Klischee von »den Israelis« zerbrach genauso wie das von »den Arabern«. Am Westwall, wie die Israelis die Klagemauer nennen, wechselte ich freundliche Worte in deutsch mit einem alten Mann, dessen in den Unterarm eintätowierte KZ-Nummer sein Schicksal enthüllte, ohne daß zwischen uns ein Wort darüber gewechselt wurde. In der Omayaden-Moschee in Damaskus kauerten sich drei junge verschleierte Frauen dicht neben mich auf den Teppichboden, um die mitgebrachten Pistazien mit mir zu teilen. Keine Spur von religiös bestimmter Zurückhaltung gegenüber dem Fremden.

In keinem Land des Nahen Ostens gab es besondere Schwierigkeiten, den Menschen als Individuum zu begegnen. Allen gemeinsam war die Verflochtenheit ihres Lebens in die Politik, aber selten war die parteiamtliche Sprachregelung so in die Gehirne eingehämmert, daß nicht auch ein Blick ins Freie möglich war. Auch bei dieser Aussage bestätigten Ausnahmen die Regel. Der orthodoxe Jude etwa, der es ablehnte, mit einem Deutschen auch nur ein Wort zu reden, oder der alte Syrer, der alles an Israel verdammte und der keinem Argument zugänglich war.

Überall spürte ich, wie der Nahost-Konflikt die Menschen belastet. Ein Teil der Verantwortung für das, was dort geschieht und geschah, liegt bei uns. Auch diese Einsicht hatte in meinem Bewußtsein einen solchen Umfang angenommen, daß sie den Entschluß, in diese Weltregion zu fahren, stark mitbestimmte. Der Augenschein vor Ort ist immer noch die beste Lernmethode.

Das erste Ziel hieß Damaskus. Vielleicht erlag ich dem Zauber dieses Namens. Wer bleibt schon unberührt von der Vorstellung, eine Zeitlang in der ältesten kontinuierlich von Menschen bewohnten Stadt der Erde zu leben? Das »kontinuierlich bewohnt« erwähne ich nur, um Jerichos Einspruch zu begegnen. Auch das in Israel liegende Jericho behauptet, die älteste Stadt der Welt zu sein. Mehrmals dem Erdboden gleichgemacht und für lange Zeit von Menschen verlassen, wurde der Ort später immer wieder neu besiedelt. Beiden dieser über zehntausend Jahre alten Städte kann man bescheinigen, daß sie einmalig sind. Überlassen wir es den Gelehrten, mit letzter Sicherheit herauszufinden, wessen Anspruch stichhaltiger ist.

Vielleicht hielt mich auch eine innere Scheu davor zurück, in Israel zu beginnen. Vielleicht suchte ich unbewußt nach arabischer Unterstützung, wollte mich mit Argumenten wappnen gegen die Anschuldigungen, denen ich in Israel mit Sicherheit, so meinte ich, ausgesetzt sein würde. Noch wußte ich nicht, welch klare Antwort ich in Jerusalem erhalten würde:

»Die Beziehung Deutschlands zu Israel ist kein Problem der Schuld, sondern ein Problem der Verantwortung; der Verantwortung der deutschen Politiker für das Schicksal des jüdischen Volkes.«

Ich wußte auch noch nicht, wie die Araber das jüdische Volk, die Israelis und die einzelnen Juden sehen. Nicht als Verfolgte, in Konzentrationslagern Eingesperrte, auf der Flucht, geächtet, umgebracht oder vielleicht gerade noch davongekommen; die Männer und Frauen mit dem Davidstern, die sie kennen, kamen als Sieger. Ihre Panzer rollen durch arabische Dörfer, ihre Bomber kreisen über arabischen Städten. In die Luft gesprengte oder verwüstete Häuser, die Furcht und der Haß in den Augen der Frauen und Kinder, deren Männer und Väter von Soldaten abgeführt werden, erwecken keine Erinnerung an Warschau oder Odessa. Die Orte, in denen sich heute diese Kriegsszenen abspielen, haben arabische Namen. Sie heißen Beirut, Nablus, Nazareth, Sidon, Tunis. Das Bild der Araber von den Israelis und den Juden ganz allgemein ist das Bild eines arroganten Siegers. Eines Siegers, dem aus den reichen Ländern der westlichen Welt zudem noch große Geldsummen für den Krieg zuströmen und der die fast vorbehaltlose Unterstützung der Massenmedien des Westens hat. Es bedarf keiner Prophetengabe, um vorauszusehen, welches Unheil dieser Konflikt für die ganze Welt bedeutet.

Willkommen in Syrien

Einreiseformalitäten. Nichts von den Unannehmlichkeiten, die vorausgesagt waren: schikanöse Gepäckkontrollen, Beanstandung des in den Paß eingestempelten nordamerikanischen Visums oder Fragen nach den mitgebrachten Büchern. Auch auf die Zeitungen fiel nur ein flüchtiger Blick, obgleich darin für sie viel Ungewohntes zu finden gewesen wäre. In der »Financial Times« war eine Analyse über den rapiden Kursverfall des syrischen Pfundes zu lesen; das Titelfoto einer deutschen Illustrierten mußte auf muslimische Fundamentalisten schamlos wirken, und die »Neue Zürcher Zeitung« nannte die Machthaber in Damaskus mitverantwortlich für die Mordaktionen des internationalen Terrorismus.

Eine lässige Handbewegung – der junge Beamte mit den Bartstoppeln im Gesicht nickte mir zu. Ich nahm mein Handgepäck, holte meinen Koffer von den langsam rotierenden Transportbändern und schaute mich um. Der Flughafen von Damaskus glänzt weder durch Reichtum noch durch Farben; nüchterne Zweckmäßigkeit herrscht vor. Morgen wird man ihn vielleicht in eine moderne Karawanserei des Lufttransports verwandeln, mit Springbrunnen, Plauderecken, mit Bars und Bauchtänzerinnen, Gebetsnischen und Reklameschildern …

»Welcome in Syria«, sagte der Taxifahrer, und erst eine ganze Weile nach diesem freundlichen Willkommensgruß fragte er, woher ich käme. »Aus Deutschland.« Absichtlich sprach ich nicht von der Bundesrepublik, wartete, ob er wissen wollte, ob aus Ost oder West, und dachte dabei an den Taxifahrer in Moskau, der mich treuherzig gefragt hatte: »Aus unserem oder aus dem anderen?« Der Syrer lächelte, und dann wiederholte er: »Welcome in Syria.«

Ich nahm mir vor, Briten, Franzosen, Italiener und Russen zu fragen, wie sie bei ihrer Ankunft in der Syrisch-Arabischen Republik begrüßt wurden. Viele Amerikaner würde ich nicht treffen. Die Angriffe der US-Luftwaffe auf Tripolis und Bengasi versperren ihnen den Weg nach Damaskus. Unsere Politiker erklären Washingtons Reaktionen auf libysche Terrorakte als ange-

messen; meine Unruhe können sie nicht besänftigen.
»Amerika bombardiert arabische Städte.« Diese Schlagzeile der palästinensischen Wochenzeitung »Al Fajr« hatte meine Reise in den Nahen Osten beschleunigt.
Israel, die USA, die Partnerstaaten der NATO im östlichen Mittelmeer sind vielen von uns durch eigene Reisen bekannt. Berichte und Reportagen informieren uns; sie analysieren jeden Stimmungsumschwung, leuchten in jeden Winkel des Landes hinein. Über Syrien, Algerien und Libyen sind die Informationen spärlicher, oft auch voreingenommen durch offene oder nur leicht verdeckte Parteinahme für Israel. Zum Kummer vieler intelligenter Israelis übrigens, die weder die Palästinenser noch die arabischen Staaten fürchten, wohl aber die Blickverengung auf die militärische Szene.
Frieden mit den arabischen Nachbarn – diese Losung der israelischen Arbeiterpartei müßte auch den Syrern gefallen. Aber wie lange wird es noch dauern, bis sie auch zu den Israelis sagen: »Welcome in Syria«?
Ich fragte meine Freunde in Syrien danach, und alle schwiegen. Um zu erfahren, wie weit die Voreingenommenheit reicht, gab ich mich unweit Kuneitras, etwa fünfzehn Kilometer nordöstlich der israelisch-syrischen Frontlinie an den Golan-Höhen, als Israeli aus. Offener Haß kam mir entgegen. Sie wichen vor mir zurück, sie spuckten aus. Die gleichen Menschen, die mich eben noch freundlich, neugierig, gesprächsbereit umdrängt hatten, starrten mich jetzt an wie eine Erscheinung aus der Hölle. Nur für Minuten verhinderte der Schock auf beiden Seiten Tätlichkeiten. Erst einer – dann griffen mehrere nach Steinen, hoben Knüppel . . .
Wahid, ein Offizier der Grenztruppen, war in das Experiment eingeweiht. Ihm verdanke ich, daß es glimpflich ausging. Widerwillig, verächtlich, ungläubig wurden

Krak de Chevaliers. – Nach der Eroberung des Heiligen Landes durch die Kreuzritter wurde der Landweg nach Jerusalem durch befestigte Burgen gesichert. Diese mußten sich inmitten der feindlich gesinnten einheimischen Bevölkerung gegen alle Angriffe behaupten.
Dem Siegeszug der Araber unter Saladin im 12. Jh. erlagen fast alle Stützpunkte der christlichen Ritter. Der Krak de Chevaliers gehört zu den wenigen Kreuzritterburgen, die dem Angriff widerstanden und erst Jahre später aufgegeben wurden.
Das Bollwerk steht unweit der syrischen Stadt Homs. Es ist die am besten erhaltene Ritterburg im Nahen Osten.

seine Erklärungen und meine Entschuldigungen aufgenommen, und ich spürte später an anderen Orten keine Erleichterung darüber, daß »der Deutsche« willkommen war. Schulterklopfen, Umarmungen, Händedruck – ob Beduinen oder Bauern, Händler oder Studenten, Techniker oder Mullahs, Gelehrte oder Lastenträger, alle sagten: »Welcome in Syria«. Ich fühlte mich von einer Woge der Sympathie getragen. Aber sie galt nicht mir. Sie galt einem Kollektivwesen, einem »Freund-Bild«, das sie sich von uns machten. Keinen Augenblick vergaß ich das und litt darunter.
Und wie stehen die Syrer zu den Sowjets? Viele Aussagen zusammengefaßt, lassen sich zu einer Antwort bündeln: »Sie schikken uns Plakate und politische Lehrbücher. Sie helfen uns rhetorisch, und ohne ihre Unterstützung wäre unser Kampf noch schwerer. Sie schicken uns Waffen, aber sie

schicken uns nicht genug Waffen. Zuzuschlagen wie die Amerikaner in Libyen, zuzuschlagen gegen die Zentren des zionistischen Terrors, das wagen sie nicht.«
Noch ein paar barsche Aktionen der USA gegen die Araber, und die Sowjetunion wird dafür angeklagt werden.
Und dann, am Orontes, in einem Zeltlager der Beduinen, der alte, bärtige Mann mit der zerfurchten Stirn, den tiefen Falten im Gesicht und dem Krummdolch im Gürtel, der mir lange in die Augen schaute und, jedes Wort deutlich betonend, fragte: »Kommt ein neuer Hitler?« Auf mein »Nein, bestimmt nicht«, sah er mich forschend an, prüfte meinen Blick, ob er ehrlich war, ob ich auswiche, und schließlich neigte er den Kopf zur Seite, hob bedauernd die Hände: »Schade.«
Ein einzelner? Ich habe nicht gefragt, ob sie »Welcome in Syria« sagen würden, wenn ein neuer Hitler käme. Bilder, Bücher, Plakate in arabischer Sprache, auf denen er abgebildet war, sind mir nicht aufgefallen. »Der Führer« – ein einziges Mal sah ich ihn als Titelbild einer französischen Zeitschrift am internationalen Pressestand des amerikanischen Sheraton-Hotel in Damaskus. Das Heft lag zwei Wochen im Regal.
Stalin blickt mit seinem verlogenen Lächeln auch heute noch von zahlreichen arabischen Bucheinbänden. Er ist billig zu haben. In dem größten Buchgeschäft in Aleppo stand die Biographie des »Vaters der Völker« neben einem »Handbuch für Chirurgie« und der Broschüre »Zionismus in der Sowjetunion«. Ich blätterte ein wenig darin. Der Verkäufer fragte, ob ich zu einer russischen Delegation gehöre. »Zu einer Delegation?« – »Na ja, als Touristen kommen die Russen selten. Dabei würden wir sie als Freunde willkommen heißen. Aber die Touristen, die zu uns kommen, sind zum größten Teil aus den mit Israel sympathisierenden Ländern. Verstehen Sie das?«
In meinem Zimmer im Cham Palace Hotel in Damaskus dachte ich über seine Frage nach, las die in Arabisch, Englisch und Französisch geschriebene Hausordnung, blätterte in den Prospekten – Rundreisen, Nachtclubs, Autovermietungen, Ausstellungen –, nahm die alten Eintrittskarten in die Hand – Omayadenmoschee, Nationalmuseum, Saladin-Mausoleum, Assad Pascha El Azem Palast –, kein Wort in Russisch.
»Wer spricht schon russisch?« Die Worte des Hotelmanagers waren nicht geringschätzig gemeint. Man spricht im Umgang mit Ausländern die Sprachen, die verstanden werden. Die Syrer werden russisch sprechen, wenn die Aeroflot oder die Syrian-air Arbeiter und Angestellte aus Irkutsk, Leningrad und Gorki, Kolchosbauern aus Tscheremchowo und Studenten aus Kasan und Murmansk zu ihnen bringen; wenn vor den Bankschaltern nicht nur Dollar, Deutsche Mark und Franc, sondern auch Rubel getauscht werden.
In Syrien kam meine recht kritische Beurteilung des Tourismus ins Wanken. Jede Touristin aus Düsseldorf oder aus Edinburgh, jeder Urlauber aus Marseille oder aus Genua, der in den Suks umherschlendert, einen Turban oder eine Wasserpfeife, Damaszener Brokat oder auch nur ein Bündel Feigen kauft, der durch Syrien reist und offen ist für Land und Leute, wirbt mehr für den Westen als jede noch so raffiniert konzipierte Propagandasendung. Worte, Bilder, Waffenlieferungen, Geld: alles schön und gut, aber was zählt, sind Menschen.

Erste Eindrücke in Israel

»America, don't worry, Israel stands behind you.« (Amerika, sei unbesorgt, Israel steht hinter dir.)
Als ich diesen Satz an der Stadtmauer von

Jerusalem las, wurde mir schlagartig bewußt, wie überlegen und sicher sich die Israelis fühlen und welch demokratische Offenheit in diesem Staat der Juden herrscht. Das gilt auch für den Umgang mit Ausländern.

Wer meint, die Israelis wären eine politisch geschlossene Einheit mit übereinstimmender Meinung zu den Weltproblemen, wird im Lande rasch eines Besseren belehrt. Wie sie selbst sagen: »Wir haben ein Parlament mit 120 Abgeordneten und genauso viele Parteien«, oder wie ich in Jerusalem oft hörte: »Zwei Juden, drei Meinungen.« Über politische und wirtschaftliche Fragen, über Minister und Parteiführer, über private Wünsche und kriegsbedingte Zwänge, über das Gegen- oder Miteinander von verschiedenen Religions- und Bevölkerungsgruppen äußerten sich die Menschen in Haifa und Eilat, in Tiberias und Jerusalem unbeschwert. Als ich in Tel Aviv mit einem liberalen Rabbi über die Auseinandersetzungen zwischen den orthodoxen Juden und den Freisinnigen sprach, sagte er spöttisch: »Es kann der Frömmste nicht in Frieden leben, wenn es dem noch Frömmeren nicht gefällt«, und dann bot er mir an, alles Material, das ich darüber haben wollte, zu besorgen. Welcher Autor und welcher Journalist wäre von soviel Verständnis für seine Arbeit nicht beeindruckt?

Wie oft hat mich die Unbeholfenheit der Menschen in den arabischen Ländern berührt, ihre Belange klar zu vertreten. Es fehlt nicht an Argumenten, die für die arabische Sache sprechen, noch an Geld und Informationsmitteln; es fehlt an der Fähigkeit, ihre Anliegen weltweit wirkungsvoll bekanntzumachen.

Ein Beispiel für die Informationsoffenheit in Israel sind die im Land publizierten arabischen Zeitschriften und Zeitungen. Dazu gehören sechs Tageszeitungen, sechs Wochenblätter, sieben Monatshefte und zwei Vierteljahreszeitschriften. Nach israelischen Angaben beschäftigen sich etwa sechzig Prozent der Artikel in diesen Presseorganen mit den Zuständen in den von Israel besetzten Gebieten, dreißig Prozent mit den Ereignissen im »eigentlichen Israel« und zehn Prozent mit der internationalen Politik.

Das gemeinsame Ziel der arabischen Presse ist die Schwächung der israelischen Herrschaft in Palästina.

Und dabei nimmt sie kein Blatt vor den Mund. Die Meinung vieler Israelis, die arabische Presse in Israel sei die am wenigsten unterdrückte in der ganzen Welt, hat einiges für sich, wenn man sie mit den Verhältnissen in Saudi-Arabien, in Ägypten, Libyen und Syrien vergleicht. Nach Meinung der arabischen Journalisten in Jerusalem muß die Situation jedoch an israelischen Maßstäben gemessen werden. Besonderes Gewicht fällt der Zensur zu. Israelische Zeitungsherausgeber und Chefredakteure halten sich an eine stillschweigende Übereinkunft, nichts zu veröffentlichen, was den Interessen Israels schadet. Von Anfang an soll vermieden werden, daß die Zensur eingreift. Verstöße gegen diese Absprachen gibt es immer wieder – und oft sind am Ende des Streites die Journalisten die Gewinner und nicht die Kontrolleure. Für die arabischen Journalisten aber gibt es strenge Vorschriften.

Die Lektüre der arabischen Zeitungen bestätigt, wie weit die Pressefreiheit trotz Zensur in Israel reicht. So findet der Leser in »Al Quds«, die als Stimme der in Jordanien lebenden Palästinenser gilt, eine harte Abrechnung mit der israelischen Justiz. Den Anstoß dazu gab die vorzeitige Entlassung jüdischer Terroristen aus dem Gefängnis. »Bis zum heutigen Tag«, so heißt es, »behandelt dieser Staat Terroristen mit zweierlei Maß. Sind es Israelis, so können sie mit viel Verständnis rechnen. Sind es

Palästinenser, so ist ihnen fast immer die Höchststrafe gewiß.«
Niemandem ist es verwehrt, zumindest zu versuchen, mit inhaftierten Palästinensern in Verbindung zu treten. In der Wochenzeitung »Al Fajr« fordert eine großformatige Anzeige in jeder Ausgabe zur Betreuung von Gefangenen auf. »Wir suchen Menschen, die mit den palästinensischen Männern und Frauen in Briefwechsel treten, die in israelischen Gefängnissen inhaftiert sind. Die Gefangenen haben ein hartes Schicksal zu ertragen, und ihr Kontakt zur Außenwelt ist begrenzt. Ihre Briefe bedeuten für den Inhaftierten eine große Hilfe. Mit Ihrer Unterstützung können wir den palästinensischen Gefangenen eine Brücke der Hoffnung bauen ...«
»Al Fajr« (Die Morgenröte) hat eine Auflage von fünftausend Exemplaren. Sie vertritt kompromißlos die Politik der von Arafat geführten Palästinensischen Befreiungsfront (PLO). Ihrem Leitartikel kurz vor dem vierzigjährigen Bestehen des jüdischen Staates gab sie die Überschrift »Die Jahre der Arroganz« und fuhr dann fort: »Die israelischen Politiker sollten aufhören, voller Stolz auf ihre Politik zurückzublicken... Was haben sie denn erreicht...? Nahezu das gesamte palästinensische Volk haben sie ausgelöscht ... Israel wurde auf dem Ruin des palästinensischen Volkes erbaut, das in seinem Heimatland entwurzelt wurde und dessen Platz nun die Juden einnehmen, die aus der ganzen Welt nach Palästina gebracht werden. Israels Freude ist daher das Leid der Palästinenser. Dieser Staat der Ungerechtigkeit darf keine weiteren Jahrzehnte existieren.«
Israels Friedensangebote werden als Propaganda dargestellt, die nur den Zweck haben, die Vorbereitung des nächsten Angriffskrieges zu verschleiern. Alle Arten von Brutalität einer Besatzungsmacht gegenüber einer ziemlich wehrlosen arabischen Bevölkerung werden geschildert. »Friedliche Demonstrationen führen zu Blutbädern ... mehr als fünfzig Prozent unseres Landes im Gaza-Streifen und in der West-Bank sind uns weggenommen worden ... Wenn wir Kinder bekommen, wird das als Gefahr für den jüdischen Charakter Israels angeprangert, und wenn unsere Kinder unsere palästinensische Flagge hissen, werden sie ins Gefängnis geworfen ...«
Wo sonst in der Welt dürfen die unter fremder Herrschaft Lebenden ihre Anklagen und ihre politischen Forderungen in solcher Weise vortragen? Oder kann sich jemand vorstellen, daß die Juden in der Sowjetunion in einem in Moskau erscheinenden jüdischen Presseorgan einen Leitartikel veröffentlichen, dessen Schlußsatz in der Forderung gipfelt: »Dieser Staat darf keine weiteren Jahrzehnte bestehen«?
In der Welt des Theaters nehmen israelische Autoren die bohrenden Fragen der Palästinenser an. »Die Palästinenserin« schildert das Schicksal eines an politischem Fanatismus scheiternden israelisch-arabischen Paares. In der dramatischen Auseinandersetzung ist nicht der Jude das Opfer, sondern jüdische Verblendung läßt die anderen zum Opfer werden. Der Autor Jehoshua Sobol fragt, wie es dazu kommen konnte, daß nach all den schrecklichen Erfahrungen der Geschichte des jüdischen Volkes nun auch Juden nicht davor zurückschrecken, die Unterlegenen zu demütigen, sie in menschenunwürdige Situationen zu treiben. Nach der Aufführung des Stückes kam es vor dem Theater zu Tumulten und Protesten der Zuschauer. Haifas Oberrabbiner empörte sich in einem offenen Brief an den Bürgermeister: »Unter dem Deckmantel künstlerischer Freiheit wird alles in den Schmutz gezogen, was uns heilig ist.« Doch ungeachtet aller Proteste wird das Stück Abend für Abend gespielt.
Als ebenso große Provokation wurde von

den Zionisten der Versuch betrachtet, israelische Theaterstücke auf arabisch zu spielen und arabische auf hebräisch. Inzwischen ist auch das kein Problem mehr. »Brüder, die irren, sind immer noch Brüder«, sagt ein jüdisches Sprichwort. Araber und Israelis sind Semiten. Beide Völker bekennen sich zu Abraham als dem Stammvater des Menschengeschlechts. Heute entzweit sie die Politik. Das kann morgen anders sein. Noch vergeht kein Tag ohne Spannungen, Konflikte und Diskussionen über den richtigen Weg in die Zukunft. Der Staat Israel ist ein Staat im Werden. Zionistische Einflüsse prägen ihn ebenso wie liberale und kommunistische, amerikanische ebenso wie orientalische, europäische und russische. Überall habe ich die Menschen nach ihrer Meinung gefragt. Die meisten waren gesprächsbereit und sagten, was sie dachten. Diese Offenheit gleich zu Beginn meiner Reise zu erfahren, war mein nachhaltigster »erster Eindruck«. Er war mir wichtiger als das Verharren an historisch denkwürdigen Stätten oder das Beschreiben von Landschaften. Für diese Aufgabe blieb mir noch viel Zeit.

Als ich begriff, daß Israel der einzige demokratische Staat im gesamten Nahen Osten ist, spürte ich, wie ich Ballast abwarf, wie manche Vorbehalte schwanden und ich zur Zustimmung fand. Weder Geschichtsunterricht noch Zeitungslektüre, weder Spielfilme noch politische Appelle hatten das vermocht. Es war die Begegnung mit den Menschen. Und es waren nicht die Propagandisten, die alles rechtfertigen, was im jüdischen Interesse ist, nicht die Zionisten, die »Right or wrong, Erez Israel« rufen, sondern es waren die Kritischen, die Nachdenklichen, die menschlich Aufgeschlossenen, die diesen Umschwung in mir bewirkten. Erst von diesem Moment an fand ich die innere Ruhe und den Abstand zu den Geschehnissen. Nun konnte ich mich auf das große Abenteuer einlassen: die Begegnung mit den fremden Nachbarn im Nahen Osten.

Die Staaten des Nahen Ostens

Weit über dreihundert Millionen Menschen leben heute im Großraum des Nahen Ostens. Ungeachtet der Vielfalt der Landschaften, der Völker, der Rassen und der Stämme, der politischen Bekenntnisse, der Religionen und der Staaten erscheint uns dieser Raum wie eine eigene Welt. Mit über fünfzehn Millionen Quadratkilometern wäre diese Ländermasse nach der Sowjetunion (22 111 000 km^2) und vor der Volksrepublik China (10 018 000 km^2), Kanada (9 953 955 km^2) und den Vereinigten Staaten von Nordamerika (9 428 940 km^2) das zweitgrößte Land der Erde, gelänge seinen Staatsmännern der Zusammenschluß der nahöstlichen Territorien zu einer staatlichen Einheit. Diese Landmasse ist größer als der Erdteil Australien und mehr als doppelt so groß wie Europa ohne die europäischen Gebiete der UdSSR. Der Nahe Osten übertrifft an Ausdehnung um ein Vielfaches die Staatsgebiete der Mächte, von denen es in den vergangenen Jahrhunderten erobert und kolonisiert wurde. Seine Bodenfläche beträgt das 28fache von Frankreich und das 61fache von Großbritannien. Die Bundesrepublik Deutschland hätte 60mal im Nahen Osten Platz und Österreich 178mal.

Allein das Wüstengebiet der Sahara erstreckt sich über 6000 Kilometer vom Atlantik bis zum Roten Meer. Es ist somit 35mal so groß wie Westdeutschland. Und gemessen am Nil, dem längsten Strom der Welt mit 6671 km Länge, bleiben die größten Ströme Europas (Wolga 3690 km und Donau 2860 km) weit zurück.

Der Nahe Osten, auch der »Vordere Orient«, der »Arabische Orient« oder der »Mittlere Osten« genannt, war immer wieder Kampfraum von Eroberern und Despoten, Forschungsobjekt von Wissenschaftlern und Entdeckern, Traumziel von Künstlern und Abenteurern und Ausbeutungsfeld von Ideologen, Wirtschaftsimperien und Staaten. Fast über Nacht wurde diese Welt in den Kreislauf der modernen Technik, des Atom-, Weltraum- und Computerzeitalters hineingerissen. Erst vereinzelt, unsicher noch, dann wieder gewaltsam, zeigen sich die Versuche der Völker im Nahen Osten, ihr geistiges und politisches Erbe neu zu bestimmen und, von dieser Basis ausgehend, die Auseinandersetzung mit der Welt des zu Ende gehenden 20. Jahrhunderts und des kommenden dritten Jahrtausends aufzunehmen.

Das Antlitz der orientalisch-israelischen Welt von heute ist dabei sowohl nach Osten als auch nach Westen gewandt. Wir finden den Genius ihrer Vergangenheit in den heiligen Büchern – Bibel und Koran –, in den Tempeln und Palästen, in der Poesie und in der Kunst.

Eine Welt der Wunder, die unsere Phantasie genauso beschäftigt wie die Bilder von den durch Wüsten und Steppen ziehenden Karawanen, wie die übervölkerten Bazare, das Leben und das Treiben an den Ufern der großen Ströme, die sinnenfrohen Feste der »arabischen Nächte« und die von der Außenwelt abgeschlossenen, inmitten der Gebirgs- und Sandwüsten stehenden Mönchsklöster. Das alles ist heute bekannt.

Im Hochland von Nordjemen, im Gebiet zwischen Sadah und Schihara. – »Glückliches Arabien« wurde der Jemen im Altertum genannt. Die Vielfalt der Gebirge, Küsten und Wüsten, die atemberaubende Felsarchitektur und der ungebrochene Freiheitswille der Bevölkerung bestimmen das Lebensgefühl der Menschen. Durch die geographische Lage am Südrand der Arabischen Halbinsel wurde der Jemen zu einem Bindeglied des Handels zwischen Indien und den Staaten am Mittelmeer.

Oben links: Über die alten Wasserräder am Orontes werden die Felder der syrischen Bauern in der Nähe der Stadt Hama bewässert.

Links: Das Grab Johannes des Täufers befindet sich in der Omayaden-Moschee in Damaskus. Die Muslims verehren ihn als Propheten und als Wegbereiter Gottes auf Erden.

Oben rechts: 80 km von Amman, der Hauptstadt Jordaniens, entfernt, liegt der Herodes-Berg mit den Resten der alten Burg. Hier tanzte Salome um den Kopf Johannes des Täufers.

Rechts: Die Säulenstraße von Palmyra. Von dieser Metropole inmitten der Syrischen Wüste wurden im 3. Jh. weite Gebiete des Nahen Ostens regiert.

Dorf und Burgberg Thula unweit Saana.
Zur Sicherheit gegen Überfälle errichten die Jemeniten
ihre Siedlungen im Schutz der Felsengebirge.

Kein Schleier, kein staatliches Verbot, kein Sandsturm und kein Befestigungswall bilden unbezwingbare Barrieren. Der Verwandlungsprozeß der Welt hat auch den Nahen Osten erfaßt. Von den Eisgipfeln des Hindukusch über das Hochland des Iran, die Zweistromländer an Euphrat und Tigris, die Sandwüsten Arabiens, den Suezkanal und Nil, über die Oasen der Sahara bis zu den Badeplätzen am Mittelmeer und den Küsten am Atlantik reicht dieser Lebensraum. Die tiefste Senke der Erdoberfläche, das »Tote Meer« (392 Meter unter dem Meeresspiegel), gehört genauso dazu wie das ewige Eis auf dem Gipfel des Ararat (5165 Meter), der Khyberpaß – das Tor nach Indien – und Bagdad, die Stadt Harun al Raschids. Oder Jerusalem, der heilige Ort dreier Weltreligionen (Judentum, Christentum, Islam), und Istanbul, die Landbrücke zwischen Asien und Europa.

Naher Osten – folgende Staaten fassen wir unter diesem Begriff zusammen: Afghanistan, Ägypten, Algerien, Bahrain, Irak, Iran, Israel, Jemen (Nord und Süd), Jordanien, Katar, Kuweit, Libanon, Libyen, Marokko, Oman, Pakistan, Saudi-Arabien, Sudan, Syrien, Tunesien, Türkei, Vereinigte Arabische Emirate. Ich habe mich dabei an die Klassifizierung des Deutschen Orient-Instituts gehalten, das im Gegensatz zu einigen anderen geographischen Gesellschaften auch den Sudan und Pakistan zum Nahen Osten zählt. Beide Staaten haben eine Brückenfunktion zu einem anderen Kulturkreis an den Grenzen der islamisch

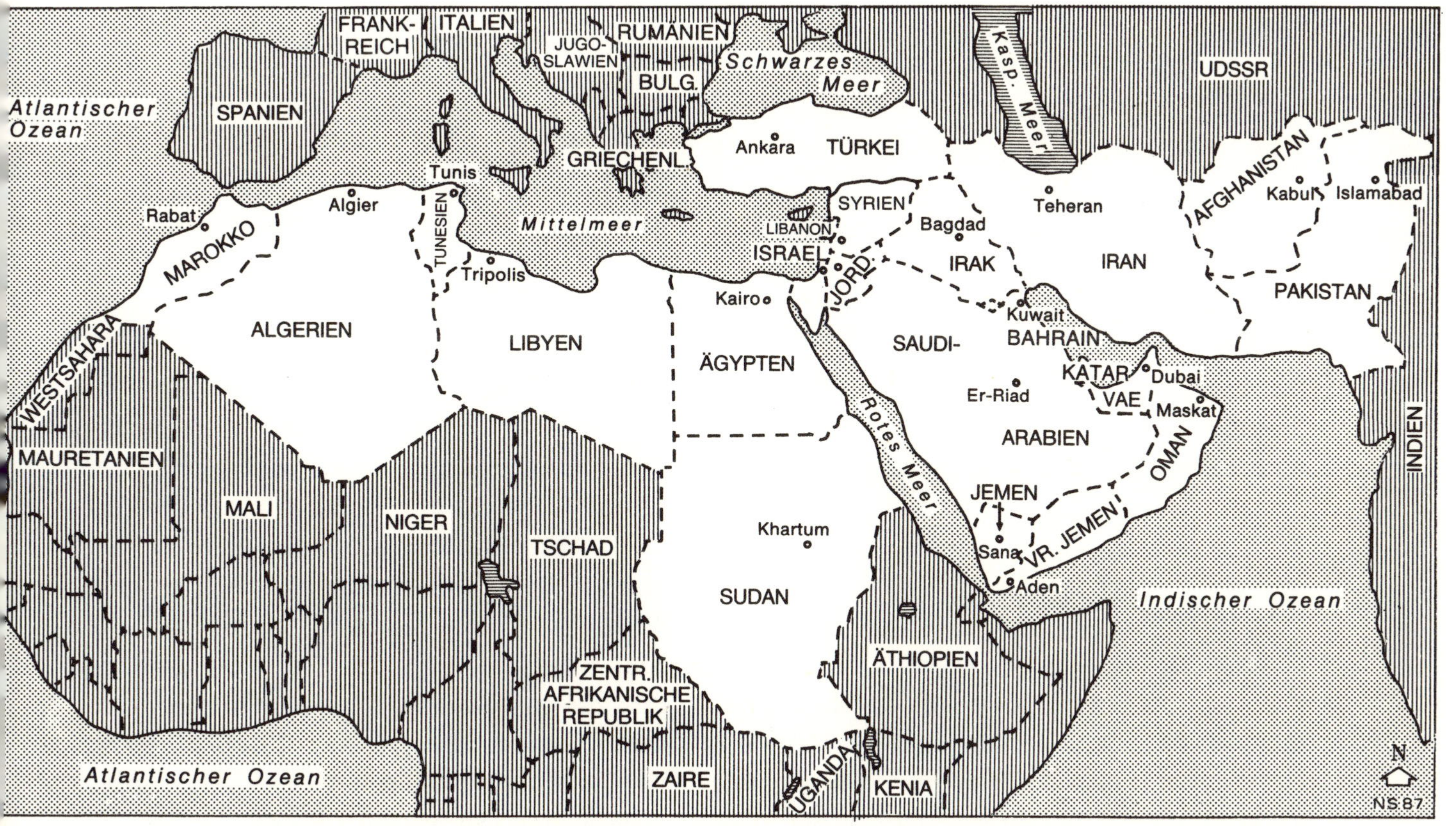

Die Staaten des Nahen Ostens. 23 Staaten gehören zu der geographisch als Naher Osten (auch Vorderer Orient) bezeichneten Ländermasse. Sie reicht vom Atlantik bis zum Indischen Ozean, vom Mittelmeer bis zum Roten Meer und dem Persischen Golf. Auf ihrem Territorium entstanden die drei Weltreligionen: Judentum, Christentum, Islam. Die Gesamtbevölkerung beträgt etwa 300 Millionen Menschen. Die Nahost-Region (15 Mill. km^2) ist größer als die Vereinigten Staaten (9.428.000 km^2) und mehr als doppelt so groß wie Europa ohne die europäischen Gebiete der Sowjetunion.

geprägten Welt. Pakistan (das Land der Reinen) grenzt an Indien, und der Sudan bildet den unmittelbaren Übergang zu Schwarz-Afrika. Alle genannten Staaten zu behandeln, würde den Rahmen dieses Buches sprengen. So werden in diesem Bericht die Länder ausführlich beschrieben, die als unmittelbare Nachbarn Europas unsere Geschichte stark mitbestimmen: Ägypten, Israel, Jordanien, Libanon, Syrien und die Türkei. Die Probleme zwischen dem Iran und dem Irak, die Vorgänge in Libyen und in Algerien, in Marokko und den Vereinigten Arabischen Emiraten werden berücksichtigt, wenn sie das Thema direkt berühren.
Ein Problem eigener Art ist die Einordnung Mittelasiens oder, politisch ausgedrückt, des »Sowjetischen Orients« in den Nahen Osten. Unzweifelhaft gehören Turkmenistan, Kirgisistan, Usbekistan und Tadschikistan mit den Städten Aschchabad, Alma-Ata, Taschkent, Samarkand, Buchara und Chiwa sowohl ihrer Bevölkerung als auch der Landesnatur und der Kultur nach zum Orient. Sie liegen jedoch auf dem Territorium der Sowjetunion, und sie sind – im Gegensatz zu allen anderen Ländern, über die berichtet wird – keine unabhängigen Staaten. Ihre Geschichte zu schildern, bleibt einem anderen Werk vorbehalten.

Die Naturlandschaften

Unsere arabischen und israelischen Nachbarn in den Staaten Nordafrikas und Vorderasiens gehören genauso zur Mittelmeerwelt wie Griechen, Italiener, Franzosen, Spanier und Portugiesen. Die geographische Lage hat die Völker des Nahen Ostens mit unserer Geschichte, aber ebenso eng mit den Geschehnissen in Afrika und Asien verknüpft.
Wie nahe sie uns räumlich stehen, wird jedem deutlich, der von Gibraltar nach Tanger fliegt. Schon ein paar Flugminuten nach dem Start im äußersten Süden Europas hat er den Boden Nordafrikas erreicht. Mediterranes Meeresklima und trocken-heiße Wüsten bestimmen die Entwicklung in dem Naturraum der nahöstlichen Grenzländer. Entscheidender Einfluß kommt dabei den Gebirgen und den Hitze oder Feuchtigkeit bringenden Stürmen zu. Schon der erste Blick auf eine Landkarte läßt zwei Hauptmerkmale dieses Gebietes erkennen: die Gebirgssysteme im Norden und die flachen Landmassen des arabisch-afrikanischen Hinterlandes. Überlassen wir dem Geographen Horst Mensching das Wort:
»Der Grenzraum mit den südwärts gelagerten Ausläufern der west-östlichen Faltengebirgszone läßt durch Hebungen und ausgeprägte Gebirgsbildungen vereinzelte, ins Hinterland ragende Vorposten erkennen. Auch die vorherrschende Nord-Süd-Richtung dieser Gebirge weist auf eine Übergangsstellung zwischen dem Mittelmeer und den vorderasiatischen Landmassen hin. Der Kontaktraum, in dem der afrikanisch-arabische Sockel an das tertiäre Gebirgssystem der Atlas-Länder stößt, erstreckt sich von der marokkanischen Atlantikküste südlich des Hohen Atlas entlang des Sahara-Atlas bis zur tunesischen Syrtenküste, wo er mit dem Einbruch des östlichen Mittelmeeres untergetaucht ist. Auf der Südseite der vorderasiatischen Gebirgsketten des anatolischen Taurus mit dem Südzweig des Libanon und dem Südrand des Zagros-Gebirges mit der mesopotamischen Senke, in der Euphrat und Tigris fließen, stößt das arabische Sockelrelief an den alpidischen Gebirgsgürtel an.
An der Ostküste des Persischen Golfes und an der Nordküste des Golfes von Oman hat der Meereseinbruch beide Großeinheiten des Reliefs und seiner verschiedenartigen geologischen Strukturen voneinander ge-

trennt. Die küstennahen Randerhebungen beiderseits dieses großen Meeresarmes, besonders mit dem über 3300 Meter ansteigenden Omangebirge, lassen den Umfang dieser Kontakt-Zone noch einmal deutlich werden.«
Wie er weiter erklärt, werden die großen Reliefeinheiten des arabisch-afrikanischen Erdsockels in weiten Bereichen von Deckschichten aus Sand- und Kalkstein gebildet. Große Senken prägen das überwiegend flache Hinterland. Mit einem Satz: Die Großräume des Nahen Ostens setzen sich zusammen aus Gebirgslandschaften, Hinterlandsenken, Küstenzonen und Wüsten, Schichtabstufungen, Stromtälern, Meereseinbrüchen und den gewaltigen Wassergräben am Roten Meer und an den Golfgebieten.

Das Klima

Sand, so weit der Blick reichte. Stundenlang flogen wir schon mit der kleinen Propellermaschine über die Libysche Wüste. Nur an tiefen Senken und einigen wenigen Hügeln erkannten wir, daß wir überhaupt vorankamen. In diesen endlosen Weiten meistern nur die Nomaden das Leben, nur sie haben keine Furcht vor dem Ausbleiben des Regens. Sie finden auch dann den Weg in ihre Dörfer zurück, wenn der Wind alle Spuren verweht hat. Flach wie die Erde erscheint auch der Himmel über dieser Landschaft, unendlich, maßlos, ohne Anfang und ohne Ende. Aber alle unsere Worte sagen nur, wie verloren wir uns in diesen Weiten vorkommen. Welche Aufregungen verursachen ein paar dunkle Wolken am Horizont, die rasch näher kommen. Mit wieviel Inbrunst und Sehnsucht wird jeder Regentropfen erwartet. Aber der Regen fällt nur im Winter ...
Klimatisch gehört der Nahe Osten zu den Subtropen. Allen subtropischen Gebieten der Erde gemeinsam ist die Regenzeit im Winter. Nur wenige Ausnahmen gibt es hiervon, so das Hinterland der Türkei, die iranischen Hochflächen und die Gebirgszonen am Schwarzen Meer. In diesen Regionen fällt zu allen Jahreszeiten hin und wieder Regen – im Winter Schnee. Eisige Stürme machen Menschen und Tieren dann das Leben zur Qual. Touristen, die zu dieser Jahreszeit Ostanatolien besuchen, werden nur einmal und nie wieder kommen. Keine Spur finden sie von den grünen Weiden, den Schaf- und Ziegenherden im Freien und der Gastfreundschaft der Bewohner. Im Winter braucht jeder seine Kraft zum Überleben. Für Fremde hat niemand Zeit.
In den anderen subtropischen Ländern aber ist der Winter eine Zeit des Wachstums und der Fruchtbarkeit. Wer es erlebt hat, wie die Araber vom Winterregen schwärmen, wird als Europäer darüber vielleicht zuerst erstaunt sein. Doch wer längere Zeit in diesen Ländern lebt und damit fertigwerden muß, wie nach Monaten der Trockenheit das Wasser in den Städten rationiert wird und wie bei 40 Grad Hitze tagelang kein Tropfen Naß aus der Dusche kommt, wie der Straßenstaub alle Poren verklebt, jeder Busch und jedes Blatt mit einer dicken Schmutzschicht bedeckt ist und die an sich schon heiseren Stimmen der Araber noch heiserer klingen – der wird mit einstimmen in die Bitte um Regen.
Selbstverständlich hatte ich bei den Vorbereitungen für das Leben im Nahen Osten viele wissenschaftliche Werke gelesen und dabei so leichthin erfahren, daß die Bezeichnung Winterregenzone für die Subtropen als Klima-Kennwort gilt. Aber was das bedeutet, merkt man erst so richtig, wenn die Natur den Aussagen der Gelehrten nicht folgt oder erst mit ein paar Monaten Verspätung.
In den heißen Sommertagen liegen die Nah-

ost-Gebiete im Einflußbereich der sogenannten »subtropischen Antizyklone«, das sind Lufthochdruckgebiete an den Randregionen der Tropen. Die dort herabsinkenden Luftmassen erwärmen sich und lösen die Wolkenfelder auf, bevor sie abregnen. So kommt zu den fehlenden Niederschlägen noch die hohe Verdunstung. In den ausgesprochenen Wüstenregionen – insbesondere der Sahara – scheint täglich etwa 10 Stunden die Sonne.

Das feuchte Meeresklima erreicht im allgemeinen nur das Vorland der Gebirge. Üppige Fruchtbarkeit herrscht dort überall. Aber schon in den dahinterliegenden Steppen- und Wüstengebieten sind zweihundert regenlose Tage im Jahr normal. Leider ist es auch nicht länger die Ausnahme, daß oft jahrelang überhaupt kein Regen fällt. Ohne die großen Ströme – Nil, Euphrat, Tigris –, einige kleine Flüsse und die Oasen käme das menschliche Leben in den Wüsten fast völlig zum Erliegen.

Die Ströme sind der Lebensquell. Schon Jahrtausende vor Christi Geburt entstanden in den Stromtälern zwischen Wüsten und Gebirgen die gewaltigen Reiche der Babylonier, der Assyrer, der Ägypter. Sie alle verteidigten im Kampf gegen die aus den Wüsten drängenden Stämme ihren »Platz am Strom«. In immer neuen Kriegszügen versuchten sie, ihre Reichsgrenzen so weit wie möglich von den Flußtälern entfernt zu errichten und zu befestigen. Kam es an den Grenzen in der Wüste zu Kämpfen, blieb Zeit genug, die an den Flußufern lebende Masse des Volkes zu alarmieren und zu den Waffen zu rufen. So konnte sie der feindliche Angriff nicht überraschen. Die Sicherung des Stromgebietes entschied über Leben oder Untergang der eigenen Bevölkerung. Wer im Besitz der Ströme war, dem gehörte alles: die Menschen, das Land, Tiere, Pflanzen und Bodenschätze.

Der größte Schatz aber war der Strom selbst. Priester brachten ihm Opfer dar. Götterstatuen wurden ihm zu Ehren errichtet und angebetet. Politik und Kunst, die Bewältigung des irdischen Lebens und die Vorstellung des Jenseits waren untrennbar mit dem ewigen Strömen der »lebendigen Wasser«, wie es in der Bibel heißt, verbunden. Wo sie flossen, entstanden die Hochkulturen.

Von den Säulen des Herkules bis zum Goldenen Horn

Der Weg ist das Ziel.
Reisewege, Reisezeiten, Reisetips

Einer sagte, ich würde in den Sandsturm hineinkommen. Ein anderer nahm diese Bemerkung zum Anlaß, mir zu erklären, daß es um diese Jahreszeit keine Sandstürme gäbe, ein dritter meinte, ich könnte mir die Reise sparen, denn – ob Sandsturm oder nicht – Dornengestrüpp und Regenfluten würden mich am Weiterkommen hindern, und der vierte, der zuhörte, ließ auch das nicht gelten. Er sprach von Überfällen und Aufständen. Sie machten jeden Streifzug in das Hinterland der arabischen Länder zu einem Vabanquespiel. An dieser Gefahr gemessen, seien die Schwierigkeiten durch das Klima und die ungezähmte Naturlandschaft ganz nebensächlich.
Unwillkürlich dachte ich an meine Tour durch die Volksrepublik China in den Jahren der Kultur-Revolution zurück. Damals trug ich eine Plakette am Jackettaufschlag mit der Inschrift: »Wer die Steppe durchqueren will, darf sich nicht vor Wölfen fürchten.« Ich hörte nicht länger auf die Ratschläge und fuhr los. Schon nach wenigen Kilometern war ich in bester Stimmung. Es gab weder Sandstürme noch Regenfluten, weder Überfälle noch undurchdringliches Dornengestrüpp. Selbstverständlich hätte es auch anders kommen können. Doch bringt das Unerwartete oft die schönsten Erlebnisse. Es ist nicht unbedingt nötig, um jeden Preis zu einer bestimmten Zeit an einem vorher bestimmten Ort anzukommen. Wie oft lernte ich die nettesten Leute bei unvorhergesehenen Aufenthalten kennen, wie oft wurde mir bei einer Panne spontan Hilfe angeboten, wie oft folgte eine Einladung.
Aber nicht jeder geht auf ein Abenteuer aus, und schlechtes Wetter ist kein Abenteuer; schlechtes Wetter im Vorderen Orient hat man nur, wenn man zur falschen Reisezeit kommt. Frühjahr oder Herbst sind am besten für einen Aufenthalt geeignet. April und Mai eignen sich für Ausflüge ins Landesinnere, sie ermöglichen Besichtigungen in Räumen ohne Klima-Anlage, weite Fahrten über Land und längere Aufenthalte im Freien – auch dort, wo weit und breit kein Baum und kein Haus Schatten spenden.
Wegen der hohen Temperaturen und der aufkommenden heißen Wüstenwinde ist ein Sommerurlaub in den Ländern des Nahen Ostens – mit Ausnahme der Küstengebiete des Schwarzen Meeres und des Mittelmeeres – äußerst anstrengend. Nur wer nach Ostanatolien will, fährt am besten im Sommer.
Im Frühjahr wird das Wetter von Tag zu Tag freundlicher, und im Herbst (Mitte September bis Anfang November) ist es noch sommerlich warm, ohne glutheiß zu sein. Im Juni/Juli/August schwanken die Temperaturen zwischen dreißig und vierzig Grad im Schatten. Auch das kann schön sein, vorausgesetzt, man will es so haben.
Nachts dagegen können die Temperaturen in den Wüstengebieten bis auf minus 10 Grad sinken. Wer sich nicht mit warmer Kleidung gewappnet hat oder an Kreislauf-

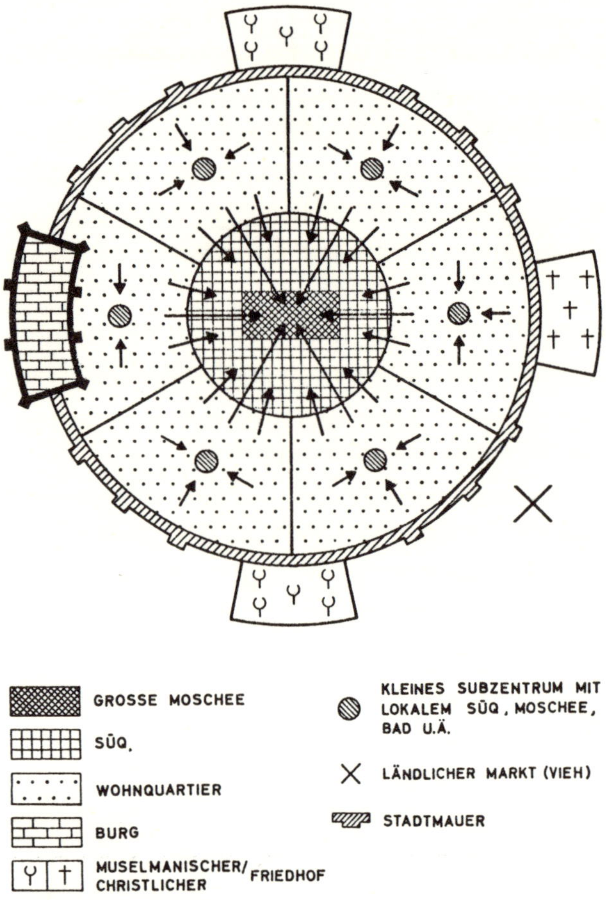

Idealschema der Struktur einer islamisch-orientalischen Stadt. Die große Moschee bildet den Mittelpunkt.

schwäche leidet, dem wird die Reise Schwierigkeiten bereiten. Wie oft hörte ich den Satz: »Ich habe noch nie so gefroren wie in der Wüste.« So ist es zu empfehlen, ein Mittel gegen Erkältungskrankheiten mitzunehmen. Nach durchfrorenen Nächten oder auch nach längerem Sitzen in der eiskalten Zugluft der Hotel-Klimaanlage läßt Schnupfen nicht lange auf sich warten.

Nichts Außergewöhnliches sind stundenlange Busfahrten über Geröllwüsten und Sandpisten voller Schlaglöcher, die Wirbelsäule und Bandscheibe belasten. Magen und Darm kommen in Schwierigkeiten durch Eisgetränke, unzureichende Hygiene im Hotel und ungewohnte Mahlzeiten unterwegs.

Keine Angst: Ich will nur davor warnen, einfach drauflos zu fahren. Jedem von uns steht die Welt des Nahen Ostens offen. Wer es richtig anfängt, wird finden, was er sucht. Doch die meisten Reisenden suchen weniger das Unbekannte jenseits der erschlossenen Routen als vielmehr die Begegnung mit den im Reiseführer beschriebenen Landschaften oder den in Dokumentarfilmen gesehenen Kunststätten. Für sie ist das große Abenteuer auch im Nahen Osten unerreichbar: die Nächte bei flackerndem Lagerfeuer vor den blauen Zelten der Tuaregs in einer kleinen Oase der Sahara, die Bootsfahrt zu einer schilfumwachsenen Insel im Schatt el Arab ... Sie werfen keinen Blick in eine für Christen verbotene Moschee und wagen es nicht, durch die Einsamkeit der Felsengebirge zu ziehen ...

Auf gut asphaltierten Straßen, an Bord der Nilkreuzschiffe, im Flugzeug oder im Wüsten-Expreß erreichen sie die gebuchten Ziele, und (fast) alles ist für ihr Wohlbefinden vorher arrangiert worden. Auch dann klappt es manchmal nicht so wie erwartet. »Inschallah« heißt es dann: Wie Gott will.

Inschallah sagt der Taxifahrer, wenn er kein Wechselgeld herausgibt, Inschallah der Hotelier, wenn keine Einzelzimmer zur Verfügung stehen. Inschallah heißt es auch beim Verlust der Reisekasse oder wenn man viel zu spät bemerkt, daß man vergaß, einen neuen Film in den Fotoapparat einzulegen. Armut und Reichtum, verpatzte Gelegenheiten und schlimme Erlebnisse sind für alle, die fähig sind, dazu »Inschallah« zu sagen, leichter zu ertragen.

Aber warum an so etwas denken? Es ist besser, alle Gelegenheiten zu nutzen, aufzunehmen was kommt, offen zu sein für Erlebnisse, für die großen Erschütterungen und die kleinen Randerscheinungen. Inschallah.

Wo man eine große Orienttour am besten anfängt? Das ist jedem überlassen. Schlagen wir doch einfach den historischen Atlas auf; vielleicht zeigt die Seite das islamische Spanien.

Brüder, die irren, sind immer noch Brüder

Südspanien lockte sie alle: Araber, Griechen, Karthager, Römer, Juden und Germanen. Wenig wissen wir von den Iberern, die aus Nordafrika kamen und der Halbinsel ihren Namen gaben. Auch von den Phöniziern ist nicht viel überliefert. Wir kennen jedoch ihre alte Festung Gadir, das heutige Cadiz. Sie war die erste Stadt am Südwestrand Europas und ist eine der ältesten Städte unseres Kontinents; länger als 3000 Jahre liegt ihre Gründung zurück. Ruhelos und beutegierig kamen auch die Vandalen. In diesem Landstrich zwischen Mittelmeer und Atlantik, über den die warmen Wüstenwinde von Afrika herüberwehen, fanden sie eine neue Heimat. Auf dieser Erde wollten sie bleiben, ihre Schwerter in Pflugschare umschmelzen und seßhaft werden. Zum Zeichen der »ewigen Besitznahme« gaben sie dem eroberten Land den Namen ihres Volkes: Vandalien. Aus diesem Wort entstand der Name (V)Andalusien.
Auch die Westgoten lockte die Kunde von einem »märchenhaften Reich im sonnigen Süden« an. Sie beherrschten Südspanien von 456 bis 711. Ihre Kriegslager schlugen sie im Schatten eines groben, hohen Felsens auf. Von seinem Gipfel aus konnten sie das Meer und die im Dunst verflimmernde Küste des gegenüberliegenden Afrika beobachten. Drüben, am anderen Ufer, lebten die Mauren. Der Sage nach waren diese wilden Krieger einstmals mit Herkules, dem Unüberwindlichen, nach Afrika gekommen. Ursprünglich aus Persien stammend, hatten sie sich dem »Stärksten aller Starken« zur Verfügung gestellt.

Herkules, der Inbegriff von Mut, Tapferkeit, Stärke, List und unerschöpflicher Manneskraft, war auch Roderich, dem König der Westgoten, bekannt. An den »Säulen des Herkules« wollten der maurische und der germanische Herrscher ihre Residenzen errichten: die eine beim heutigen Ceuta (Nordafrika), die andere in der Nähe des heutigen Gibraltar. Auch wenn der König der Westgoten und der Herrscher der Mauren nichts voneinander wußten, so hatten sie doch ein gemeinsames Vorbild: Herkules. Über diesen Sohn eines Gottes, dessen Leben von der Geburt bis zum Tod von List, Kampf und Krieg, von Liebe, Leidenschaft und Ruhm erfüllt war, gab es so viele Geschichten zu erzählen, daß jeder, der sie hörte, sofort zu Abenteuern bereit war.

Christentum: Das Lamm Gottes symbolisiert im Christentum die Versöhnung Gottes mit der Welt.

Herkules hatte in einer Nacht mit fünfzig schönen Frauen fünfzig Söhne gezeugt ...

... Giftschlangen so abgerichtet, daß sie ihn zärtlich umschlangen und mit züngelnden Zungen seine Ohren reinigten ...

... durch eine Absprache mit den Göttern dem qualvollen Leid des an einen Felsen gebundenen Prometheus durch einen sicheren Schuß in das Herz des Geiers, der täglich frisches Fleisch aus dem Körper des Gefesselten riß, ein Ende bereitet ...

... die verdreckten, die Luft verpestenden Ställe des Augias gereinigt ...

... die allen Kriegen vorangehenden Friedensgespräche jedesmal mit dem Satz abrupt beendet: »Ich bin im Kämpfen besser als im Diskutieren . . .«

. . . auf der Suche nach den goldenen Äpfeln im Garten der Hesperiden dem Riesen Atlas (seinen Namen tragen die Berge Marokkos) die Last, den Himmel auf seinen Schultern zu tragen, für ein paar Stunden abgenommen, damit dieser ihn zu den Paradiesfrüchten führen könnte . . .

Herkules war in Sklaverei geraten, als er der Lust der Königin Omphale verfiel, deren Reich in der Libyschen Wüste lag und die ihn erst freigab, nachdem er »alle ihre Lüste gestillt, alle ihre Gier gesättigt und alle ihre Feinde erschlagen hatte«, worauf er dann langsam wieder zu Verstande kam . . .

Er hatte als Kind so heftig an der Mutterbrust gesaugt, daß er die Milch nicht im Munde behalten konnte, sich verschluckte, hustete und einen Teil wieder ausspuckte – aber auch das schon mit so viel Kraft, daß die Tropfen bis an den Himmel flogen und dort die »Milchstraße« bildeten . . .

Vielleicht waren auch in den Zelten der Mauren die Abenteuer des Herkules nächtliche Gesprächsthemen und die Versuchung groß, die eigenen Kräfte mit den herkulischen zu messen.

Tarik, den Feldherrn der Wüstensöhne, lockte der Wunsch nach Beute zu einem wagemutigen Vorstoß über die Meerenge. 80 Jahre nach dem Tode des Propheten Mohammed gab er den Befehl zum Aufbruch ans andere Ufer. Das Heer landete an der europäischen Küste im Schatten eines Felsens. »Dschebel (Fels) al Tarik« nannte der Herrscher den Felsen; der Name sollte an die erste Landung der Araber in Europa erinnern. Er heißt heute noch so, nur sprechen wir die Worte etwas anders. Für uns wurde Dschebel al Tarik »Gibraltar«.

Schon für die Griechen und Römer waren alle jenseits ihres Kulturkreises lebenden Menschen Barbaren. Unterschiedslos wandten sie diese Bezeichnung auch auf die Völker Nordafrikas an. Den Goten fuhr der Schrecken in die Glieder beim Anblick der arabischen Krieger. Fanatisch und rücksichtslos schlugen sie nieder, was sich nicht sofort unterwarf. Sie waren launisch, unberechenbar – und großzügig. Manchen, die es nicht verdient hatten, schenkten sie das Leben; andere, Gutmütige, Friedfertige, verschleppten sie in die Sklaverei. Plündern gehörte zu ihrem Lebensstil, und auch Kult- und Kunstwerke waren vor ihnen nicht sicher.

Die Berber kommen! Das wurde zum Angstruf der Angegriffenen. Berber bedeutet das gleiche wie Barbar. Barbarisch waren die ersten Jahrzehnte ihrer Herrschaft, barbarisch ihre Kriegszüge. Nichts wies darauf hin, daß in dem von ihnen besetzten Südspanien eines Tages ein Land von hoher kultureller und wirtschaftlicher Blüte erwachsen sollte. Doch so wie vor ihnen die schon aus Osteuropa eingewanderten Vandalen kamen auch die kriegerischen Berber und Mauren an den Ufern des Guadalquivir, in den Sonnentälern am Fuß der Sierra Nevada und an der Costa del Sol – um einmal die heutigen Namen zu benutzen – zur Ruhe. Der Wirtschaft, der Wissenschaft und der Kunst zu dienen, wurde ihnen wichtiger als immer neue Eroberungen. Nicht kluge Einsicht, sondern erst die Niederlage bei Tours und Poitiers gegen das Heer des Frankenkönigs Karl Martell im Jahre 732 führte zu dieser Haltung.

Die »herkulischen Kräfte« erlahmten, nun galt es, das eroberte Land in einen »Blumengarten Allahs« zu verwandeln. Was ihnen die Oase in der Wüste gewesen war, wurde hier der liebevoll gepflegte Palmengarten, und den Schmutz der Welt vergessen konnte man in den schattenspendenden, blumenverzierten Innenhöfen der

Das Forum von Gerasa in Jordanien gehört zu den eindrucksvollsten Bauten der antiken Welt des Nahen Ostens.

Überall in Syrien wird das Fest der Baumwollernte gefeiert. Schmuckwagen mit gefärbten Baumwollblüten gehören zum Festzug.

Syriens Staatschef Assad gehört zu den großen Staatsmännern der arabischen Welt. Sein Porträt schmückt Straßen und Plätze im ganzen Land.

Oben: Kairo. Mit über 15 Millionen Einwohnern ist die Hauptstadt Ägyptens zugleich die größte Stadt Afrikas und der gesamten arabischen Welt. Jeder vierte Ägypter lebt oder arbeitet in Kairo; täglich ziehen etwa 1000 Menschen vom Land in die Metropole. Straßennetz, Wasser- und Stromversorgung, ärztliche Betreuung und modern erschlossene Wohnviertel reichen für nur 4 Millionen Einwohner. Das staatlich garantierte Mindesteinkommen beträgt für die größte Zahl der Einwohner monatlich 30 Pfund oder umgerechnet 100 DM.
Unten: Beduinenmarkt.

Oben: Der Nil ist die »Mutter Ägyptens«. Nur etwa 20 km zu beiden Seiten des Stromufers ist fruchtbares Land, sind Dörfer und Städte. Die Lehmziegelbauten sind dem Klima angepaßt. Sie schützen vor der Hitze des Tages und vor der Kälte der Nacht.

Unten links und rechts: Lebenselixier Wasser. Die Bewohner der Oase Kharga nutzen es für den Anbau von Dattelpalmen und für eine Entenfarm – die einzige in der Libyschen Wüste.

Oben: Der Blaue Nil. Er entspringt im Damotgebirge in der Nähe des Tana-Sees im Hochland von Äthiopien. In Khartum, der Hauptstadt des Sudan, vereinigt er sich mit dem aus dem Inneren Afrikas kommenden Hauptstrom, dem Weißen Nil. Die gesamte Stromlänge beträgt 6671 km. Noch um die Mitte des vorigen Jahrhunderts war der Nil das größte geographische Geheimnis. Die Entdeckung der Nilquellen gehörte zu den Lebenszielen berühmter Forscher und Abenteurer.

Links: Abu Simbel. Die ursprüngliche Anlage stand an den Ufern des Nil. Um sie vor der Überflutung durch die Wasser des Stausees von Assuan zu retten, wurde sie Stück um Stück abgetragen und 180 Meter landeinwärts wieder aufgebaut.

Häuser. Licht und Schatten wanderten über die weißgetünchten Wände. Springbrunnen plätscherten im Hof. Vogelgezwitscher, Gitarrenklänge, das Lauschen auf die »Stimmen der Nacht« – im Patio (Innenhof) suchten sie ein Leben zu leben, wie es in den orientalischen Märchen beschrieben wird. Außerhalb der Mauern war der Tumult der Straße, der Kampfplatz der Krieger, der Beutegierigen, der Händler und Geschäftsleute, der Verlorenen und der Verstoßenen. Aber hinter den Mauern war ein Stück Paradies. Es aus dem Jenseits ins Diesseits zu holen – das gelang in den maurischen Gärten.

Cordoba war vom 8. bis zum 10. Jh. die Hauptstadt der maurischen Könige in Europa. Als das Kalifat zerfiel, bildeten sich die Teilreiche von Sevilla und Granada. Kunst und religiöser Glaube standen bei Herrschern und Beherrschten in hohem Ansehen. Überall galt der Satz: *»Wo ein Betender kniet, ist das Zentrum der Welt.«* Wer so denkt, ist tolerant. Dichter, Wissenschaftler und Künstler kamen an die Fürstenhöfe. In den Säulengängen führten sie ihre Dispute, an den plätschernden Brunnen dichteten sie ihre Verse. Am »Tor der Vergebung« trafen sich die Gläubigen, und jeder, auch der Ärmste und Unwissendste, hatte freien Zugang zu den »Blumengärten Allahs«.

Der Glaube des Islam verwehrt den Künstlern die Abbildung von Menschen. So nehmen sie die Worte des Korans, schmücken und verzieren Hauswände, Portale, Türme, Mauern, Fenstersimse und Säulen mit Buchstaben. Nie werden sie müde in der Erfindung immer neuer Wort-Gemälde. Kunstvoll gemalt, werden die Buchstaben zur Arabeske; das Wort-Bild zu einem Sinn-Bild, das kein Ab-Bild ist.
Ein gesprochenes Wort verklingt; um es am Leben zu erhalten, muß es immer wieder gesprochen werden; es ist gültig, aber nicht end-gültig. Es wird immer neu in die Welt hinein gesagt. Etwas vom Versickern des Wassers in der Wüste, vom Wehen der Sandstürme, vom Rauschen der Palmen und vom Glitzern der auf den Oasenwassern hin- und herzuckenden Sonnenreflexe ist in diese Sicht der Dinge und in den Klang der Worte mit eingefangen.
In Südspanien wuchs eine Kultur heran, bei deren Betrachtung wir den Atem anhalten. Sevilla, Cordoba, Granada sind nur Namen dafür. In Medina Azahara, der »Stadt der Blumen«, wurden die Smaragdkette Harun al Raschids, des Königs von Bagdad, und das Goldsiegel des Kalifen von Damaskus aufbewahrt. In der »Stadt der Blumen« hielten die Omayaden hof. Muslims, Juden und Christen warfen sich dem Herrscher mit den Worten zu Füßen: »Ich bin der Sklave des Beherrschers aller Gläubigen.« Und der König antwortete: »Es gibt keinen Herrscher außer Allah.«

Im 13. Jh. beginnt die Sonne des westlichen Islam zu verblassen. Die Wiedereroberung des an die »Ungläubigen« verlorenen Landes durch die christlichen Könige, die sogenannte »Reconquista«, treibt die Mauren nach Nordafrika zurück. 1236 wird Cordoba erobert, 1492 kapituliert Granada. Das christliche Abendland schreitet von Eroberung zu Eroberung. Als spanische Truppen Granada besetzen, landet Christoph Columbus an der Küste Amerikas.
Wer sich den Eroberern widersetzt, ist nicht nur ein Feind des Kaisers, er ist auch ein Feind der Christen. In Sevilla regiert die Inquisition. Aber man will kein Blut vergießen. So werden Scheiterhaufen errichtet, auf denen die als Ketzer Verurteilten verbrannt werden. Die ersten Opfer sind Juden, Tausende werden umgebracht. Und es wird dabei an die »Schuld« des Volkes erinnert, das von dem römischen Statthalter Pi-

latus den Mörder Barabbas begnadigen – aber Gottes Sohn Jesus Christus ans Kreuz schlagen ließ.

In Sevilla dachte ich an die Inschrift im Diaspora-Museum Tel Aviv zurück. Erst jetzt verstand ich, was mich in Israel manchmal verletzt und erschreckt hatte: die Furcht und der Haß mancher Juden auf die Christen und das, was in den christlichen Zeitaltern mit ihnen geschehen war. Jetzt erst begriff ich die Zeilen: »Im Jahre 1933 der christlichen Ära kam Adolf Hitler zur Macht... ermordete sechs Millionen Juden... und die Welt schaute schweigend zu.«
Bei der Eroberung des jüdischen Viertels in Sevilla durch die Soldaten der Reconquista gab es Jubel und Triumphzüge der Sieger. Den in Spanien lebenden Juden blieb nur die Flucht oder die Annahme des christlichen Glaubens. Und um die Erinnerung an das Judenviertel ein für allemal auszulöschen, bekam der Stadtteil den Namen »Barrio de Santa Cruz« (Das Stadtviertel des Heiligen Kreuzes). So heißt es heute noch. In seinen Innenhöfen, verwinkelten Gassen, hinter den vergitterten Balkons und in den dunklen Kellerlöchern findet man die Andalusier aus den armen Schichten des Volkes.
Die »Ungläubigen« waren besiegt. Wer sich zum neuen Glauben bekannte, wurde verschont. Auch die Kunstwerke der Mauren und der Juden wurden weder verfemt noch mit Schweigen übergangen. Und wieder wurde Andalusien zu einem Land der Dichter und der Gelehrten. In Sevilla entdeckte der französische Schriftsteller Prosper Mérimée die Frau, die zum Inbegriff der leidenschaftlichen Spanierin werden sollte: Carmen. In Sevilla entstand der Flamenco-Tanz. In Sevilla malte Murillo seine Gassenjungen und Pastetenbäcker. Aus Sevilla stammt der Maler Velazques; vor seinem Gemälde »Der Großinquisitor« packt wohl jeden tiefes Erschrecken.
Nur dreizehn Kilometer trennen Gibraltar von der nordafrikanischen Küste. Das ist keine große Entfernung; viele Flüchtlinge fanden in Tunesien, Algerien und Marokko eine neue Heimat.
In Fes, der marokkanischen Königsstadt, heißt ein Stadtgebiet noch heute »Andalusisches Viertel«. Dort siedelten sich im 9. Jh. die aus Spanien vertriebenen Mauren an. Ihr Zentrum ist die »Andalusische Moschee«; der Eintritt in dieses Gotteshaus ist Christen verboten.
Nicht allzu weit entfernt vom Palast des Königs beginnt die »Mellah«, das Viertel der Juden. Schmale Gassen, dicke Mauern, geräumige, schöne Innenhöfe. Zieht eine jüdische Familie aus Marokko nach Israel, so ist das keine Flucht und keine Vertreibung. Sie bricht auf wie zu einem Pilgerzug – zur Heimkehr in die Ur-Heimat.
Das moderne Spanien hat zu den arabischen Nachbarn in Nordafrika gute Beziehungen. Genau wie in Südamerika gelang den Spaniern auch in Afrika die Assimilation von Siegern und Besiegten. Und am Rande sei erwähnt, daß es die maurischen Truppen General Francos waren, die während des spanischen Bürgerkrieges für die Falange die ersten Schlachten gewannen.
Heute ist Spanien Mitglied der Europäischen Gemeinschaft – und gleichzeitig das einzige Land Westeuropas, in dem eine andere westeuropäische Macht noch eine Kolonie hat. Seit 1711 ist Gibraltar britisch. Noch immer ist der »Dschebel al Tarik« ein begehrter und umkämpfter Ort an der westlichen Nahtstelle zwischen Europa und Afrika. Doch im Verlauf der Zeit wird der englische Felsbrocken in die spanische Welt integriert werden und mit ihr verschmelzen.
So lassen sich in Andalusien gewichtige Kapitel der Geschichte sowohl für ein gelungenes Mit- als auch für ein verderbliches Ge-

geneinander der Völker, der Rassen und der Religionen studieren. An historischen und lebendigen Zeugnissen ist kein Mangel. Wandern wir noch einmal durch die Gärten der Alhambra in Granada, die zu Ehren Mohammeds errichtet wurde; beten wir noch einmal in der Kathedrale von Sevilla, die zur Ehre Gottes erbaut wurde; lesen wir noch einmal das Buch des jüdischen Gelehrten Moses Ben Maimon »Führer der Zweifelnden«. Er schrieb es in Andalusien kurze Zeit nach der spanischen Eroberung. Im Werk dieses Rabbi steht der versöhnliche Satz, der zwischen Muslims, Juden und Christen Frieden stiften sollte: »Brüder, die irren, sind immer noch Brüder.«

Von Tanger nach Tamanrasset

Tanger – »Die Schöne mit der fatalen Vergangenheit«. Die Stadt an der afrikanischen Küste der Straße von Gibraltar gehört seit 1956 zum Königreich Marokko. Seitdem erlebt man in diesem einstmals berüchtigten Sündenbabel zwischen Afrika und Europa außergewöhnliche Abenteuer nur noch auf der Kinoleinwand. Waffenhändler, Gold- und Diamantenschmuggler, Rauschgiftgangster, Agenten, Falschgeldproduzenten (für alle Währungen der Welt) sowie die attraktiven, käuflichen Nachtklubtänzerinnen sind verschwunden. Der Islam und die Truppen des Königs sorgen für Ordnung.
Urlauber, die eine uralte orientalische Hafenstadt mit Mittelmeer-Kurort-Charakter lieben, werden sich in Tanger wohl fühlen. Der drei Kilometer lange weiße Sandstrand ist sauber, und auf dem Markt fehlen weder der Märchenerzähler noch der Schlangenbeschwörer, weder der Teppichhändler noch der Wasserverkäufer. Den Deutschen wird der Platz gezeigt, wo Kaiser Wilhelm II. 1905 in einer Rede die Franzosen vor der Eroberung Marokkos warnte; den Spaniern die Schlupfwinkel der von ihnen vertriebenen Seeräuber, und mich führten sie zu den Grotten des Herkules. Sie liegen auf dem Weg zum nordwestlichsten Punkt Nordafrikas bei Kap Spartel. An dieser Stelle treffen Mittelmeer und Atlantik zusammen; an dieser Stelle schaute ich den Zügen der Vogelschwärme zu. Es war das schönste Erlebnis, das dieser Teil der Welt mir gab. Adler, Bussarde, Störche, Turmfalken, Geier... Hunderte, Tausende... Den warmen Aufwind geschickt ausnützend, ließen sich die Tiere von den Luftströmungen in große Höhen tragen, um dann im Segelflug bis nach Spanien, Südfrankreich und Italien zu schweben.
Im Herbst ist die Glut des Sahara-Sommers vorüber. In Marokko ist überall die Ernte eingebracht, und die Winterstürme lassen noch auf sich warten. Es sind die Tage voll milder Sonnenwärme mit frischen, aber nicht kalten Nächten. Überall im Land werden Feste gefeiert, Jahrmärkte abgehalten, und jeder hat Zeit für jeden. Ein Paradies für Urlauber ist Marokko auch im Frühjahr. Ausflüge in das Binnenland, zu den vier Königsstädten (Rabat, Marrakesch, Meknes und Fes) und Fahrten entlang der grünen Fluren des Mittelmeers und des Atlantik sind in dieser Zeit besonders angenehm. Auf den Berggipfeln des Mittleren und des Hohen Atlas (etwa 4000 Meter über dem Meeresspiegel) kann jedoch bis in den April hinein Schnee liegen. Einen reizvollen Kontrast zu der Welt der marokkanischen Berge bilden die 500 Kilometer breiten Wüstenstreifen an der Südgrenze zu Algerien.
Von Jahr zu Jahr reisen mehr Europäer und Amerikaner in die großen Wüsten der Erde. Doch werden die Kamelkarawanen immer mehr von Lastwagen, Camping-Fahrzeugen und Personenwagen aller Art verdrängt. Achmed al Chalaf traf ich mit

seiner Karawane an einer Oase und bat ihn, mich in die südliche Sahara mitzunehmen. Die Männer waren auf dem Weg nach Taoudeni. Von dort holten sie schwere Salzplatten, die guten Absatz bei allen Stämmen im nordwestlichen Afrika finden. Chalaf hatte weder ja noch nein gesagt, statt dessen war er stundenlang mit mir durch die engen Gassen der Oase geschlendert. Zu den Tiertränken, den Schänken, Läden und Lehmhäusern – überall, wo sich seine Männer herumtrieben. Große, schlanke Männer, auch kleine, gedrungene Gestalten – alle hatten dunkle, sonnenverbrannte Gesichter, durchfurcht von zahlreichen Falten. Ihre Blicke waren nicht aufdringlich, aber ich spürte, wie sie sich ihr Urteil über mich bildeten. Es waren Blicke von Menschen, die ihr Leben lang auf der Hut waren; doch lag keine Anmaßung oder Herausforderung darin, eher ruhige Sicherheit. Sie waren sich ihrer selbst sicher, ihrer Familie, ihrer Tiere, ihrer Waren und ihres Stammes. Ich war der Fremde – würde ich ihnen zur Last fallen? Daß sie mich mitnahmen, geschah fast beiläufig.

Chalaf zeigte mir ein schönes, kräftiges Kamel, das ruhig auf der Erde kauerte. Sollte das Tier die Entscheidung darüber fällen, ob ich mit der Karawane ziehen durfte? Ich trat an das Kamel heran, blieb dicht vor ihm stehen, rührte es aber nicht an. Sehr langsam hob es den Kopf, stellte die Ohren ein wenig hoch, schob mir die Nüstern entgegen, und dann kaute es ruhig und gleichmäßig weiter. Chalaf lachte und meinte, es hätte wohl nichts gegen mich einzuwenden, und so wolle er es mit mir wagen – gegen eine angemessene Bezahlung, wie sich das von selbst versteht.

Die Tiere ermöglichen den Nomaden die Selbstversorgung; ihre Wolle, ihr Fell, ihr Fleisch, ihre Kraft als Reit- und Tragetier und auch ihren Dung können sie verwerten. Selbst als Wächter sind sie zuverlässig. Wer in ihrer Nähe schläft, den stoßen sie bei Gefahr mit ihren Nüstern an, damit er aufwacht. Haben sie jedoch einen Tierquäler zum Herrn, kann es geschehen, daß sie ihn zu erdrücken oder zu ersticken versuchen.

Um vier Uhr morgens begann der Aufbruch. Er ging ohne Hast vor sich. Hausgeräte, Proviantbehälter, Werkzeuge – alles wurde mit Decken umwickelt und mit Stricken fest verschnürt. Da und dort riß einer schon an den Riemen, der durch die Nüstern der Tiere führte, um sie zum Aufstehen zu bewegen. Andere standen noch lässig herum. Ein Mann lief ins Haus und kam mit einer Kanne Tee wieder heraus. Es war ein ständiges Kommen und Gehen. Doch langsam, fast wie zufällig, setzten sich die Leittiere in Bewegung. Mit ruhigen, fast spielerischen Schritten liefen sie die Straße entlang, eins hinter dem anderen ... Die Karawane formierte sich.

Der Wind blies schwach, der Staub, den er vor sich herwehte, machte den Männern nichts aus. Nach ein paar Stunden schon schmerzten meine Augen, dann spürte ich, wie der feine Sand mir langsam die Ohren verstopfte und meine Lippen immer trockener wurden. Und die Hände zum Schutz vor das Gesicht halten, das ging nicht, denn mit ihnen mußte ich mich an dem Kamelsattel festhalten ...

Seit ein paar Jahren ist die Trans-Sahara-Straße nach Tamanrasset in Algerien asphaltiert. Seitdem sind Sahara-Reisen komfortabler geworden. Aber der Satz »In der Wüste verirrt man sich nur einmal« gilt noch immer. An der Wüste scheiden sich die Geister. Für die einen ist sie unheimlich, monoton, grauenhaft, leer; die anderen sind ihr verfallen. Entweder – oder. Auch in der Beurteilung erlaubt sie keinen Kompromiß. Algerien-Reisen sind Wüstenreisen; Abenteuer auf der Fahrt ins Hoggar-Gebirge, zu den Stämmen der Tuareg, nach

Tamanrasset, diesem sagenumsponnenen Treffpunkt aller Wüstenfans.
Die Sahara liegt das ganze Jahr im Einflußbereich tropischer Hochdruckströmungen. Sie erwärmen die absteigenden Luftmassen und lösen die Wolkenfelder auf, bevor es zum Regnen kommt. Die hohe Verdunstung, die fast gänzlich fehlenden Niederschläge und die außerordentlich niedrige Luftfeuchtigkeit – etwa 5 Prozent – in Verbindung mit täglich zehn Stunden Sonnenschein prägen diesen Teil der Erde. In den Sommermonaten steigen die Temperaturen bis 50 Grad im Schatten. Der Flüssigkeitsbedarf des Körpers steigt außerordentlich an. Gefährlich wird das bei den oft tagelang wehenden heißen Wüstenwinden, die den Körper regelrecht austrocknen. Acht Liter Tagesration sind notwendig, um bleibende Gesundheitsschäden zu vermeiden. Im Winter kommt man mit etwa drei Litern aus. In dieser Jahreszeit – November bis April – liegen die Temperaturen zwischen 25 und 30 Grad – für die Sahara geradezu laue Frühlingslüfte. Die Nächte sind kalt – im Durchschnitt minus 4 Grad. Die Luft ist rein und klar, eine wichtige Voraussetzung für gute Fernsicht. Obgleich die Tage kurz sind (6.30 Uhr Sonnenaufgang, 17.30 Uhr Sonnenuntergang), ist nur diese Jahreszeit für eine Sahara-Expedition empfehlenswert. Mit Staub- und Sandstürmen ist erst wieder ab Mitte März zu rechnen.

Vom Nil an den Euphrat

Ägypten – wie einfach ist alles in Ägypten! In den nächsten Jahren will das Land jährlich mehr als zweieinhalb Millionen Besucher betreuen. Die Arbeitsplätze im touristischen Sektor sollen vervierfacht werden und die Einkommen der für die Gäste Zuständigen um das Zehnfache steigen. Über die Hälfte der Bevölkerung lebt von den Einnahmen durch den Fremdenverkehr. Was die Pharaonen vor Jahrtausenden schufen, ernährt noch heute mehr als zwanzig Millionen Menschen; wie schlecht es um die Existenz auch der anderen Hälfte der Bevölkerung bestellt wäre, wenn diese Menschen arbeitslos wären, kann sich jeder ausmalen.
In Ägypten ist der Tourismus im wahrsten Sinne des Wortes international. Etwa ein Drittel der Besucher kommt aus Westeuropa – darunter jährlich circa eine halbe Million aus der Bundesrepublik Deutschland, Österreich und der Schweiz –, fast die Hälfte kommt aus anderen arabischen Staaten und aus dem Fernen Osten. Die Flucht vor der kalten Jahreszeit spielt dabei sicherlich für Mitteleuropäer und Skandinavier eine Rolle. Wer bekommt kein Fernweh beim Blick auf die Wetterkarte: sie zeigte am 31. Dezember in München minus 8 Grad, in Zürich minus 10 Grad, in Stockholm minus 16 Grad und in Kairo plus 23 Grad.

Für den Schriftsteller Horst Krüger wird Ägypten zum Maßstab aller Reise-Erlebnisse. »Der Rest der Welt muß sich daran messen lassen«, sagt er. Wie ihm geht es vielen. Auch sie sind fasziniert und abgestoßen zugleich, hingerissen vor Begeisterung und fassungslos vor den Heimsuchungen der Menschen. Kairo: Traum und Alptraum zugleich. Der Lärm und die Abgase von Millionen Autos, die aufgerissenen Straßen, die Elendssiedlungen am Stadtrand werden zur Plage. Aber der Urlauber braucht ja in dieser Metropole der arabischen Welt nicht zu leben. Was den Einheimischen zur Not wird, zum täglichen Kampf ums Überleben, bleiben für den Fremden Augenblickseindrücke. Er kommt, um das Ägyptische Museum zu sehen, die Alabaster-Moschee, die Zitadelle, das koptische Viertel, den Bazar ...

Zitieren wir noch einmal Horst Krüger: »Man kann ungefähr die ganze Erde kennen; wer nicht in Ägypten war, hat nicht die Tiefe der Welt erfahren.«
Manche werden ihm beipflichten, andere werden ihm widersprechen. Aber eines ist richtig: Ägypten ist ein Prüfstein für jeden. Im Tal der Könige, in Abu Simbel, in den bunt bemalten Kammern der Pharaonengräber, im Palmenschatten der Oasen oder an Bord eines Nilkreuzfahrtschiffes: mit Ägypten muß man fertigwerden, innerlich vor allem. Dazu gehört Zeit.

In Ägypten kann man sowohl sehr einfach als auch sehr luxuriös reisen. Eine Schiffsreise auf dem Nil gehört zu den besten Angeboten. Die Kabine wird für sieben Tage zu einem Heim, in das man sich jederzeit zurückziehen kann. Das Schiff legt möglichst nahe bei den Besichtigungszielen an, so daß man ohne vorherige stundenlange Busfahrten dorthin gelangt; tagsüber genießt man vom Schiffsdeck aus den Blick auf die Uferlandschaft. Und fast immer Sonnenschein – auch von Oktober bis März.
Wem das zu luxuriös ist, der kann sich für fünf Tage eine Feluke mieten. Mit diesem Segelboot kommt er hautnah mit der Bevölkerung in Kontakt. Und der Steuermann wartet, wenn man den Landgang ausdehnt. Dafür gibt es keine Kabinen und keinen Speisesaal mit Buffet, Tanzkapellen und Unterhaltungsprogramm wie auf den Nil-Kreuzfahrtschiffen. An Bord des Fellachen-Seglers kriecht man nachts in den Schlafsack, und wenn man die Augen aufschlägt, steht nicht der Steward mit einem Sektfrühstück da, sondern der Schiffsjunge brutzelt einen Fisch in der alten Bratpfanne.
Nach der Stromfahrt folgen ein paar Wandertage im wildzerklüfteten Sinai-Gebirge; ein Tag Rast im St.-Katharinen-Kloster – und weiter auf den Spuren Moses' bis nach Israel ...

Das Heilige Land ... Auch ich habe es nicht geglaubt, bis ich dort gewesen bin: Es ist kein Land wie andere. Geschichte. Religion. Haß. Kriege. Museen, durch deren Säle man geht, stehenbleibt, nachdenkt, wieder von vorn anfängt, in denen man liest und immer wieder stehenbleibt ... Geschichte, aufgezeichnet, dargestellt, kommentiert aus der Sicht dieses Volkes. Oder sollte ich besser sagen: der jetzt Lebenden? Aber das ist schon wieder Eingrenzung – denn der kleinste Schriftzug eines alten Rabbiners aus dem 18. Jh. oder eine Zeile aus dem Buch der Propheten sind hier genauso lebendig wie die Gegenwart.
Dabei ist dieses Israel – auch dann noch, wenn der Traum der jüdischen Nationalisten nach einem Groß-Israel wahr würde – geographisch ein kleines Land. Was sind in einer Welt der Machtblöcke, der Kontinentalreiche und der großen Staaten 36000 Quadratkilometer? Das entspricht noch nicht einmal der Größe des Freistaates Bayern. Und doch ist von diesem David unter den Reichen soviel Leben und Geschichte in die Welt gekommen – von Anbeginn bis ins Heute und in die Zukunft hinein –, daß man zu aufgeschlossenen Reisenden den alten Spruch der vertriebenen Juden nur wiederholen kann: nächstes Jahr in Jerusalem, um es besser kennenzulernen.
Und wenn man dann wieder nach Hause fährt, sagt man es am besten gleich noch einmal: nächstes Jahr in Jerusalem.
Was man sehen muß, steht in jedem guten Reiseführer. Vielleicht trifft der Pilger eine andere Wahl als der New Yorker Jude, eine deutsche Schulklasse eine andere als der Archäologe oder der Kunsthistoriker. Viele werden vielleicht auch nur unbeschwert von allem Wissensdurst durch das Land reisen.

Im Norden findet man den 2224 Meter hohen Hermon-Berg, im Osten die Golan-Höhen. Zwischen dem Jordan-Tal und dem Mittelmeer liegt das fruchtbare Galiläa. Vom Toten Meer führt der Weg direkt in die Judäische Wüste. Im Süden Israels liegt der Negev, der bei Elat in die Sinai-Wüste übergeht.

Der einzige bedeutende Strom Israels ist der Jordan. In Nord-Süd-Richtung fließend, strömt er vom Hermon-Massiv durch den See Genezareth zum Toten Meer. In der Arava-Senke dahinplätschernd, endet er im Golf von Akaba am Roten Meer.

Genau wie alle anderen Mittelmeer-Anrainerstaaten liegt auch Israel in dem klimatisch-geographischen Übergangsbereich zwischen Wasser und Wüste. Warme, trokkene Sommermonate und milde, oft regenreiche Winterwochen bestimmen das Klima an der Küste. Große Hitze – an einigen Tagen bis 40 Grad – kennzeichnet die Sommermonate in den Bergen und Wüstenregionen. Am heißesten ist es am Toten Meer. Ähnlich wie in Ägypten, Algerien und Syrien wird das Land zwischen März und Oktober von Wüstenwinden heimgesucht. Der Sharav (hebräisch) oder Hamsin (arabisch) jagt das Thermometer noch mal um einige Grade in die Höhe. September bis Mai sind ideal für Israel-Reisen.

In der Weihnachtszeit muß sich der Pilger auf kühle Tage und ab und zu Regenschauer einstellen. Im Durchschnitt liegen die Temperaturen bei etwa 12 Grad in Jerusalem, bei 14 Grad am See Genezareth und bei 15 Grad in Elath am Golf von Akaba.

Die Stadt, die diesen Namen – Akaba – hat, gehört schon zu Jordanien. Das Haschemiten-Königreich wird von den Reisegesellschaften manchmal ein wenig stiefmütterlich behandelt, und zugegebenermaßen ist die Hauptstadt Amman keine Stadt, die einem das Herz höher schlagen läßt. Vielleicht liegt es auch an den Preisen. Im Vergleich zu den anderen arabischen Staaten (von Saudi-Arabien und den Emiraten abgesehen) ist Jordanien als Reiseland teuer. Dafür kann der Orient-Liebhaber das Hauptquartier Lawrences von Arabien bei Wadi Rum besuchen oder in der Nähe der Hauptstadt den Herodes-Berg erklimmen. Auf diesem Hochplateau tanzte Salome, in den Felsenhöhlen war das Gefängnis Johannes des Täufers.

Erstes Alphabet der Welt. – In der im 3. Jahrtausend von den Kanaanitern gegründeten Stadt Ugarit (unweit Lattakia am östlichen Mittelmeer, Syrien) wurde auf einer Tontafel die erste alphabetische (Keil-) Schrift der Welt gefunden. Sie stammt aus dem 14. Jh. v. Chr.

Viel zu sehen gibt es auch in Petra – einer antiken Stadt, verborgen hinter Schluchten und Felsen, der ehemaligen Hauptstadt eines Wüstenvolkes, der Nabatäer. Sie kontrollierten die Karawanenwege vom Inneren Arabiens ans Mittelmeer. Die frommen muslimischen Pilger auf dem Weg nach Mekka und die reichen Weihrauchhändler, die ihre Waren sicher von den Mittelmeerhäfen an die heiligen Orte transportieren wollten, mußten durch das Land der Nabatäer. Wer unbehelligt ankommen wollte, zahlte Schutzgebühren an sie; ein geschäftstüchtiges Kriegervolk, dessen bewegliche Kamelreitertruppen die Wüsten durchstreiften und die Brunnen bewachten.

Jordanien ist etwa so groß wie Österreich. Das Land besteht zu mehr als vier Fünfteln aus Wüste. Eine ausgesprochene Regenzeit gibt es zwischen Dezember und März. Auch in dieser Zeit scheint häufig die Sonne, doch können tiefhängende Wolken und schwere Schauer die Landschaft tagelang verdüstern. Feuchtigkeit und Kälte erschweren das Leben im Freien. Die Sonnentage gewinnen im April wieder die Oberhand. Im Sommer liegen die Temperaturen zwischen 30 und 40 Grad.
So fährt jeder, der es einrichten kann, im späten Frühjahr oder im Herbst in das Haschemitenkönigreich Jordanien.

Syrien und der Libanon sind vom Wetter weitaus mehr begünstigt. An den Küsten herrscht ein ausgesprochenes Mittelmeerklima mit milden Wintern und warmen, aber nicht zu heißen Sommern. Im Inneren Syriens bestimmt das trockene Kontinentalklima die Temperaturen. Frühjahr und Herbst sind auch in diesen Ländern die angenehmste Reisezeit.
Überall im Land gibt es viel zu entdecken. Ob man den Spuren der arabischen Königin Zenobia in der Wüstenstadt Palmyra nachgeht oder dem Weg des Apostels Paulus in Damaskus folgt, in Ugarit die uralten Tontafeln mit den Keilschriftzeichen bewundert, aus denen sich später die Buchstabenschrift entwickelte, am Euphrat mit den Beduinen durch die (im Frühjahr) blühende Steppe zieht oder in den Wehrgängen und Innenhöfen der gewaltigen Burg des Krak de Chevalier über Glück und Elend der Kreuzfahrer nachdenkt: in Syrien kann jeder die Geschichte und die Kultur des Volkes nachvollziehen, dessen Dasein ein ständiger Kampf ums Überleben war – und das auch in unserer Zeit wieder inmitten der Auseinandersetzungen zwischen Ost und West, zwischen Süd und Nord steht. Fluch oder Zauber des Vergangenen?

Auf Schritt und Tritt begegnen wir der Geschichte auch im Zweistromland Irak. Himmel und Erde, Meer und Wüste, Hochhäuser und Lehmhütten, Raupenschlepper und Kamelkarawanen – im flimmernden Sonnenlicht und im Wüstenwind verlieren sie ihre scharfen Konturen.
In dem wechselnden Farben- und Formenspiel vermischen sich die Geschichten aus 1001 Nacht mit den Texten des Alten Testaments, mit babylonischen Erzählungen und archäologischen Funden aus fünf Jahrtausenden. Es heißt, daß Allah lachte, als er das Zweistromland schuf, und daß er weint, wenn er sieht, was die Menschen in fünf Jahrtausenden daraus gemacht haben. Den zweiten Teil des Satzes hörte ich im Hotel Sindbad in Bagdad.
Vom modernen Bagdad ist fast jeder enttäuscht. Der Klang dieses Namens erweckt Träume – doch wenige davon werden erfüllt. Am schönsten noch sind die Spaziergänge am Ufer des Tigris, das Verharren auf den Brücken über den Strom und der Besuch der alten Kaffeehäuser im Stadtviertel Karch. Dort ist noch ein wenig von der Atmosphäre aus der Zeit der großen Kalifen zu spüren. An alten Mauern und Toren vorbeigehend, auf die Stimmen im Inneren der Häuser, der Höfe, der Tore lauschend, den tausend Gerüchen des Orients nachschnuppernd und daraus auf die Speisen schließend, dem Hämmern der Kupferschmiede folgend, gerät man immer tiefer in das Gassengewirr am Ufer des Tigris hinein. Unvergeßlich sind mir die Tage

Am Ende des Fastenmonats Ramadan werden überall in Marokko kriegerische Reiterspiele aufgeführt.

Der arabische Name des Königreichs kommt von al-maghrib als aqsa, das heißt »der äußerste Westen«. Er bezeichnete Marokkos Lage im islamischen Weltreich. Der Staat entwickelte früh seine eigenständige Existenz. Die Anhänger der Tradition und die Verfechter der modernen Zivilisation stehen sich unversöhnlich gegenüber; die Masse des Volkes ist für die alten Sitten.

Riesige Investitionen ermöglichen den Anbau von Gemüse unter der Erde (oben), die Anlage von Wasserstationen in der Wüste und Meerwasserentsalzungsanlagen für die Bewässerung von Äckern und Weiden; sie ermöglichen auch Luxus- und Prachtbauten wie den Flugplatz von Abu Dhabi (links).

in diesen alten, verschachtelten, engen, halbdunklen Heimstätten der Alten und Jungen, der Armen, der Arbeitslosen, der Träumer.
Die Welt der Wünsche, der Märchen, die Wirklichkeit eines harten Alltags, der Glanz und die Grausamkeit der Geschichte – alles verdichtet sich zur Sehnsucht nach einem erfüllten Leben. In den Urteilen dieser Menschen in den Kaffeehäusern am Ufer des Tigris sind die Politiker die großen Zerstörer. Sie zerstören die alten Gassen, die alten Sitten, sie zerstören auch die alten Märchen. Ob es wahr sei, so wurde ich gefragt, daß es in unserem Land Menschen gibt, die Märchen erklären wollen. Nichts ist im alten Orient so frevelhaft wie die Entschleierung eines Geheimnisses. Doch weder die Politik noch die Wissenschaft kümmern sich darum.
Folgen wir den Gelehrten, ihnen verdanken wir das Wissen um die Stadtgeschichte von Mossul, die assyrischen Städte, um Ninive, um Nimrod und Assur am Oberlauf des Tigris im Hügelland des nördlichen Mesopotamien. Ein paar hundert Kilometer südlich davon, dort wo sich Euphrat und Tigris in unendlichen Windungen durch die fahle Ebene schlängeln, stießen die Ausgräber auf Babylon. Im Alten Testament war es das Land Sinar. Noahs Nachkommen sollen dort gelebt haben. Als sie die Stadt erbauten, träumten sie von etwas Einmaligem, Einzigartigem, von etwas, das alles überragen sollte, damit die Welt Achtung und Ehrfurcht vor ihnen habe.
So sprachen sie: »Lasset uns Ziegel streichen und brennen ... und eine Stadt bauen und einen Turm, dessen Spitze bis in den Himmel reiche, daß wir uns einen Namen machen.« (Kap. 11, Genesis.)

Der deutsche Archäologe Robert Koldewey hat den »Babylonischen Turm« ausgegraben (1850), er hat das Ischtar-Tor freigelegt, dessen Stirnseite die weltberühmten geflügelten Stiere zeigt.
Er und seine irakischen Helfer haben uns eines der Sieben Weltwunder wiederentdecken lassen: die Hängenden Gärten der Semiramis. Von ihnen heißt es schon bei den antiken Schriftstellern: »Der Fluß (Euphrat) teilt die Stadt in zwei Bezirke. Eine babylonische Herrscherin verwandelte vorübergehend den Fluß in ein Becken und baute dem Stadtkern so nahe wie möglich eine steinerne Brücke über den Fluß ... Auf eine hohe, mit Rasen, Blumen und Bäumen bewachsene Terrasse wurde Wasser vom Fluß heraufgepumpt ... und versorgte die Pflanzen.« Aber was sind so nüchterne Namen wie Terrasse oder mit Pflanzen bewachsene Steintreppen – in der Sprache der Wüstenbewohner wurde diese Naturanlage der Königin zu den »Hängenden Gärten der Semiramis«.
Nur knapp 100 Kilometer von der am Tigris liegenden Hauptstadt des Irak – Bagdad – sind es bis zur uralten Metropole des Zweistromlandes: Babylon am Euphrat.
Euphrat – »Der Breite«, wie er auf altpersisch heißt – und Tigra – »Der Pfeil« – vereinigen sich bei Quurna zum Delta, das den Schatt el-Arab bildet und 90 Kilometer unterhalb Basras in den Persischen Golf mündet. 2770 Kilometer lang ist der Euphrat, 1500 Kilometer der Tigris. Beide entspringen in der Türkei.
Basra, die Stadt Sindbads des Seefahrers, könnte auch heute noch ein »Garten Eden« des Orients sein. Orangen- und Mandarinenbäume säumen die Stromufer. Papyrus wächst in den Sümpfen. Ein Paradies der Wasservögel, in dem der unselige Krieg zwischen dem Iran und dem Irak täglich unschuldige Opfer fordert und der Natur kaum heilbare Wunden schlägt.
Die Staatsmänner als Zerstörer – meine Freunde in dem alten Kaffeehaus haben recht. Hoffentlich überlebt der Welt größte

Dattelpalmenplantage (über 10 000 Bäume) am Mündungsgebiet von Euphrat und Tigris den Wahnsinn der gegeneinander wütenden Kriegsherren, die der traurig-grausigen Geschichte des Zweistromlandes auch in unserer Zeit noch ein blutiges Kapitel hinzufügen.

Vom Klima hören wir fast nur noch in Zusammenhang mit Kriegsberichten. Während der großen Hitze ruhen die Kämpfe. Welchen Segen verursachen unverhofft die um 38 Grad liegenden Sommertemperaturen, und welche Furcht kommt über die Kämpfer, nahen der Frühling und der Herbst. Nicht mehr Millionen Touristen kommen in eines der ältesten Länder der Welt, sondern Bombenflugzeuge, Panzer und Giftschwaden ziehen über die Stromtäler... Hoffen wir, daß die Städte Bagdad und Teheran auch in einigen Jahrhunderten noch mehr sind als eine für Touristen interessante Ruinenlandschaft.

Doch der Wegweiser in Basra zeigt nicht nach dem Iran, er zeigt nach Kuweit, nach den Arabischen Emiraten und nach Riad, der Hauptstadt Saudi-Arabiens.

Im Lande des Propheten

»Investiere dein Vermögen in Land, mein Sohn, denn davon wird nichts mehr erzeugt«, lautet ein alter Ratschlag. Für die Wüsten trifft das nicht zu. Die Wüsten wachsen, sie begraben fruchtbares Land unter ihren Sandmassen und zwingen die Menschen zur Flucht in andere Gebiete. Ein Leben in der Wüste ist fast immer ein Leben voller Armut und Entsagung.

Auf der Arabischen Halbinsel wird dieser Satz Lügen gestraft. Ihre Staaten gehören zu den reichsten der Welt. Als hätte Allah es mit seinen Wüstenkindern auf der einstmals bettelarmen Halbinsel zwischen den Kontinenten Afrika und Asien besonders gut gemeint, hat er ihnen den Propheten Mohammed geschickt – und Erdöl. Auch wenn die gemeinsame Erwähnung in einem Satz vielleicht etwas befremdlich sein mag, so muß man doch sagen, daß beide den Menschen der Halbinsel viel Geld ins Land bringen. Bei Öl ist das jedem klar – aber welche Bedeutung die Pilgerzüge auch finanziell für Saudi-Arabien haben, wurde mir erst in Riad bewußt.

Etwa 900 Millionen Menschen zwischen Marokko und den Philippinen zählen zur islamischen Glaubensgemeinschaft, knapp zwei Millionen von ihnen kommen jährlich nach Mekka. Für die einfachen Pilger sind die Entfernungen das kleinste aller zu bewältigenden Probleme. Die Preise im Lande zwingen sie oft in die erbärmlichsten Situationen. Mancher muß sogar seinen Gebetsteppich verkaufen, um das Geld für die teuren Opfertiere bezahlen zu können. Hotelunterkünfte sind für sie völlig unerschwinglich. Doch die Tausenden von reichen Muslims, die dem fünften Gebot des Propheten gehorchen, wenigstens einmal im Leben nach Mekka zu pilgern, zahlen ohne mit der Wimper zu zucken, was verlangt wird.

Die Ölvorkommen liegen im Südosten der Halbinsel am Persischen Golf, die heiligen Städte Mekka und Medina im Westen, in der Nähe des Roten Meeres. Riad, die Hauptstadt Saudi-Arabiens, ist in ein paar Stunden Eisenbahnfahrt von der reichen Golfregion aus zu erreichen – der Geburtsort Mohammeds, Mekka, und seine Grabstätte in Medina sind knapp zwei Autostunden von dem großen Hafen Dschidda am Roten Meer entfernt. In Dschidda haben die ausländischen Botschaften und Konsulate ihren Sitz. Riad, die Königsresidenz der Saudis, ist ganz den Landeskindern vorbehalten. Wer dorthin kommt, gehört zu den Privilegierten des Königreichs. Aber auch hoher Rang und Würden nützen dem

Nicht-Muslim nichts, will er Mekka und Medina besuchen. Diese beiden Orte sind allen »Ungläubigen« verboten, auch heute noch. Wer dieses Verbot umgeht – etwa durch Bestechung der Wachposten oder als Araber verkleidet – und entdeckt wird, muß das mit dem Leben bezahlen. Nur die dritte heilige Stätte des Islam – Jerusalem – ist uns zugänglich. Sie war es schon immer. Palästina (heute Israel), die religiöse Heimstätte von Juden, Christen und Muslims, steht den Menschen aus aller Welt offen.

Islam: SHAHÁDA, das islamische Glaubensbekenntnis.

Vielleicht liegt es daran, daß Jerusalem die heilige Stadt von drei Weltreligionen ist und es auch heute wieder zu Streit und Kampf käme, wollte eine Glaubensgemeinschaft sie für sich allein beanspruchen.

Zurück nach Dschidda und Riad. Etwa achtzigtausend Menschen werden zu den Pilgerzeiten täglich an den riesigen Flughäfen abgefertigt. Ungeachtet dieser Menschenmassen ist die Arabische Halbinsel ein menschenleeres Land. Diesen Namen trägt auch die große Arabische Wüste: Rab al Chali. Denn mit Ausnahme der Küstengebirge, die im Jemen bis zu 3760 Meter hoch sind, und dem Südwesten des Landes, der im Einzugsbereich der Monsunregen liegt, gehört diese Halbinsel zwischen den Kontinenten der Wüste. 2,6 Millionen Quadratkilometer umfaßt ihr Gebiet.

Das Land im Norden heißt Große Nefud-Wüste und Kleine Nefud, auch Dahana genannt. In diesen Regionen fällt nur ein bis zwei Tage im Jahr Regen, und in manchen Jahren bleibt er völlig aus. Zwischen der großen Arabischen Wüste im Süden und den nördlichen Sandmassen breiten sich in der östlichen Mitte des Landes über einen weiten Raum verteilt auch Felsen und niedrige Plateaus aus. Dies ist der Nedsch, das Zentrum Saudi-Arabiens. Hunderte von Kilometern lange Flußtäler durchfurchen diese Landschaft. Monatelang liegt in ihnen nur Wüstensand – fällt jedoch Regen, dann füllen sich die Täler rasch bis an den Rand mit Wasser, und Maulbeerbäume und Palmen, Luzerne und Feigen nehmen genügend Kraft auf, um wachsen zu können.

Dieses »Grüne Arabien« war einstmals auch ein Tierparadies. Die Menschen, die über Nacht mit den großen Gewinnen aus dem Ölgeschäft zu Macht und Reichtum kamen, haben die Ausrottung der Tierwelt auf dem Gewissen. Mordlustig und an Langeweile leidend, erwarben sie Jeeps, Hubschrauber und Maschinengewehre und fuhren oder flogen »zum Zeitvertreib« auf die Jagd.

Was sie taten, kann kein Mensch als Jagd ansehen. Sie haben die Tiere zu Tode gehetzt, niedergeschossen, ermordet – anders kann man nicht bezeichnen, was sie Gazellen und Antilopen antaten. »Grünes Arabien« – mich schaudert, wenn ich den Namen höre – »blutgetränktes« wäre die richtige Bezeichnung.

Heute, da die Worte Umweltschutz und Ökologie auch bei den Arabern allmählich zu einem Begriff werden, versucht man ein wenig, die Untaten an der Tierwelt des Landes wiedergutzumachen. Die Errichtung eines großen Naturschutzgebietes auf der Arabischen Halbinsel wird sicher mit weit mehr Begeisterung bei Millionen von Menschen begrüßt als die Erschließung neuer Erdölvorkommen.

In Saudi-Arabien gibt es keinen Tourismus; wer dorthin fährt, kommt als Politiker oder als Geschäftsmann. In Kuweit und den Emiraten steckt er noch in den Anfängen. Abu Dhabi, Dubai, Sharja bieten außer dem Aufenthalt in Luxushotels, Autorennen auf Wüstenstraßen und Besuch von Kamelmärkten nur wenig – es sei denn, man gehört zu den Urlaubern mit dem großen Spleen: Sie können bei 50 Grad Außentemperatur in den hochmodern eingerichteten Eissporthallen der Wüstenhotels Schlittschuh laufen.

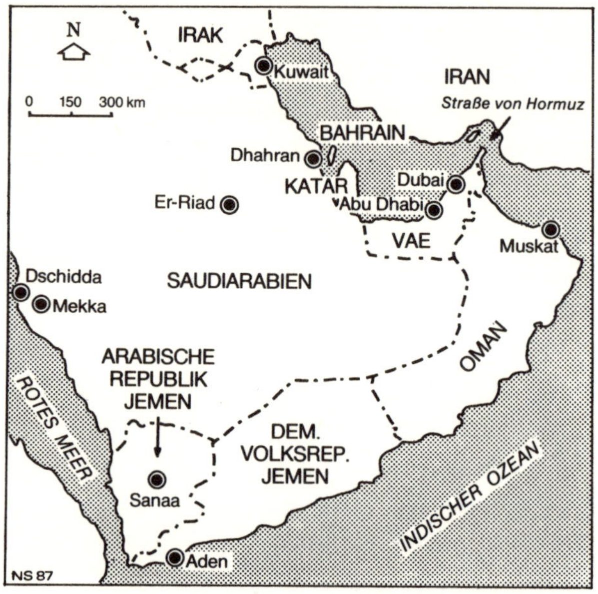

Die Arabische Halbinsel. – Das Rote Meer, der Indische Ozean und der Persische Golf umgeben die Arabische Halbinsel. Die Sicherheit oder die Gefährdung der Schiffahrt auf diesen Gewässern beeinflußt die Weltpolitik. Eine strategische Bedeutung kommt dabei den Meerengen zu. So würde eine Sperrung der Meerenge von Hormuz durch die Küstenstaaten oder andere Mächte die Erdöltransporte bedrohen und damit Wachstum oder Stagnation der Weltwirtschaft mitbestimmen.

Die Welt ist oft dort am schönsten, wo sie am wenigsten entwickelt ist. Von unseren genau ausgeklügelten Zeit- und Tourenplänen lassen sich die Bewohner des Jemen (Nord und Süd) wenig beeindrucken. Inschallah – so Gott will – heißt ihre Leitlinie. Viele Reisegesellschaften bieten einen Aufenthalt im ehemaligen Reich der Königin von Saba in Verbindung mit einer Studienreise durch Ägypten oder Äthiopien an. Gleichgültig, ob man mit dem Flugzeug aus Kairo oder Addis Abeba oder mit dem Landrover aus Saudi-Arabien kommt: In jedem Fall wird der Besuch des Jemen zu einem außergewöhnlichen Abenteuer. Die Straßen sind zwar auf den Tourenkarten zu finden, aber ihr wahres Wesen lernt man erst am Lenkrad kennen. Und wer mit viel Glück und Geschick durch tiefe Schlaglöcher und über vom Steinschlag verschüttete Wege gekommen ist, wird oft unverhofft von Stammeskriegern angehalten. Sie sind begehrlich nach allem, was der Fremde hat.

Um Überfälle von vornherein auszuschließen, sind der Nordosten der Arabischen Republik Jemen (Nordjemen), das Hinterland von Aden und der Osten von Hadramaut in der Volksrepublik Jemen (Südjemen) für Gruppenreisen gesperrt. Wer es allein versucht, muß Mut, Zeit und Geld haben.

»Wer freiwillig gibt, dem wird nichts genommen.«

»Für den Unerschrockenen ist auch der Fremde ein Freund.«

»Die Eile ist vom Teufel.«

Drei arabische Sprichwörter. Wer sich danach richtet, kann ein viertes widerlegen: »Wer in den Jemen reist, kommt nicht wieder.«
Die Araber hatten dabei nicht an die Europäer gedacht. Die Stammesfehden ließen das Land im Süden Arabiens nie zur Ruhe kommen. Der wertvollste Besitz eines Mannes sind auch heute noch ein Gewehr und der Krummdolch. »Ein Mann ohne Waffe ist kein Mann.« Die Dolchschmiede haben keinen Mangel an Absatz. Eines der wenigen Gesetze, die von allen Jemeniten

befolgt werden, ist die Abgabe der Waffen vor Beginn einer Gerichtsverhandlung.
Die Häuser des Landes, die auf den Reisenden so malerisch wirken, sind Festungen. Auf den Berggipfeln erbaut, an schwer zugänglichen Schluchten und Abhängen gelegen, bieten sie den Bewohnern Schutz vor Überfällen. Jedes Dorf ist ein Wehrdorf, jede Familie eine Wehrgemeinschaft. Die Stammesführer haben ihre Leute nur so lange unter Kontrolle, wie sie keine Schwäche zeigen. Die Staatsführer – gleichgültig ob von der royalistischen oder von der republikanischen Partei – herrschten vor allem durch unnachgiebige Härte. Wer seine Hand gegen den Führer erhob, dem wurde sie noch bis in die sechziger Jahre unseres Jahrhunderts abgehackt. Dem religiösen und politischen Oberhaupt – dem Imam – mußte jeder Scheich des Landes einen seiner Söhne als Geisel stellen. Der junge Mann wurde geköpft, wenn sein Vater aufsässig war.
»Wir brauchen keine geschriebenen Gesetze, bei uns weiß jeder, woran er ist.« So äußert sich auch heute noch das Lebensgefühl der stolzen, unbezwungenen Wüstensöhne des Jemen. Die Städte Sa'na, Taiz, Hodeida im Norden und Aden, Hadramaut im Süden wurden zwar zeitweise immer wieder von Fremden erobert, das Land als Ganzes aber blieb bis in unsere Tage hinein unregierbar. »Frei«, sagen die Bewohner, lächeln entwaffnend und tippen mit dem Zeigefinger auf ihren Krummdolch im Gürtel.
Der Gruppenreisende braucht keine Sorge zu haben, seinen Mut unter Beweis stellen zu müssen. »Auf den Spuren der alten Weihrauchstraße« wird er wohlbehütet durch den Südjemen geführt. Im Nordjemen ist sein Aktionsraum auf das durch gute Straßen miteinander verbundene Gebiet von der Hauptstadt Sa'na (2350 Meter über dem Meer), Taiz (1400 Meter) und der großen Hafenstadt Hodeida am Roten Meer beschränkt. Ausflüge führen ihn in das jemenitische Hochland mit seinem angenehmen Klima und das schwül-heiße Tiefland in der Tihama-Region an der Küste. Etwa dreißig Fahrtminuten von Sa'na entfernt wird er den »Palast der Felsen« in Wadi Daher bewundern und in Mareb die Überreste von Staudämmen, die im 10. Jh. v. Chr. errichtet wurden.
Die Windströmungen bestimmen das Landesklima. Von Mai bis September bringen sie Feuchtigkeit und Wärme vom Indischen Ozean. Von Oktober bis Februar überwiegt der Einfluß der trockenen, von den nördlichen Wüsten kommenden Luftströmungen.
»Arabia Felix«, glückliches Arabien, wurde der Jemen im Altertum genannt. Die Vielfalt der Gebirge, Küsten und Wüsten, die atemberaubende Felsarchitektur und der ungebrochene Freiheitswille der Bevölkerung bestimmten das Lebensgefühl der Menschen am Südrand der Arabischen Halbinsel. Auch heute ist davon noch viel zu spüren.

An dem Sultanat Oman sind die Jahrhunderte voller Streitigkeiten zwischen den Stämmen auf der Arabischen Halbinsel nicht spurlos vorübergegangen. Doch die Männer von der »Piratenküste« versetzten nicht nur die Handelskarawanen auf ihren langen Wegen durch das Land in Angst und Schrecken – weit mehr Spaß bereiteten ihnen die großen Beutezüge auf hoher See. Vor Muskat, dem engen Felsennest an der Küste des Arabischen Meeres, lernten die christlichen Seefahrer auf ihren Fahrten nach Indien und dem Fernen Osten das Fürchten. Im 20. Jh. ist mit Piratenüberfällen kein Sultanat mehr zu gewinnen – so drehten die Omanen den Spieß um und stellten ihre kriegerischen Fähigkeiten in den Dienst von Gesetz und Ordnung. Aus

den Männern, die einstmals der »Schrecken der Seefahrer« waren, wurden die »Wächter der Meerenge von Hormuz«.
Nur 53 Kilometer beträgt die Entfernung von Musandam, dem äußersten Zipfel und Marinestützpunkt an der Küste des Sultanats Oman, bis zum persischen Ufer. Die Wassertiefe im Golf reicht von 60 bis 200 Meter. Die Fahrtrinne für die Schiffe liegt mitten in den omanischen Hoheitsgewässern, deren Tiefe zwischen 60 und 90 Metern liegt. Jeder Tropfen Erdöl, der nach Europa oder Japan transportiert wird, muß die Meerenge von Hormuz passieren.

Noch einmal wandte ich den Blick zurück in Richtung Landesinneres. Noch einmal wollte ich einen Teil der »Wüsten-Wildnis« erleben und die Gebiete aufsuchen, wo die Zeit stehengeblieben ist.
Im Sultanat Oman, genauer in der Steinwüste Jidda al Hara, störte nichts die natürliche Ordnung der Natur. Eine Gazelle äste friedlich und angstfrei in unserer Nähe, und eine arabische Onyx-Antilope schaute uns verwundert an, als wir einen ziemlich steilen Felshügel erklommen, um ihr näher zu kommen.
Die Onyx-Antilopen waren auf der Arabischen Halbinsel ausgerottet, und aller Ölreichtum konnte auch nicht eine einzige von ihnen wieder zum Leben erwecken. Ein paar Tiere lebten noch in den Zoologischen Gärten Europas. Der Sultan der Piratenküste (Oman) erwarb eine Zuchtgruppe und setzte sie in ihrem ursprünglichen Lebensraum in Freiheit. Geröll, Schutt, Steine, ein paar vertrocknete Gräser, eine windzerzauste Tamariske – dort fanden wir die wieder, die zu einem Hauch von Hoffnung für das Überleben der Natur Anlaß gaben: die Onyx-Antilopen. Aus der Gefangenschaft freigekauft und unter Jagdschutz gestellt, erfüllen sie die immer lebensärmer werdende arabische Wüste wieder mit Leben.
»Der Blitz erschlage jeden, der hier wildert, seine Hand soll verdorren und seine Augen erblinden«, sagte Achmed, mein Begleiter. Ich stimmte ihm zu.

Als wir nach etwa zehntägiger Reise und tausend Kilometern Wüste wieder auf die Straße nach Muskat einbogen, verschwand der gelbbraune Sandstaub. Gelegentliche Sandverwehungen bildeten kein Hindernis. Ruhig fuhr der Wagen, fast fehlte uns das Schütteln und Klappern im Fahrzeug, das uns unablässig bei den Fahrten über die harten Bodenwellen und den Gesteinschutt begleitet hatte. Das Abenteuer war vorbei. Doch die Begegnung mit vier Onyx-Antilopen hatte mehr Zuversicht ausgelöst, als es die Entdeckung von hundert neuen Erdölquellen vermocht hätte.

Das Licht in der Finsternis

Schon einige Minuten nach dem Start in Muskat, der Hauptstadt des Sultanats Oman, landet der Reisende in Bandar Abbas, dem iranischen Kriegshafen an der östlichen Seite der schmalsten Stelle der Meerenge. Sonne, Wüste, Palmen, Hotels findet er auch am iranischen Ufer. Aber die Hotels stehen leer.

Die Iraner machen die Verstockten und Bösen in aller Welt für die schlechte Wirtschaftslage ihres Staates verantwortlich: die »vom Teufel geführte Regierung des Irak«, die Vereinigten Staaten von Nordamerika, »Hort der Weltzerstörer und Quelle allen Übels«, Moskau, das »Rote Reich des Bösen«, Westeuropa, das »in moralischer Verkommenheit versinkt«, und die »Ungläubigen in allen Erdteilen«, welche die Botschaft der Ayatollahs zurückweisen. Die Rettung der Menschheit kann nur durch die Hinwendung zum wahren Glauben erfolgen.

Der Iran hat im Verlauf seiner vieltausendjährigen Geschichte immer wieder Propheten, Weise, kluge Staatsmänner, grausame Despoten, Fanatiker, Mystiker, Künstler und von Wahnvorstellungen besessene Zerstörer hervorgebracht. Lange Epochen einer klugen und gerechten Herrschaft wechselten mit Zeiten des Verfalls und der Auflösung. Das gewaltige Reich der Achämeniden reichte von den Dardanellen bis zum Indus und vom Nil bis nach Zentralasien. Man konnte von der Hauptstadt aus über zweitausend Kilometer nach Osten reiten und ebenso weit nach Westen, ohne das Reichsgebiet zu verlassen. Persien war im Altertum eine Weltmacht. Seine Vorstellungen bestimmten maßgeblich den Gang der politischen Entwicklung im Orient und in Europa.

Es war Kyros (550–529 v. Chr.), der persische »König der Könige«, der die Juden aus der Babylonischen Gefangenschaft befreite und in ihre Heimat zurückziehen ließ.

Es war Zarathustra, der als erster im Kampf des Guten gegen das Böse den Sinn der Menschheitsgeschichte sah.

Es war ein persischer Baumeister, der das Tadsch Mahal, das »Licht aller Muslims«, in Agra (Indien) erbaute.

Der »Kampf des Guten gegen das Böse« oder der »Kampf des Lichtes gegen die Finsternis« – nur vor diesem historischen Hintergrund begreifen wir manche auf den ersten Blick unverständliche Haltung in der heutigen Politik der Machthaber in Teheran. Politik ist für sie ein Kampfmittel zur Durchsetzung einer Moral. Politik als Weg zum Licht – und die Moschee als Haus der Lichtquelle. Das ist nicht nur im übertragenen Sinn gemeint.

Wir fahren auf der Straße von Teheran nach Mesched. Menschenleere Einöden, Grassteppen, glühende Hitze am Nordrand der Salzwüste Dasht-e-Kabir. Mesched liegt am iranischen »Ende der Welt«, fast 1000 Kilometer von Teheran, aber nur 100 Kilometer von der Grenze zu Afghanistan und zur Sowjetunion entfernt. Mesched ist das Mekka der Schiiten. Dort liegt ihr Märtyrer Imam Reza in der Märtyrer-Moschee begraben.

Früher war Mesched eine Station an der Seidenstraße. Diese verband China und Zentralasien mit dem Nahen Osten und den Häfen am Mittelmeer. So war Mesched für die Perser die Pforte des Handels. Aber uns lockte nicht der Bazar, wir wollten in die Moschee. Spiegelmosaiken, silbrig flimmernde Wandverkleidungen, Kronleuchter aus tausend glitzernden Gläsern – jeder Sonnenstrahl wird unzählige Male reflektierend zurückgeworfen. Im Zentrum des Heiligtums steht der Sarkophag. Silberne Gitterstäbe schützen das Grab. Die Stätte ist umlagert von Betenden, von laut das Schicksal des Toten beklagenden, um den Märtyrer weinenden Menschen. Immer wieder streicheln sie die Gitterstäbe, knien nieder, pressen den Kopf gegen den Fußboden, küssen inbrünstig die versilberten Stäbe um den Sarkophag. So sieht es der Fremde in Schiraz, in Isfahan, in Qom, in Teheran. So sieht er es auch in den Heiligtümern der Schiiten in Damaskus und Bagdad. Niemand jagte mich weg, ab und zu streifte mich ein flüchtiger Blick, doch waren die Menschen viel zu sehr in ihre Andacht versunken, als daß sie sich um einen Unbekannten gekümmert hätten. Der Glanz in den heiligen Stätten der Schiiten strahlt auf die Gläubigen zurück. In Schiraz haben sie dem »Schah des Lichts« eine große Moschee geweiht. Sie ist ein einziger gewaltiger, funkelnder Palast aus Licht und Spiegeln.

Schon in der Zeit der Achämeniden im 6. Jahrhundert v. Chr. brannten auf den Feuer-Altären der Perser die Flammen und erhellten die Nacht; sie brannten in der Zeit der Parther, der Sassaniden, der Abassiden. Sie brennen auch im 20. Jh. Glitzernde Lichtfülle beherrschte die Schatzkammern am Pfauenthron des Schah Reza Pahlevi, und Licht in allen dunklen Seelen will Khomeini entzünden.

In keinem anderen islamischen Land finden wir diese Licht- und Sonnenverehrung. Immer wieder habe ich mich gefragt, woher dieser Lichtkult kommt.

Eine religiöse Antwort lautet: »Es ist die Sehnsucht nach der Reinheit eines überirdischen Lichtes und einer vom Himmel kommenden Erleuchtung des Menschen, die das Dunkel der Erdenschwere aufhebt.«

Eine politische Erklärung heißt: »Wir Iraner sind keine Araber, die Eroberung Persiens im Jahre 651 durch die Krieger aus Mohammeds Heimat brachte zwar den Islam nach Persien, doch hielten die Perser – als Arier – an ihrem Glauben der Lichtweihe fest. Heute noch ziehen Lichtfeste, Flammenzeichen, Sonnenkult und Spiegelpaläste eine äußere und eine innere Trennungslinie zwischen den semitischen Arabern und den indogermanischen Iranern.« Die Aufsplitterung des Islam in Sunniten und Schiiten zog eine zweite Grenzlinie.

Dreißig Kilometer nördlich von Mesched steht das Mausoleum des Dichters Firdausi. Vierzig Jahre lang schrieb er »zweimal sechzigtausend Zeilen« an seinem »Buch der Könige«, zuerst beneidet und dann bedauert von den anderen Poeten des Reiches um diesen ehrenvollen Staatsauftrag. Firdausi starb verbittert und enttäuscht. Nie kam das versprochene hohe Honorar des Sultans in seine Hände. Inmitten von Springbrunnen und Rosenbeeten errichteten die Iraner 1934 ihrem Nationaldichter ein Mausoleum aus glitzerndem weißem Marmor.

Von Mesched nach Persepolis. Ruinen. Dreizehn Säulen, 520 v. Chr. errichtet vor der imposanten Felskulisse des Koh-i-Rahman, des »Berges der Barmherzigkeit«. Die Trümmerstätte bedrückte mich. Ich dachte an das Flammenmeer, das Alexander der Große hier entzündete, um zu vernichten, was den Griechen jahrhundertelang Unheil gebracht hatte. Der Palast des Darius und des Xerxes ging in Flammen auf. Es mag sein, daß eine betrunkene, rachedürstige Tänzerin die Fackel warf – aber daß alles in Persepolis in Schutt und Asche sank, war das Werk der griechischen Eroberer auf ihrem Weg nach Asien. Die totale Zerstörung war nicht beabsichtigt, erklären griechische Historiker zu diesem Frevel. Doch wie erklären sie, daß vor dem Brand Tausende von Kostbarkeiten des Palastes abtransportiert wurden? »Und das Geschrei der Karawanenführer und der Staub, den die zehntausend Kamele aufwühlten, erfüllt die Luft«, als die Schätze nach Athen in Marsch gesetzt wurden, heißt es in den alten Büchern.

Kulturland. Hochland. Steppenland. In Luristan im Südwesten des Iran fanden Archäologen die Bronzen, die den Namen der Provinz bekannt gemacht haben. Es sind Abbildungen aus der Welt der Reiternomaden, Gegenstände aus dem Gilgamesch-Epos und Motive des Lebensbaumes. Die Nomaden haben die Kleinode über den gesamten asiatischen Raum getragen. Asien verdankt ebenso wie Europa den Persern entscheidende Impulse der kulturellen Entwicklung. Nach der Zerstörung von Persepolis flüchteten viele Gelehrte und Künstler nach Indien. Und nach der Eroberung ihres Reiches durch die Araber gelangten persische Kultureinflüsse bis weit nach Westeuropa. Vieles, was wir als arabisch bewerten, war in Wirklichkeit persisch. Die Unterworfenen befolgten zwar die Gebote des Propheten und gehorchten ihm auch in der Kunst, doch lösten sie die Strenge auf. Sie flochten Bäume, Blumen und Vögel in die Bilder-Teppiche mit ein, und ihre »Arabesken« wurden zu Lianen, die sich umarmen . . .

Oben: Muskat. An der ehemaligen Piratenküste stellen heute die Bewohner des Sultanats Oman ihre kriegerischen Fähigkeiten in den Dienst von Gesetz und Ordnung. Aus den Männern, die einstmals die »Schrekken der Seefahrer« waren, wurden die »Wächter der Meerenge von Hormuz«.

Rechts: Ungeachtet des politischen Ehrgeizes der Revolutionsführer bewahren die meisten Libyer ihre alten, in Jahrhunderten erprobten Lebensweisen.

Nächste Doppelseite: Die Ernte harter Arbeit reicht für einen mäßigen Wohlstand der Landbevölkerung im Jemen.

Rechts: Die Kahzne Firaun, das Schatzhaus des Königs in Petra, der ehemaligen Hauptstadt der Nabatäer, im heutigen Jordanien. Der Karawanentransport von Weihrauch und Myrrhe schuf die Grundlagen ihres Reichtums.

Oben: Versteinerter Baumstumpf in der Sahara. Die Wüsten unserer Welt wachsen täglich um 10 km^2. Vor hunderttausend Jahren gab es im nördlichen Afrika noch große Wälder.

Unten: Salztransport durch die Wüste.

Der Iran – ein Land zwischen Asien und der Welt der Araber. Zu drei Vierteln besteht es aus unwegsamen Gebirgen, Sandwüsten und Steppen. Nur 12 Prozent des Staatsgebietes können landwirtschaftlich genutzt werden. Das Landesinnere (1400 Meter über dem Meer) ist eine von Gebirgsketten umgebene Hochebene. Die Sommerhitze (bis 40 Grad) läßt sich im Hochland leichter ertragen als an der Küste. Im Winter kommt es zu Schneeverwehungen und eisigen Kälte-Einbrüchen. 20 Grad minus sind die Tiefstwerte. Im Durchschnitt liegen die Winter-Tagestemperaturen zwischen 8 und 12 Grad.

Achtzig Prozent des fruchtbaren Landes befinden sich in dem schmalen Gebiet zwischen den Nordhängen des Elburs-Gebirges und der Küste des Kaspischen Meeres. Es ist die einzige Region, die ohne künstliche Bewässerung auskommt.

»Alle Kräfte für die Entwicklung des Landes.«

Ich war glücklich, wenn ich solche Äußerungen hörte. Was gewinnen sie mit dem Export ihrer Revolution? Wieviel Verluste an Menschenleben fordern die blutigen Konflikte? Wie hoch ist der sinnlose Verschleiß von lebenswichtigen Gütern durch kriegsbedingte Handlungen, und wie viele Devisen verliert der Iran durch den Wegfall des internationalen Tourismus? Solche Fragen drängen sich auf bei einer Reise durch das Land. Man behält sie besser für sich. Sie werden als Provokation empfunden. Die Erweiterung ihres Staatsgebietes bringt vielleicht einen Prestigegewinn, aber mit Sicherheit verschärft es alle Probleme an den Grenzen und im Inneren des Landes. Knapp 8000 Kilometer Staatsgrenze haben sie heute schon zu verteidigen: 1830 Kilometer an der »Wasserfront« des Persischen Golfs. 2675 Kilometer lang ist die Grenze zur Sowjetunion und 905 Kilometer zu Pakistan. 860 Kilometer müssen gegen Infiltrationen aus Afghanistan geschützt werden. 1155 Kilometer lang ist die Grenzfront mit dem Kriegsgegner Irak, und auf 430 Kilometer Länge verläuft die Grenzlinie zu der mit Westeuropa und den USA durch den NATO-Pakt eng verbundenen Türkei.

Die Türkei: 97 Prozent Asien, 3 Prozent Europa

Noch einmal auf dieser Orient-Tour eine Grenze. Noch einmal ein Mittagessen mit Hammelkeule, Weintrauben, Granatäpfeln, Tee – noch einmal Erklärungen, Kopfschütteln der Paßbeamten über die vielen Stempel, noch einmal auch Mißtrauen und Freundlichkeit. Von ein paar Worten, ein paar freundlichen Gesten hängt es oft ab, wie die Polizisten reagieren. Im Iran hatten sie es eilig, mich aus dem Land zu bringen. In der Türkei ließen sie sich Zeit. Am Fuße des Ararats saß ich in der Zollstube und erzählte.

Ein Hirte, über und über mit Fliegen bedeckt, setzte sich zu unserer Runde. Er hörte dem Gespräch aufmerksam zu und berichtete dann von den harten Wintern in den Bergen – mit Schneestürmen, Kälte, ohne Straßenverbindung von einem Dorf zum anderen ...

Ich fragte, ob es stimme,

... daß es in der Türkei etwa 40 000 Dörfer gäbe und außerdem noch so um die 60 000 Siedlungen, die nur aus ein paar Häusern beständen ...

... daß 70 Prozent dieser Ortschaften keinen Strom hätten, 50 Prozent keine Straßen und 30 Prozent keinen Wasseranschluß ...

... daß etwa 50 Prozent der Männer und 65 Prozent der Frauen Analphabeten seien und daß in Südostanatolien auf 80 000 Menschen ein Arzt komme ...

... daß die Regierung 50 000 Traktoren im

portiert habe, wodurch eine Million Landarbeiter ihre Stellung verloren . . .

Sie lachten, zuckten mit den Achseln. Von solchen Zahlen hätten sie nie etwas gehört. Ich gab dem Hirten eine Packung Zigaretten, er bedankte sich und verließ die Wachstube. Nach einer Stunde kam er wieder zur Tür herein. Mit einem freundlichen Lächeln legte er eine wunderschöne, warme Fußmatte aus schwarzem Lammfell vor meine Füße. »Sie gehört dir.«

Es war Zeit zum Aufbruch. Die türkischen Soldaten warnten mich vor Überfällen. Gesindel und Banditen machten die Grenzgebiete unsicher, auch gäbe es Schmugglerbanden. Ich fragte sie nach den Kurden und den Armeniern, denen einstmals dieses Land im Osten gehörte. »Nein, hier leben nur Türken. Dennoch – Vorsicht ist angebracht.«

Ich stand auf und ging auf die alte Heerstraße hinaus, warf noch einen Blick zurück in Richtung Grenze.

Die Iraner warnten mich vor den Besuchen in den Moscheen, vor Anhängern des Schah Reza Pahlevi und vor kurdischen Rebellen. Die Syrer warnten mich vor den Freunden Arafats in Damaskus und vor israelischen Provokateuren. Die Marokkaner warnten mich vor den Algeriern und die Algerier vor den Marokkanern. Die Saudis warnten mich vor den Alawiten in Syrien (aus dieser Volksgruppe stammt der Staatschef), und die Iraker warnten mich vor dem »Teufel Khomeini« und seinen Horden . . .

Die Geschichte der Grenzübergänge von einem »islamischen Bruderland« ins andere ist noch nicht geschrieben worden. Es könnte ein lohnendes Thema sein.

Ich warte auf einen Bus, der mich nach Kars mitnehmen soll; Stunden, die dahinfließen. Niemand hat hier eine Uhr. Wenn der Bus kommt, wird man das schon merken. Aus dem Radio in dem Restaurant an der Straße ertönt leise ein altes arabisches Lied. *»Allah erhört dein Stöhnen, o Seele, werde still, es ist dein Los zu dulden . . .«* Die Männer nikken, summen leise mit. Dieses Lied paßt genau an diese Grenze. Man muß von Asien kommen, um die Türken zu begreifen. Wer aus den Steppen Kasachstans kommt, aus der Mongolei, von Indien oder Tibet, dem wird die Türkei als ein reiches, wohlgeordnetes Land erscheinen. Wie leicht sprechen wir von der Türkei als Landbrücke zwischen Asien und Europa – und sehen dabei doch meistens nur die europäische Seite. Dabei ist Istanbul für einen Hirten aus Ostanatolien so fremd und verwirrend wie New York für einen Holzfäller aus dem Bayerischen Wald.

Nur 3 Prozent des türkischen Staates liegen auf der europäischen Seite des Bosporus, 97 Prozent gehören zu Asien. Die Türken stammen aus Zentralasien. Turkestan ist ihre ursprüngliche Heimat. Stamm um Stamm drang von dort nach Westen vor. Invasionen, Heerzüge, Flucht, Vertreibung, Völkerwanderungen – das Elend der Besiegten und die Exzesse der Sieger – ich denke daran, während im Radio noch immer das Lied erklingt . . . Erobern oder erobert werden – das ist das Schicksal der Menschen seit Jahrtausenden an dieser Grenze.

Ich denke an die Hethiter und die Urartäer, an Phrygier, Kimmerer, Griechen, Perser, Römer, an Kreuzritter und Mongolen, die durch dieses Land zogen. Und natürlich an die Seldschuken und die Osmanen. Ich denke nicht so sehr an Troja, Halikarnassos, Pergamon, Magnesia und Ephesus oder an die tausend Jahre der byzantinischen Herrschaft. Kirchen, Kunstwerke, Schriftdokumente und Ruinen blieben von ihnen – wer ihnen nachforscht, für den kann die Türkei zu einem riesigen Museum der Geschichte werden.

Auch die Herrschaft der Seldschuken und der Osmanen ist erloschen, aber was sie begründeten, lebt heute weiter. In der Nähe des Van-Sees, bei der ärmlichen Siedlung Malazgirt, kam es am 19. August 1071 zum ersten Reitergefecht zwischen Seldschuken und Oströmern (Byzantinern). Der Sieger hieß Alp Arslan. Mit ihm beginnt die Herrschaft der Seldschuken. In Konya – dem antiken Ikonien – errichteten sie später ihre Hauptstadt.

Heute herrschen in dieser Stadt der Seldschuken-Khane nicht die Staatsorgane, sondern die »tanzenden Derwische«, genauer: die Anhänger des »heiligen Mewlana«. Mewlana kam aus Afghanistan. Sein Vater war der »Sultan der Gelehrten«, aber der Sohn wollte keinen hohen Titel. »Derwisch«, das heißt »der Arme«, so nannte er sich. Seine Klugheit und sein Wissen gewannen ihm so viele Bewunderer und Gefolgsleute, daß ihn das Volk einfach Mewlana nannte: »unser Herr«.

Er gab den Menschen Hoffnung. Als Flüchtling war er gekommen, und er hatte ihnen ein Beispiel für den Sieg über alle Schwierigkeiten des Lebens gegeben. Diese Hoffnung muß es gewesen sein, die den dumpf Dahinlebenden neuen Mut einflößte. Und so wie die Perser die strengen Kunstvorschriften des Propheten in ihren Gemälden, Teppichen und Dekors auflokkerten, führte der Derwisch Musik und Tanz bis zur Ekstase ein. Sein Ideal war dabei die Überwindung der Erdenschwere; viele seiner Anhänger aber sahen darin wohl auch eine Möglichkeit zu einer selbstvergessenen Hingabe.

An dem himmelblauen Portal seines Mausoleums ist der Spruch gemalt: »Diese Stätte ist die Kaaba der Liebenden, hier hat man die Vollkommenheit erreicht.«

Im Tanzschritt vergißt der Tänzer die irdische Last, löst sich von seinem Ich. Für die »strengen Herren des Ordens der tanzenden Derwische« war das Ich des Menschen das große Hindernis auf dem Weg zur harmonischen Alleinheit aller Menschen und zum Einklang von Himmel und Erde. »Wo Liebe wächst, da stirbt der Schlimmste aller Despoten: das Ich.«

Flöten und Trommeln geleiten die Menschen bei ihren weltflüchtigen Tänzen, und sie führen sie wieder zurück ins Hier und Jetzt. Mit der durch die Ekstase gewonnenen großen Kraft soll die Seele aufbrechen zur Verbesserung des Lebens auf Erden.

Dieser Aspekt machte die tanzenden Derwische und die Volksmassen, die ihnen folgten, zu einer politischen Macht. Überall in der Welt des Islam fanden sie Anhänger. In der Türkei hat ihnen Kemal Pascha, besser bekannt unter dem Namen Atatürk, »Vater der Türken«, die Macht genommen. Er wollte den modernen, zentralistisch geführten nationalen Einheitsstaat. Für Mystiker und Heilige, für tiefverschleierte Frauen, religiöse Eiferer und tanzende Derwische hatte er nichts übrig. Der Orden wurde verboten, seine Mitglieder wurden verfolgt. In Ankara denkt man in den Regierungskreisen des Militärs noch heute wie er.

In Konya drängen sich die anatolischen Bauern vor dem Mausoleum. Die Renaissance des Islam in der gesamten orientalischen Welt bringt auch die Derwische zu neuem Ansehen. Ob Atatürk dem Griechen Alexander dem Großen nacheifern wollte, darf bezweifelt werden, doch die Methode des griechischen Welteroberers, die Schwierigkeiten mit einem Schlag zu lösen, versuchte auch er. 85 Kilometer von Ankara entfernt liegt Gordion. Wir wissen, wie Alexander der Große den vielfach verknüpften und verschlungenen Gordischen Knoten auflöste: mit einem Schwerthieb schlug er ihn in der Mitte durch.

Das Schwert Kemal Paschas traf vor allem die Minderheiten in der Türkei: Griechen, Armenier, Kurden. Die Türkei den Türken, so könnte man seine Politik vereinfacht zusammenfassen. Heute ist das ein umstrittener Satz; damals, nach der Niederlage im Ersten Weltkrieg und dem Verlust aller Eroberungen, war er verständlich. Nahmen die Siegermächte dem Osmanischen Reich alle Völker, Stämme und Staaten, die nicht türkischer Herkunft waren, dann sollten zumindest innerhalb der Türkei nur noch die Türken bestimmen.

Flucht, Verfolgungen ... in Kappadokien können wir noch die Höhlenwohnungen der vor den Arabern geflohenen Christen sehen; in Ani, unweit Kars, die Ruinenstadt der Armenier; vom Nemrud Dag aus die kurdischen Dörfer an der Grenze zu Syrien.

Die Erhaltung des Friedens wünschen sich die Türken genauso wie alle anderen Völker. Verbittert reagieren sie auf die Vorwürfe aus dem Ausland über ihre (aus europäischer Sicht) Rückständigkeit, ihre Militärregierung und ihre Demokratie, die den Vergleich mit dem westeuropäischen Parlamentarismus nicht aushält und auch nicht anstrebt. Doch können die Türken eine Leistung vorweisen, die kaum ein Volk Europas oder des Nahen Ostens vollbracht hat: kein Krieg seit 1923 (von dem begrenzten Konflikt mit Griechenland und Zypern abgesehen, der nicht als Krieg angesehen werden kann). Über 60 Jahre Frieden ... Das wiegt vieles auf. Das ist beispielhafter als vieles in der sogenannten Friedenspolitik in den Ländern des real existierenden Kapitalismus und des real existierenden Sozialismus.

Wir kommen nach Istanbul. Der Kreis schließt sich. Wer im maurischen Spanien aufbrach, am östlichen Mittelmeer entlang fuhr, über das Zweistromland nach dem Iran bis zur afghanisch-sowjetischen Grenze gelangte und am Fuße des Ararat – dem Berg, wo Noah nach der Sintflut Rettung fand – wieder den Weg nach Europa einschlug, kommt in Istanbul zur Ruhe.

Auf der Galata-Brücke von Asien nach Europa: 700 Meter liegen dazwischen – 700 Meter trennen zwei Erdteile und sind zugleich Teil der einzigen Stadt auf dieser Welt, die auf zwei Kontinenten liegt: Istanbul.

Die Orientalisten

Künstler

Ein Blick in die Bar des Galata-Turms. Die türkischen Bauchtänzerinnen tanzen fast nackt. Die Brüste und der Bauch unterhalb des Nabels sind mit Schmuckflitter bedeckt, die Beine verhüllt ein Rock aus bunten Federn und Fransen. Eine Tänzerin dreht sich wie ein Wirbelwind, der Rock fliegt hoch. Sie tanzt einem am Boden liegenden Gast entgegen, kommt ihm so nahe, daß ihm die Fransen über den Kopf wirbeln und er unter ihnen verschwindet, als sie innehält . . .

Lange nach Mitternacht war ich wieder in meinem Zimmer, nun kamen mir Gedanken für hundert Erzählungen. Es gilt auch heute noch, was Goethe und Lord Byron, die Maler Delacroix, Vernet, Lewis, Ottenfeld, Bauernfeind, Macke und Klee, um nur ein paar Namen zu nennen, im Nahen Osten empfunden haben: 1001 Nacht als Extrakt mit 99 Prozent Wirklichkeitsgehalt für den, der sehen, hören, fühlen, riechen, träumen und zupacken kann.

In den ersten Tagen in Istanbul schlenderte ich nur so herum, sah mir die Tore und Türme an der alten Stadtmauer an, die grüne Fahne des Propheten und den »Goldenen Käfig« im Topkapi Serail; bis zu ihrem 17. Lebensjahr durften die Söhne des Sultans dieses Prinzengemach nicht verlassen. Ich ging über den »Goldenen Weg«. Diesen schmalen Gang schritt der Herrscher entlang, nachdem er von einem Feldzug mit reicher Beute heimgekehrt war. Dichtgedrängt warteten die Frauen des Harems im Korridor, wo er ihnen Gold und Schmuckstücke zuwarf.
Ich sah die Verliese der schwarzen Eunuchen, die an den Wänden hängenden schweren Stöcke, mit denen die Widerspenstigen und die Ungehorsamen geprügelt wurden, und den Raum mit den drei Wasserhähnen. Sie waren immer voll aufgedreht; das Geräusch des strömenden Wassers machte es Neugierigen unmöglich, die Gespräche des Herrschers zu belauschen.
Glück, Macht, Glanz und Reichtum nur für einen! Jede Frau in seinem Reich, die er haben wollte, gehörte ihm. Jeder Mann war sein Knecht, und keiner, der ihn im Palast besuchte, wußte, ob er lebend wieder herauskommen würde. Aber auch der Sultan war in ständiger Gefahr. Er konnte keinem vertrauen. Die Selbstsucht herrschte bis in die letzten Winkel des Palastes. Auch die Lieblingsfrauen wußten nie, wann ihr Stern erlosch. Inbrünstig flehten sie zu Allah, ihnen die Gunst des »Beherrschers aller Gläubigen« zu erhalten, ihm Söhne gebären und ihn mit immer neuen Wonnen bei Laune halten zu können. Wehe ihnen, wenn sie zurückgestoßen wurden in die Gemächer der Unbeachteten. Gestern noch umschmeichelt, um Gunstbeweise angefleht, wurden ihnen nun von den Verschmähten ihr Hochmut und ihre Herrscherallüren bitter heimgezahlt. Haß, Mord und Intrigen, lesbische Liebe und mißbrauchte Eunuchen, Folter und Zärtlichkeiten – es gab kein Tonband hinter den Prachtmosaiken oder unter den vergitterten Fenstern der Haremsgemächer, das die

Worte, das Lachen, Schluchzen und Flüstern, die Schreie und Gebete aufzeichnete. Kein Historiker veröffentlichte eine »Geheime Geschichte des Serail«, keine Sklavin ihre Memoiren.

Doch fern, außerhalb der Mauern des Palastes, wurden Geschichten erfunden, Gemälde entworfen und Lieder gedichtet, die von Sehnsucht sprachen, von Liebe und Leidenschaft, von Heldentum und menschlicher Größe. Suleika, Bulbul, Abraxas, Suleiman, Amra, Moschus, Minarett – schon diese Namen belebten die Phantasie und führten zu neuen Empfindungen und Gedanken. Selbst Goethe bekennt seine Freude an den ungewohnten Klängen, die er laut vor sich hinsprach, um zu hören, was sein Inneres darauf antwortete: »Sahara. Sassaniden. Omayaden. Hafis. Hebräer. Euphrat. Was für neue Klänge. Sie helfen gegen Versteinerungen.«

Die Phantasie bemächtigt sich der überlieferten historischen Tatsachen, der Reiseberichte, der bruchstückhaften Kenntnis fremder Schicksale. Die Phantasie wird wieder zur »Königin aller geistigen Gaben«. Sie verarbeitet das Fremde mit den eigenen inneren Bildern, und so entsteht aus Träumen und Tatsachen eine neue Wirklichkeit. Den Künstler interessiert es nicht, ob sein Harem, sein Sultan, sein Sklavenmarkt, sein Damaskus und sein Jerusalem den Überprüfungen der Gelehrten standhalten. Er bekennt sich zur Subjektivität des Empfindens. Der Maler August Macke sagte: *»Die bloßen Tatsachen enttäuschen alle: Leben gewinnen wir nur durch unsere Kunst... die Materie wird zum Dekor... die Welt, wie sie ist, erschüttert uns; um sie zu bewältigen, setzen wir sie in Kunst um.«*

Anregungen. Begegnungen. Manche sind überwältigend.

Die Unrast Europas verliert sich allmählich in der arabischen Welt. In Kairuan notiert Paul Klee in sein Tagebuch: »Dieser Natur gegenüber versage ich. Aber ich weiß doch etwas mehr als vorher. Ich weiß die Strecke von meinem Versagen bis zur Natur. Das ist eine innere Angelegenheit für die nächsten Jahre.« Sehen, Abstand gewinnen, aufnehmen, alles erst einmal innerlich verarbeiten.

Auch Macke fühlte so bei seinem ersten Aufenthalt im Nahen Osten. »Ich lasse jetzt die Arbeit. Es dringt so tief und wild in mich hinein. Ich fühle das und werde so sicher ohne Fleiß.« Wie mit einem Zauberschlag kommt der Durchbruch zur Umsetzung aller Gefühle und Erkenntnisse in ein Werk. Der Suchende hat sich selbst und seine Aufgabe gefunden.

So deutlich wie Paul Klee sagten es wenige: »Die Farbe hat mich... Sie hat mich für immer, ich weiß das. Das ist der glücklichsten Stunden Sinn: ich und die Farbe sind eins. Ich bin Maler.« (Am 16. April 1914 in Tunis.)

Für Goethe war der Nahe Osten ein Anstoß zu einem »Schritt weg von der Klassik«.

Mag der Grieche seinen Ton
Zu Gestalten drücken,
An der eigenen Hände Sohn
Steigern sein Entzücken.

Aber uns ist wonnereich
In den Euphrat greifen
Und im flüssigen Element
Hin- und wider schweifen.

Löscht ich so der Seele Brand,
Lied, es wird erschallen,
Schöpft des Dichters reine Hand,
Wasser wird sich ballen.

Der Euphrat wird zum Sinnbild der Fremde. Sich in der Ferne verlieren, ins Grenzenlose aufbrechen, um dort eine neue Welt und sich selbst zu finden. Nicht mehr die überlieferte Ordnung der Antike ist das Vorbild – wenn man nur zupackt, dann wird das Unmögliche wahr, selbst »Wasser wird sich ballen«. Wie Goethe lehrt: »Man muß die ganze Welt ins eigene Herz zurückschlingen« und sich als einzelner nicht länger gegen die Wirren der Zeit stemmen, »Aufruhr und trotzige Gebärden« blieben wirkungslos. Frei fühlte sich der Mensch, folgte er dem Vorbild des persischen Dichters Hafis, der einer von Politik und Krieg, von Verderben und Lüge, von Elend und Gier gepeinigten Welt den Rükken kehrte und nur noch dem Gesetz des eigenen Herzens gehorchte. Goethe hat seine »orientalische Epoche« nach einiger Zeit wie eine Schlangenhaut abgestreift. Aber sie half ihm, ein paar Jahre der Erstarrung und Verzweiflung zu überwinden.

Das Interesse am Nahen Osten wuchs mit der kolonialen Expansion der europäischen Mächte. Napoleon unter den Pyramiden, die britische Flotte vor Alexandria – das lenkte auch die Aufmerksamkeit der Völker auf die Geschehnisse am Mittelmeer. So heißt es 1823 in einer zeitgenössischen Chronik über den Freiheitskampf der Griechen gegen die Türken: »Dort an den Stellen des Mittelmeeres, an denen Asien beginnt, stehen sich die Mächte der Zivilisation und der despotischen Willkür in einem blutigen Krieg gegenüber.«

Nun wurde es Mode, dunkelhäutige Menschen in arabischer Tracht zu malen, Räume in geheimnisvolles Dämmerlicht zu hüllen, schimmernde durchsichtige Seidengewänder um die Körper der Frauen zu legen. Paris wurde nicht nur zum Mittelpunkt der »Orientalisten« in der Kunst, sondern auch zum Vorbild für Kostümfeste. Was bisher keine Dame der Gesellschaft gewagt hatte, mit einem orientalischen Gewand kostümiert nahm sie sich »neue Freiheiten« heraus. Wir können uns heute kaum noch vorstellen, in welche Aufregung die Pariser Maler gerieten, als der Burnus eines Wüstenscheichs in ihre Hände kam. Er wurde von Atelier zu Atelier weitergegeben, immer wieder gezeichnet, und immer andere Modelle wurden darin eingehüllt. Der Phantasie waren neue Bereiche erschlossen.

Wie Delacroix sagte: »Das Leben war in Gefahr gewesen, in den starren Schranken der Zivilisation zu ersticken.« Nun durfte man vieles sagen, malen, dichten und tanzen, wenn man es nur orientalisch faßte. Sein Meisterstück war »Der Tod des Sardanapal«. Als er dieses Bild malte, hatte er den Nahen Osten noch nicht besucht.

Bei der Ausstellung in Paris (1828) kam es zu einem Skandal. »Asiatische Willkür zieht in die Kunst ein.« »Ein Anschlag gegen Sitte und Ordnung.« Delacroix ließ sich nicht beirren. »Ich zeige den Orient so, wie ich ihn sehe.« Sardanapal, der Herrscher von Babylon, der weiß, daß er sterben muß, nimmt alles, was ihm gehört und was ihm lieb und teuer ist, in seinen Tod mit. Seine Geliebten, die nackt vor ihm auf dem üppigen Bett liegen, seine Lieblingspferde, seine Sklaven, seine Waffen. Blut, Sinnlichkeit, Mord, Farbenglanz, Aufschrei und Ergebung in das Schicksal – das war kein Kunstappell an die »Strenge der Gesittung« oder »Achtung vor dem Menschenleben«. Das war die Gegenwelt zu Europa, wie man sie sich in Paris vorstellte, oder besser: die man erfand, um gestalten zu können, was verboten war.

In seinem Gemälde »Odaliske« (1814) verwirklichte Ingres seinen Traum von der Liebe, der Sehnsucht und der Schönheit. Im Nahen Osten schien es eine Welt zu geben, die seit den Zeiten der Bibel unverändert war, dorthin flüchtete man in seinen Träumen.

Die Staatszensur griff nicht ein, weil die Maler »ausländische Zustände« zeigten. Die Bedenken der Kirche waren schon begreiflich: »Wird die Seele reiner durch die Betrachtung solcher Bilder, wird hier nicht die Kunst mißbraucht und zu einem Mittel der Versuchung des Menschen?« Diese Frage des Pariser Bischofs formuliert die Ablehnung noch zurückhaltend, denn bei dem »Türkischen Bad« – 1862 von Ingres gemalt –, der »weißen Sklavin« von Lecomte de Nouy oder dem »Schlangenspieler« von Gérome waren sicherlich die orientalischen Ausschmückungen nur ein Vorwand, um die nackten Schönheiten darstellen zu können.

Aber auch damals gab es Künstler, die den Alltag im Bazar, in den engen Gassen, den Moscheen, das Leben in einer Oase zeigten, die ihre Aufmerksamkeit den einfachen Menschen, den unscheinbaren Hütten, den schwer mit Lasten beladenen Eseln und Kamelen schenkten, den Kaffeehäusern, den Gassenkindern und den alten Menschen.

Immer auch gab es die Historienmaler – doch sie erregten viel weniger Aufmerksamkeit. Erst in unserer Zeit, mit dem Siegeszug der Fotografie, wenden wir uns wieder stärker ihren Werken zu. Ihre Bilder halten den Vergleich mit den Darstellungen der heutigen Wirklichkeit aus. Sie zeigen die Geschundenen, die Verhungerten, die im Krieg Gefallenen, die Gefolterten; sie zeigen die Leiden der Menschen, der Tiere, der Natur. Die erotischen Szenen dagegen wirken blaß im Vergleich zu den Gemälden der »Orientalisten«. Vielleicht liegt es daran, daß wir solche Szenen heute in Frankfurt, Amsterdam oder Paris in jedem besseren Nachtlokal sehen können – vielleicht liegt es auch einfach an unserem Wissen über die wahren Zustände im Orient.

Dichter, Maler, Schriftsteller: Für sie war die Welt im Nahen Osten Materie und Traum zugleich. Für sie vermischten sich die inneren Bilder mit den äußeren Eindrücken. Werfen wir einen Blick in den Roman »Salammbô« des französischen Autors Flaubert. Erst nach monatelangem Abwägen und Überlegen erfolgt der Aufbruch in die orientalische Welt. »Beobachten, aufnehmen, notieren ... alles festhalten ...« Nach seiner Rückkehr nach Paris beginnt er sofort mit der Arbeit. Flaubert bittet inbrünstig um Gelingen: »Möge alle Kraft der Natur, die ich eingeatmet habe, mich durchdringen und mein Buch durchwehen! Steht mir bei, Mächte der bildsamen Erregung! Hauch der Vergangenheit, heran, heran! ... Erbarme dich meiner Willenskraft, Gott der Seelen! Gib mir Stärke und Hoffnung!« Welcher Autor unserer Zeit geht noch mit solch ungebrochener Ekstase und solchen Beschwörungen an seine Arbeit?

Flaubert hat fünf Jahre erbarmungsloser Arbeit vor sich. Fünf Jahre am Schreibtisch, fünf Jahre, in denen »Salammbô« entsteht. »Ich arbeite wie ein Narr ... Tag um Tag, Nacht um Nacht ... in achtzehn Tagen habe ich ... zehn Seiten geschaffen ... manchen Abschnitt schreibe ich nun schon in der 14. Fassung ... Das Kapitel über die Schlacht ... beanspruchte mich drei Monate ...«

1862 ist seine Auseinandersetzung mit dem Orient beendet. Das Buch beginnt wie ein Märchen: »Es war in Megara, einer Vorstadt von Karthago, in den Gärten Hamilkars ...«

Karthago, von Rom vernichtet, dem Erdboden gleichgemacht und in tausend Fälschungen historisch mißbraucht, um jedes Andenken an diesen Feind der römischen Macht auszulöschen oder die Menschen von vornherein mit Abscheu zu erfüllen; dieses Karthago, das der Nachwelt nur in seinen Schandtaten überliefert werden sollte, dessen Ruhm und Größe, dessen wahre politische Ziele nicht genannt werden durften, damit niemals ein neuer Han-

Gold- und Schmuckwarengeschäft in Teheran. Der größte Bazar des Nahen Ostens ist in der syrischen Handelsmetropole Aleppo.

nibal aufstände – dieses Karthago war der Hauptschauplatz des Romans. Neben dem politischen Anliegen Flauberts – die zum Schweigen Verdammten wieder ins Licht der Geschichte zu rücken – kam das Bekenntnis zur Sinnenfreude und zum Schlachtengemälde. »Alle Wut schreibe ich mir vom Herzen.« Vielleicht war »Salammbô«, wie der Biograph Flauberts, Jean de la Varende, sagt: »eine Reaktion auf die Arbeit an ›Madame Bovary‹, ein Sich-Losreißen vom strengen Sittengemälde. Er wollte sich nicht mehr zähmen, er strömte sich aus.«

Die französischen Maler rissen sich um die Illustration des Buches; Flauberts »Salammbô« am treffendsten wiedergegeben hat wohl George Rochegrosse. Seine Heldin ist mehr Salome als Salammbô – mehr Verführerin als Liebende. Beide Frauen gehorchten dem Gesetz, Salome nur dem eigenen, Salammbô dem des Staates. Sie zerbrach daran. Die Tochter des Feldherrn Hamilkar ließ den Geliebten verfolgen, als seine Rebelleneinheit die Macht Karthagos gefährdete. Die Macht war für eine Weile gerettet – für den Preis des Todes der Liebe.

»... Nun war er in der Gewalt der Priester; die Sklaven hatten die Menge zurückgedrängt ... Bei den ersten Schritten, die er getan, war sie aufgestanden, dann war sie unwillkürlich, je näher er kam, nach und nach bis an die Brüstung der Terrasse vorgetreten, und bald verlöschte für sie die ganze Umgebung, und sie sah nur noch Mâtho ... Die ganze Welt war in einem Abgrund versunken ... er kam bis dicht an den Fuß der Terrasse. Salammbô stand über das Geländer gebeugt, seine Augen sahen sie an, und plötzlich stand alles vor ihr auf, was er für sie gelitten hatte. Er lag im Sterben, aber sie sah ihn wieder in seinem Zelt, kniend, wie er sie mit seinen Armen umfaßt hatte, Liebesworte stammelnd; sie dürstete danach, sie noch einmal zu hören. In diesem Augenblick erfaßte Mâtho ein heftiges Beben ... er stürzte und lag still.

Salammbô wurde von den Priestern zu ihrem Thron zurückgeleitet. Sie beglückwünschten sie; es war ihr Werk gewesen ...

Ein Mann stürzte auf den Leichnam zu ... mit einem Schnitt öffnete er Mâthos Brust, riß das Herz heraus ... und da, vom Golf bis zur Lagune ..., in allen Straßen und Tempeln, erhob sich ein einziger Schrei, Karthago bäumte sich auf unter dem Taumel einer unermeßlichen Freude ...

Salammbô erhob sich, einen Becher in der Hand, um zu trinken. Sie fiel mit zurückgebogenem Haupt über die Lehne des Thronsessels zurück, bleich, starr, mit geöffneten Lippen ... So starb die Tochter Hamilkars ...«

Es war Flauberts leidenschaftlicher oder, wie seine Kritiker meinten, »ausschweifender Eroberungszug« in die Welt des Nahen Ostens.

Der 1913 in Algerien geborene Franzose Albert Camus hat sich der Welt des Nahen Ostens in seinem Jahrhundert bewußt gestellt. Aber seine Helden sind weder Wüstenkönige noch Haremsschönheiten. Camus schildert das Leben der einfachen Menschen. Es fällt ihm nicht schwer, er braucht sie nicht zu erfinden, um seinen Gedanken Gestalt zu geben – er ist einer von ihnen.

Sein Vater war Landarbeiter, seine Mutter Magd. Als ihr Mann im Ersten Weltkrieg gefallen war, verdingte sie sich stundenweise als Dienstmädchen. »Sie schrubbte und wusch für die reichen Franzosen.« Nach der Arbeit ging es zurück in die Enge des übervölkerten Wohnviertels Belcourt. Es liegt zu Füßen der Kasbah, Araber und Europäer wohnen dort dicht nebeneinander. Was Camus beschreibt, ist ihr Alltag. »Ankleiden, Straßenbahn, vier Stunden Büro oder Fabrik, Mittagessen, Straßenbahn, vier Stunden Arbeit, Abendessen,

Schlafen, und Montag, Dienstag, Mittwoch, Donnerstag, Freitag und Samstag immer im gleichen Rhythmus.« Was muß ein Mensch tun, um aus diesem Trott herauszukommen? Er muß lernen zu leben, ohne etwas zu besitzen.
Das ist kein üppiges orientalisches Leben, keine Welt der Reize und der Lüste. Es ist Alltag, Einsicht.
»Hier wird jung geheiratet. Man fängt sehr früh an zu arbeiten und erschöpft in zehn Jahren die Erfahrungen eines Menschenlebens. Ein dreißigjähriger Arbeiter hat bereits alle seine Karten ausgespielt . . .«
Das Glück dieser Menschen ist ihre Jugend, die Sonne, das Licht, das Meer. Man lebt aus dem Augenblick heraus. »Wir sind«, sagt Camus, »wir werden nicht.« Dem europäischen Fortschrittsoptimismus steht er ablehnend gegenüber. Diese Philosophie zwingt die Menschen dazu, für das Erreichen irgendwelcher in der Zukunft liegender Ziele die Gegenwart zu opfern. Camus greift die Religion und ihr Versprechen von einem zukünftigen Leben an. Wenn er sich überhaupt ein Jenseits vorstellen kann, dann nur ein muselmanisches. Ein Paradies, das den Menschen alle irdischen Freuden erfüllt. Wenn es aber auch das nicht gibt, dann gilt es, jetzt und hier zu leben.
Fast beschwörend bekennt er: »Mein ganzes Reich ist von dieser Welt.« Aber während er vom Leben spricht, von der Sonne, vom Licht und von den glücklichen Augenblicken der Jugend, vergißt er keinen Augenblick, was den Menschen darin bedroht, Mensch zu sein: die Geschichte, die Politik, die permanenten Kriege um die Macht.
Für Camus gibt es nur gerechte und ungerechte Menschen, glückliche und unglückliche. Es gibt für ihn keine Sieger. Wer auf Sieg pocht und daraus Ansprüche ableitet, will damit immer einem Schwächeren seinen Willen aufzwingen. Und sogenannten Siegern fällt es besonders schwer, gerecht zu sein. Camus weiß, wovon er spricht. Er gehörte in Frankreichs Kolonie Algerien zwar aufgrund seiner Staatsangehörigkeit zur herrschenden Schicht, aber er fühlte sich keinen Augenblick über die anderen erhaben. Für die meisten Franzosen gab es nur gute Araber, die taten, was man ihnen sagte, und schlechte. Aber selbst der Intelligenteste unter den Einheimischen galt wenig, weil er kein Franzose war. Die Diskriminierung war selbstverständlich.
»Die Franzosen waren ihrer Rechte so gewiß, daß sie es nicht einmal für notwendig hielten, sie geltend zu machen. Sie hätten laut heraus gelacht, wenn ihnen jemand vorausgesagt hätte, daß es eines Tages auch eine arabische Elite geben werde.«
Als im Mai 1945 der Aufstand ausbrach und die Regierung in Paris mit erbarmungsloser Härte dagegen vorging, empörte sich Camus: *»Ich möchte daran erinnern, daß ein arabisches Volk existiert.«* In den Werken der Orientalisten war das Volk Staffage, exotisch, bunt, selbst die Armut wurde malerisch dargestellt. In Camus' Werken wird das Volk zum Mittelpunkt. Die Völker sind unschuldig. Kein Volk will einen Krieg, es wird »hineingeführt«. Man muß den Krieg bekämpfen, dann bekämpft man auch die, denen er Nutzen bringt.
Camus schreibt: »Der Krieg ist ein Betrug, und wenn das Blut die Geschichte zuweilen vorwärts treibt, so nur in Richtung auf noch mehr Barbarei . . . Da stehen wir uns nun gegenüber und sind darauf bedacht, uns auf nicht wieder gutzumachende Weise soviel Leid zuzufügen wie nur möglich.« Für ihn heißt handeln nicht, den Gegner zu besiegen, sondern seine Motive zu ergründen und dann einen Weg zum Frieden zu finden. Die konservativ-nationalen Kreise beschimpfen ihn als Verräter, für Kommunisten und Sozialisten ist er ein Phantast. Alle Parteien – auch die Algerier – wollen nur eins: siegen.

Es ist nicht mehr nötig, sich Grausamkeiten auszudenken, um die Phantasie der im Luxus erschlafften Europäer mit Bildern und Geschichten orientalischer Exzesse anzuregen. Der Krieg an den Küsten des östlichen Mittelmeeres wird von beiden Seiten mit äußerster Brutalität geführt. Die Tatsachenberichte und die Bildreportagen vom Kriegsschauplatz erreichen auch die Menschen, die nie ein Buch in die Hand nehmen oder Kunstgalerien besuchen. Der Schock ist nachhaltig. Die Wirklichkeit besiegt die Phantasie.
»Seid beredter Zunge und sicheren Blicks und sagt nur die Wahrheit; seid aufrichtig, meidet die Lüge, sollte auch die Wahrheit euch wie das Feuer der Hölle brennen.« Die Erzähler arbeiten jetzt als Kriegsberichterstatter. Sie berichten von den Morden an Frauen, Greisen und Kindern. Sie schildern die Aktionen der französischen Truppen, die bei ihrem Vorgehen »lieber hundert Unschuldige mit umbringen, als einen Schuldigen laufen lassen«. Sie berichten von den Anschlägen der Wüstensöhne, die auf ihre Art Angst und Schrecken verbreiten. »Sie überfielen die Bauernhöfe der Siedler, schlachteten alles ab, schlugen den Säuglingen die Köpfe ab, füllten ihre toten Leiber mit Steinen ...«

Warum sollte man gegenüber solchen Bestien noch human sein? Nun griffen die Polizei-Einheiten durch, nun wurde jeder Verdächtige sofort festgenommen, nun wurde in den Gefängnissen gefoltert. Ungeachtet der Greuel mahnt Camus zur Versöhnung – vergeblich. Der Kolonialkrieg geht weiter. Er verschlingt Unsummen. Die Algerier suchen Verbündete.
Deutschland? Deutschland ist besiegt und zudem noch von seinen Eroberern geteilt worden.
England? England ist Kolonialmacht und damit beschäftigt, die aufflackernden Unruhen in seinen Überseegebieten niederzuschlagen.
Nordamerika? Nordamerika ist der Verbündete Frankreichs.
Die Sowjetunion? Der Kreml nutzt die Gunst der Stunde – Algerien wird sozialistisch.
Auch die USA werden aktiv. 1962 gibt Frankreich Algerien auf. Das Land ist zerrüttet und verarmt. Die wirklichen Entscheidungen über die weitere Entwicklung fallen in Washington und in Moskau.

Selbstverständlich sind das nur die groben Züge des Dramas. Die Kriege im Nahen Osten gehen weiter. Dabei wird das Wort Krieg vermieden, man spricht lieber von einem Konflikt. Als Frankreich in Algerien und Marokko kämpfte, sprach es von »Befriedungsaktionen«.
Aus »Aladins Wunderlampe« ist der helle Lichtschein verschwunden. Vielleicht liegt sie in der Wüste begraben oder ist verschüttet in einem Bombentrichter. Vielleicht auch wird ein arabisches Sprichwort wahr, in dem es heißt, daß Allah in seinem Garten erst alles menschliche und tierische Leben entfernen müsse, damit es dann endlich einen Ort gäbe, wo er in Frieden wandeln kann.

Camus fordert die Revolte für die Gerechtigkeit. Er wird zum Autor des »Absurden«. Er will die Gegensätze versöhnen. Das ist absurd, aber es gibt keinen anderen Ausweg. »Nicht auf die Knie fallen. Sich stellen ... den Wünschen des Ich und den Zwängen der Geschichte.« Aber sein Fazit ist bitter: »Etwas ist in uns durch das Schauspiel der Jahre, die wir hinter uns haben, zerstört worden. Dieses Etwas ist das Vertrauen zum Menschen ...«
Wem wird es gelingen, es wiederherzustellen? Welche Dichtung, welches Gemälde, welches Lied wird uns alle so ansprechen,

daß es auch auf die Handlungen der Politik Einfluß gewinnt?
Oder bleibt die Kunst ohnmächtig? Geben wir noch einmal Albert Camus das Wort. In »Der Künstler und seine Zeit« sagt er: *»Die Last der Wirklichkeit in einem Kunstwerk ins Gleichgewicht zu bringen, ist das wichtigste Anliegen ... Der Künstler ist kein Spaßmacher (der die Reichen unterhält und die Armen für ein paar Stunden ihr Elend vergessen läßt) ... Er muß der Versuchung widerstehen zu flüchten oder zu verraten, was man zu verbessern sucht, nämlich die Wirklichkeit, indem man sie in eine politische Doktrin umfälscht. Die Kunst ist ein Mittel, die Menschen anzurühren, indem sie ihnen ein beispielhaftes Bild der gemeinsamen Leiden und Freuden vorhält. Das Ziel ... besteht nicht darin, zu richten oder Gesetze zu erlassen, sondern darin ... zu verstehen ... Wahrheit und Freiheit. Gehen wir ihr entschlossen entgegen – unserer Schwächen bewußt ... schreiten wir mühsam vorwärts in der schweren Laufbahn, voll Unschuld das hohe Seil betretend ... gefährdet bei jedem Schritt ... ungewiß, ob wir das Ziel erreichen ...«*
Wie sagte doch August Macke in Tunis? »Die Welt, wie sie ist, erschüttert uns. Setzen wir sie in Kunst um.«
Schöpfung statt Vernichtung. Wer findet Aladins Wunderlampe? Wer haucht ihre Scheiben an, läßt ihr Licht ausstrahlen und bewältigt heute »in Wahrheit und Freiheit« das Drama des Nahen Ostens?

Die Forscher

Heute werden bedeutende Expeditionen kaum noch von einzelnen durchgeführt. Ein großer wissenschaftlicher Apparat und große Geldsummen gelten als Voraussetzung für eine sinnvolle Arbeit. Flugzeuge und Satelliten übernehmen Beobachtungsfunktionen, Meßgeräte und Laboruntersuchungen prüfen und ordnen die mitgebrachten Fundstücke.
Geographen, Biologen, Ethnographen, Zoologen und Klimaforscher begrenzen ihre Tätigkeit auf ihren Fachbereich. Eine genaue Kenntnis von dem bereits publizierten Material des Forschungsgebietes gilt als selbstverständlich, ebenso wie Impfungen und regelmäßige medizinische Kontrollen. Als unzumutbar würde heute eine Reise in verseuchte Gebiete ohne vorherige Schutzmaßnahmen zurückgewiesen werden, und man kann sich kaum noch vorstellen, wie unbekümmert um Malaria und Gelbfieber, um Pocken, Cholera und Typhus die Forscher und Weltreisenden noch in der Mitte des 19. Jh. aufbrachen. Wie man sich dagegen schützte, blieb jedem einzelnen überlassen.
Ungewiß war auch die Dauer einer Forschungsreise, sie konnte fünf Wochen oder auch fünf Jahre dauern. Es gab weder Telefon noch Funkverbindungen, von geländegängigen Fahrzeugen, Rettungshubschraubern, Mikrofon und Tonband, Fotoapparat, Computer und Radargerät ganz zu schweigen. Wer nicht ein paar Tropfen Abenteuerblut in sich hatte, wurde gar nicht erst Forscher. Heute gilt diese »Blutbeimischung« eher als hinderlich – nicht der Abenteurer ist gefragt, sondern der sachkundige Wissenschaftler. Kein Mensch verlangt von ihm, daß er außerordentliche Strapazen aushält oder daß er sein Leben riskiert. Gesellschaftlich hat er einen anerkannten Platz, und er würde seine Karriere gefährden, nähme er sich in aller Öffentlichkeit Freiheiten heraus, die nach der herrschenden Meinung seinem Ansehen und seiner Arbeit abträglich sein könnten oder die nicht in die politisch-sozialen Vorstellungen der Zeit paßten.
Hermann Fürst von Pückler-Muskau, am 30. Oktober 1785 geboren, war frei von jeg-

lichen Bedenken, die ihm »das Leben versauern und die Forscher- und Schriftstellertätigkeit eingrenzen« konnten. Seine Reisebeschreibungen und Forschungsberichte aus dem Nahen Osten (Algerien, Tunis, Libyen, Ägypten, Syrien, Türkei) sind noch heute als Kultur- und Sittengemälde der Zustände um 1835 lesenswert.
»Bei mir war eine abessinische Sklavin . . ., die ich für eine ansehnliche Summe (auf dem Sklavenmarkt in Kairo) gekauft hatte. Den Charakter dieses originellen Mädchens zu studieren, an der die Zivilisation noch nichts hatte verderben oder verbessern können, war im Verfolg der Reise eine unerschöpfliche Quelle des Vergnügens für mich . . . Als ich sie kaufte, trug sie noch das Kostüm ihres Vaterlandes, das heißt nichts als einen Gürtel aus schmalen Lederriemen, mit kleinen Muscheln verziert. Doch hatte der Sklavenhändler ein großes Musselintuch über sie geworfen, das aber . . . abgenommen wurde und daher der genauesten Betrachtung kein Hindernis in den Weg legte.«
Pückler-Muskau diente alles, was in seiner Zeit geschah und möglich war, vor allem dazu, seine persönliche Eigenart zu verwirklichen. »Ich gehöre nie einer Partei an, dazu habe ich zu sehr eine eigene Meinung«, bekannte er bei einem Empfang am Wiener Hof, zu dem er mit seiner geliebten Sklavin gekommen war. Seine Extravaganz und sicherlich auch seine finanzielle Großzügigkeit öffneten ihm bei seinen Reisen alle Türen. Mehmed Ali, der Vizekönig von Ägypten, gab ihm die Sondervollmachten, die er wünschte; Ferdinand de Lesseps, der spätere Erbauer des Suezkanals, war sein Freund. Überall fand er die Möglichkeit, sich umfassend an höchster Stelle zu informieren. Seine Gespräche mit Staatsmännern, Diplomaten, Ministern, Generälen und Stammesführern führten zu den Erkundungen im Land. Im Gegensatz zu den meisten Forschern öffnete sich ihm die große Welt nicht erst nach aufsehenerregenden Erfolgen. Er kam »vom Hofe« und begab sich von dort in die großen, unbekannten, von tausend Gefahren bedrohten Gebiete. Bei seinen Standesgenossen galt der Fürst bald als exzentrischer Außenseiter. Er selbst fühlte sich als Botschafter eines neuen Europa, in dem es keine Standesvorurteile mehr geben sollte. Für ihn zählte zum Adel, wer sich durch schöpferisches Tun und Eigenverwirklichung auszeichnete. Um seinen Landsleuten »einen Anblick der Fremde zu vermitteln und ihnen eine starke Sehnsucht zum Reisen einzuflößen«, legte er einen Park in Muskau an, der damals in Deutschland einmalig war. 500 000 Taler Schulden waren der Preis dafür. Aber Pückler setzte sich auch darüber hinweg. »Große Taten dürfen nicht am Geld scheitern.«
Heute wird Pückler-Muskau als der bedeutendste Landschaftsbildner, den das Deutschland des 19. Jh. besaß, gewürdigt. Besonderes Interesse finden seine Berichte über die Altertümer des Nahen Ostens und die treffende Charakterisierung außergewöhnlicher Persönlichkeiten. Dazu gehörte auch die Begegnung mit der »Königin von Palmyra«, der Engländerin Lady Hester Lucy Stanhope – Nichte des britischen Premierministers William Pitt –, die in Syrien lebte und dort auf die baldige Ankunft des Messias wartete. Zu seinem Empfang hielt sie zwei wundervolle Reitpferde bereit: auf dem einen sollte der Erlöser, auf dem anderen sie selbst in das Heilige Land reiten.
Wer heute den Nil herunterfährt, liest mit Gewinn die orientalischen Reiseberichte des weltkundigen Fürsten. Wie angenehm ist es, dabei unter einem Sonnensegel an Deck zu sitzen, in den alten Aufzeichnungen zu blättern – und sich mit Fürst-Pückler-Eis zu erfrischen . . .

Der Nil: Die Mutter Ägyptens

Noch um die Mitte des vorigen Jahrhunderts war der Nil das größte geographische Geheimnis. Amerika war entdeckt, Australien erobert, über China gab es gründliche Studien, und manch Kunde kam von einsamen Südsee-Inseln nach Europa – die Quellen des Nils und der genaue Stromlauf aber waren auch um 1850 noch immer ein ungelöstes Rätsel.

Ich war nach Ägypten gefahren, weil mich die Geschichte dieses Stromes interessierte. Drei Tage war ich nun schon an Bord. Stundenlang stand ich an der Reling. Manchmal fuhr der Dampfer so nahe ans Ufer heran, daß ich meinte, an Land springen zu können – meistens jedoch hielt er Kurs in der Mitte des Stromlaufs.

Ein Mitreisender machte mich auf die Nil-Feluken aufmerksam: riesige Holzschiffe mit zwei, drei Mann Besatzung. Mit raschen Handgriffen stellten sie die hohen, bunt geflickten Dreieckssegel der Boote gegen den Wind, bevor sie wenige Meter vor unserem Dampfer den Strom kreuzten. Störche stolzierten mit ihren langen, dünnen Beinen über die Sandinseln im Fluß, flogen schwerfällig auf, verschwanden nach ein paar Flügelschlägen im hohen Schilf am Ufer. Dicht dahinter erhoben sich steile, glatte, braune Felswände. Auch am anderen Ufer reichte die Steinwüste bis dicht an den Strom heran. Im Durchschnitt sind die fruchtbaren Täler zu beiden Seiten des Nils nur etwa 15 km breit. Gleich danach beginnt die Wüste: im Westen die Libysche und östlich des Nils die Arabische. Der Strom hält das Land am Leben. Schon 460 Jahre vor Christi Geburt sagte der griechische Historiker Herodot: »Der Nil ist die Mutter Ägyptens.«

Am Ufer standen ein paar Lehmhütten, sandbraun, eine dicht neben der anderen. Ich sah die Risse in den niedrigen Hauswänden durch das Fernglas. Die Häuser stehen nicht lange. Der Wind, der Regen, die gleißende Sonne – alles trägt dazu bei, daß sie bald wieder zu Staub zerfallen. Aber solange der Nil genügend Schlamm anschwemmte, hatten die Fellachen genügend Baumaterial. Sie brauchten nur zuzufassen, und im Nu hatten sie sich ein neues Haus gebaut. So war es bis zum Bau des Assuan-Dammes; seitdem blieben die Schlamm-Massen aus.

Schon vor mehr als dreitausend Jahren lebten die Menschen an diesen Ufern. In der Mitte des 2. Jahrtausends v. Chr. fand eine ägyptische Königstochter in den Papyrusdickichten einen ausgesetzten jüdischen Knaben. Verlassen, hungrig lag er in einem Holzkasten. Sie nahm ihn mit, zog ihn groß und nannte ihn Moses, das heißt »der, der aus dem Wasser geborgen wurde«. Moses verkündete den Juden Gottes Gesetze und führte sein Volk aus Ägypten in die Wüste.

Wer eine Geschichte des Nils schreibt, könnte 6671 Kapitel füllen: für jeden Kilometer Stromlänge ein Kapitel.

Die Geschichte des Nils – das ist die Geschichte Ägyptens, die Geschichte des Sudans, Äthiopiens, Ost- und Zentralafrikas. Das ist die Geschichte vieler afrikanischer Völker, der Araber, die Geschichte der Sklavenjagden, der Kämpfe zwischen Christentum und Islam, und es ist ein Teil der europäischen Kolonialgeschichte.

Eine junge Dame stellte sich zu uns an die Reling. Sie trug einen Bikini, am ganzen Körper war sie von der Sonne dunkelbraun gebrannt. Der Kapitän lachte: »Sie mögen die Sonne! Meine Ur-Vorfahren, die alten Ägypter, die mochten sie auch, die verehrten sie sogar als heilig. Sie meinten: die Sonne wird jeden Morgen von der Himmelsgöttin am Ufer eines Ur-Wassers geboren, am Mittag ist sie auf der Höhe ihrer Kraft, am Abend ist sie alt und schwach und wird von der Göttin der Nacht verschluckt.

Doch am nächsten Morgen wird sie wiedergeboren.«

Die alten Ägypter haben die Naturerscheinungen genau beobachtet. Die Sonne, den Himmel, die Wüste, den großen Strom. Sie alle galten ihnen als Beweis dafür, daß es eine Ewigkeit gibt, daß das Leben nie aufhört. Die Sonne kam immer wieder . . ., der Fluß strömte immer weiter . . . So hielten die Menschen am Strom diese Naturerscheinungen für göttliche Wesen oder zumindest für heilige Geschenke, die die Götter den Menschen machten.
Auch der Wind gehörte dazu.
Der Wind am Nil weht immer von Norden nach Süden. Der Strom jedoch fließt von Süden nach Norden. Es ist leicht, mit der Strömung durch ganz Ägypten zu segeln, aber will man in der entgegengesetzten Richtung reisen, so braucht man nur die Segel zu hissen, und der »göttliche Wind« bringt das Schiff voran.
Doch dazu mußte man erst einmal auf die Idee kommen, ein Stück Stoff an einem Schiffsmast zu befestigen, den Wind darin einzufangen und sich von ihm stromaufwärts treiben zu lassen. Die Ägypter haben die Schiffssegel erfunden. Die früheste Kunde davon haben wir durch eine Abbildung auf einem Gefäß aus dem Jahre 3200 v. Chr.
Das Schiff fuhr jetzt ziemlich dicht am Ufer entlang. In lange, schwarze Gewänder gehüllt, standen einige Fellachenfrauen vor ihren Lehmziegelhäusern. Bewegungslos, wie an den Erdboden festgenagelt, so schien es mir, starrten sie zu uns herüber. Eine hielt einen Krug auf dem Kopf, eine andere, hochschwanger, hatte ihre Hände vor dem Leib gefaltet. Ein paar kleine Kinder plantschten im seichten Uferwasser herum, zwei spielten auf einem leeren Eselskarren. Die Männer aber waren wie von Sinnen. Sie rannten die Kinder über den Haufen, stießen die Frauen zur Seite, rafften ihre langen Gewänder hoch und wateten in den Strom hinein, dann schwammen sie auf das Schiff zu.
Wir wirkten auf sie wie Menschen von einem anderen Stern. Wenn eine Fellachin so herumliefe wie einige Frauen an Bord, dann würde sie sicherlich aus dem Dorf gejagt. »Wenn sie Glück hat«, sagte der Kapitän. »Weit wahrscheinlicher ist es, daß sie gesteinigt würde. Und nicht nur von den Männern. Die Frauen im Dorf sind die ersten, die auf die Mädchen einschlagen.«
Aber die Sitten waren nicht immer so streng. Vor ein paar tausend Jahren waren die Ägypter recht lebenslustig. Man braucht nur an die Szenen zu denken, die auf den Wandmalereien in den Grabkammern abgebildet sind. Lebenslust, Freude drücken sich darin aus. Und was die Lebenden hatten, sollten auch die Toten nicht missen. So gab man ihnen Nahrung, Kleidung, Werkzeuge, Waffen, Schmuck und ihre Lieblingstiere mit ins Jenseits. Doch bevor sie dort aufgenommen wurden, mußten sie vor das Totengericht treten, das die irdischen Taten der Verstorbenen beurteilte. Wichtig war es, ob sie den Gesetzen des Nils gehorcht hatten. Dabei kam es darauf an, Land und Stromwasser gerecht zu nutzen. In der Praxis hieß das, einen Teil Bauernland immer überfluten zu lassen, einen anderen nur hin und wieder unter Wasser zu setzen und den dritten Teil trocken zu halten. Nach dieser Ordnung waren sogar die Steuersätze gestaffelt. Es gab jedoch häufig Prozesse, weil die Landbesitzer über die Wasserrechte stritten. Vor dem Totengericht kam dann die Wahrheit ans Licht . . .

Der Totenkult basiert auf dem Glauben an die Ewigkeit. Ewig ist der Himmel, ewig ist der Strom, ewig ist die Wüste. Kurz und vergänglich ist, an diesen »Ewigkeiten« gemessen, das menschliche Leben. Um am Ewigen teilzuhaben, mußte man selbst unsterblich sein oder an etwas Unsterblichem mitwirken. Wer am Bau der Pyramide teilnahm, trug seinen Teil zu etwas Unsterblichem bei. Nur den Pharaonen und den höchsten Würdenträgern des Reiches war es erlaubt, auch den eigenen Körper für die Ewigkeit zu erhalten. Die Mumie – oder der Dauerleib, wie die Ägypter sagen – sollte für alle Zeiten auch den Lebenden gegenwärtig sein.

Im Totentempel der Königin Hatschepsut in Theben-West, hinter dem im »Tal der Könige« die Gräber der Pharaonen liegen, kamen mir diese Gedanken. Aber ohne die Archäologen und Altertumsforscher wüßten wir vielleicht nichts mehr von ihnen, da Grabräuber unvorstellbaren Schaden angerichtet haben. Schriftliche Zeugnisse sind wenig vorhanden. Daß wir sie lesen können, verdanken wir dem Franzosen Jean-François Champollion-Figeac. 1930 entdeckte er durch die Entzifferung von Eigennamen, daß die Hieroglyphen keine Bilderschrift darstellten, wie man immer angenommen hatte, sondern ein »Alphabet« phonetischer Zeichen bildeten. Mit Champollion begann die Ägyptologie.

Mit Howard Carters Fund der Grabstätte Tutanchamuns (1922) wurde das einzige unversehrte Grab eines Pharaos entdeckt. Er wurde inzwischen zum berühmtesten aller ägyptischen Pharaonen, obgleich er zu seiner Zeit einer der unbedeutendsten war. Er ist der einzige Pharao, der noch in seiner Grabkammer liegt – alle anderen ägyptischen Königsmumien sind in Saal 52 des Ägyptischen Museums in Kairo aufgebahrt. Auch der »Dauerleib« Ramses' II. liegt dort und wartet seit über 3200 Jahren auf die Rückkehr der unsterblichen Seele in den mumifizierten Körper.

Sonnenuntergang. Eine Feluke glitt vom Ost- zum Westufer des Nils hinüber. Ich dachte an die Barken, die vor 3000 Jahren die Toten über den Strom trugen, deren Bilder an die Grabwände gemalt wurden und die Menschen aus aller Welt bewundern dürfen, obgleich sie doch jedem Fremden verborgen bleiben sollten. Die Ruhe der Toten darf niemand stören. Das Aufbrechen der Gräber hat die guten Geister, die einst die Herrscher bewachten, vertrieben. Nun irren sie in der Welt umher und richten Unheil an . . .

Während einer Reise auf dem längsten Strom der Erde hat man Zeit, über vieles nachzudenken. Verletzt die Zurschaustellung der Mumien die Ruhe der Toten? Welche Berechtigung haben die heute Lebenden, Tote aus ihren Gräbern herauszuholen und sie den neugierigen Blicken fremder Besucher preiszugeben? Sollen sie in ihre Grabkammern zurückgeführt und wiederbestattet werden, eingemauert, bewacht – oder hat der Anspruch der Archäologie Vorrang, Ausgrabungen auch in den »Totenreichen« vorzunehmen? Wehrlos liegen die einstmals unermeßlich Mächtigen heute vor aller Augen. Vor den Kolossalstatuen Ramses' II. wurde mir die Diskrepanz zwischen der Macht des lebenden und der totalen Ohnmacht des toten Königs schmerzlich bewußt.

Fürst Pückler sah die Statuen noch unten am Nilufer stehen. »Nicht ohne gespannte Neugierde nahten wir uns den alten Denkmälern . . . Die Wirkung der vier gegen 70 Fuß hohen Kolosse an der Fassade des größten Tempels, die in majestätisch heiterer Ruhe, die Hände behaglich auf die Knie gelegt, in ihrer 100 Fuß hohen, 115 Fuß breiten und 24 Fuß tiefen geglätteten Felsennische dicht am Wasser stehen und als des unterirdischen Heiligtums treue Wächter hier schon über 3000 Jahre lang unverrückt harren und sich das Spiel der Wellen beschauen, ergreift die Einbildungskraft noch gewaltiger als die Säulen und Obelis-

»Ein Mann ohne Waffe ist kein Mann.« Stammeskrieger im Südjemen (rechts).

Unten links: Kurden leben in der Türkei, in Syrien, im Irak und im Iran; sie sind überall eine unterdrückte Minderheit. Im Irak jedoch kämpfen sie um ihr Überleben. Die Regierung läßt die Ernten der Kurden verbrennen, vernichtet ihre Dörfer in den Grenzgebieten und hat über 1/4 Million Menschen deportiert. In der Kampforganisation Pesmergah (»Die, welche sich vor dem Tod nicht fürchten«) formierte sich der kurdische Widerstand.

Unten rechts: Wüstenpolizei im Königreich Jordanien.

Vor Jahrzehnten war es noch undenkbar – heute ist es (fast) selbstverständlich: Frauenarbeit außerhalb der Familie.

Mitte links: »Wem Fatima (Tochter des Propheten Mohammed) hilft, ist gegen alle Übel dieser Welt gefeit.« Marokkanischer Silberschmuck mit dem Symbol der »schützenden Hand Fatimas«.

Mitte rechts: Gemüseanbau in Saudi-Arabien. Mit größter Sorgfalt wird jede Pflanze in den Erdboden gesetzt. Der Sonnenschutz besteht aus Plastikhüllen.

Links: Teppichhändler im Iran.

ken von Theben... Wenig... kann die edle Form, die Vollendung der Arbeit, den erhabenen Ausdruck dieser Riesenstatuen übertreffen, welche alle vier, sich völlig gleich, des großen Ramses Heldenbild darstellen.«

Wer heute nach Abu Simbel kommt, könnte meinen, Ägypten feiere den internationalen Festtag seiner Freunde aus aller Welt, solche Menschenmengen drängen sich vor den Felsentempeln. Die ursprüngliche Anlage war durch den Bau des Staudammes bei Assuan in Gefahr geraten. Die gestauten Wassermassen hätten sie überflutet, und alles wäre unwiederbringlich für immer versunken. Um diese Barbarei zu verhindern, wurde die gesamte Anlage Stück für Stück aus der Nähe des Nilufers entfernt und 180 Meter landeinwärts auf einem 64 Meter hohen Bergrücken wieder aufgestellt. 120 000 Einzelstücke wurden so Block an Block, Steinschicht an Steinschicht neu gesetzt, ohne daß Risse oder Trennfugen entstanden – eine Meisterleistung der Technik des 20. Jahrhunderts. Hier diente sie der Rettung von dreitausend Jahre alten Kulturgütern – gut zweihundert Kilometer flußabwärts bei Assuan wurde sie in den Dienst der Zukunft gestellt.

Am ersten Katarakt an der sudanesisch-ägyptischen Grenze entstand das Mammut-Projekt. Aber was heißt eigentlich Katarakt? Stürzt eine große Menge fließenden Wassers über einen Felsabhang in die Tiefe, so spricht man von einem Wasserfall. Ist das überflutete Gestein niedrig und weich und hat es der Strom allmählich seiner Ecken und Kanten beraubt, dann ist aus dem Wasserfall eine Stromschnelle geworden. Löst sich ein großer Stromlauf in viele aufeinanderfolgende kleine Fälle auf, so sprechen wir von Kaskaden, und ist das Gefälle innerhalb eines Strombettes niedrig, und kann der Fluß verhältnismäßig leicht über die Barriere harter, grober Gesteinsbrocken dahinfließen, dann ist die Rede von Katarakten.

Ich stand an der Brüstung des Staudamms. Tief unter mir gurgelte und sprudelte der Strom. Von 1959 bis 1970 war der Damm quer in das Flußbett hineingebaut worden. Er riegelt den freien Lauf des Nils total ab. Mir schien er eine gewaltige Fessel zu sein – vier Kilometer lang, 121 Meter hoch. An der Basis ist die Staumauer 1000 Meter breit. Sie besteht aus Kies, Erde und Steinbrocken.

Der Stausee speichert 165 Milliarden Kubikmeter Wasser. Er erstreckt sich über 500 Kilometer weit nach Süden über die Grenze in den Sudan hinein (Vergleichsentfernung: München–Mailand). Das Wichtigste ist die Leistung des Kraftwerks. Es produziert über zwei Millionen Kilowatt. An pathetischen Erklärungen und Lobessprüchen hat es nie gefehlt. Daß die Ägypter heute drei Ernten im Jahr haben, verdanken sie diesem Bauwerk. Die Nilregulierung, das Öffnen und Schließen der Schleusen, sorgt für die benötigten Wasserzuführungen. So gibt es weder Überschwemmungen noch Dürre. Doch der geplante Bau riesiger Industrieanlagen wurde nie verwirklicht.

Überwiegen die Vorteile dieser »technischen Pyramide des 20. Jh.«, wie der Staudamm von dem damaligen Präsidenten Gamal abd el Nasser genannt wurde, oder überwiegen die Nachteile? Die politischen Absichten sind klar; zitieren wir den Präsidenten: »So wie unser Volk die Flut seiner Feinde wie ein Damm aufhält, wird der Staudamm den Niedergang Ägyptens aufhalten... Mit seinem Bau bezwingen wir den größten Fluß der Welt und stellen seine Kraft in den Dienst Ägyptens... Die großen Taten der Pharaonen sind unser Vorbild. Der Hochdamm von Assuan ist unsere Pyramide. Er ist unser Siegesdenkmal.«

Das Volk jubelte ihm zu. Doch was sagen die Menschen am Strom heute? Der fruchtbare Schlamm bleibt hinter der Staumauer hängen, lagert sich im Stausee ab und fehlt nicht nur an der Küste vor dem Delta, die deswegen Jahr um Jahr mehr abbröckelt, sondern vor allem auf den Feldern, die künstlich gedüngt werden müssen. Das ist nicht nur kostspielig, sondern hat noch andere Folgen. Wer in die Strombuchten oder in die vielen Wasserkanäle springt, muß damit rechnen, Bilharziose zu bekommen, eine Krankheit, deren Erreger, die Hakenwürmer, sich in der Bauchhöhle festsetzen und den Menschen von innen aufzehren.
Diese Würmer benötigen als Brutstätte eine bestimmte Schneckenart, die in den stets vorhandenen Abwässern ideale Lebensbedingungen gefunden hat. Früher trockneten die Kanäle in den heißen Monaten aus, und damit verschwanden auch die Bilharziose-Erreger.

Die ständige Bewässerung führt darüber hinaus zur Versalzung der Felder. Die Salze werden aus dem Boden geschwemmt, steigen an die Oberfläche und bleiben dort nach der Verdunstung des Wassers als graue, unfruchtbare Schicht liegen. Erschreckend sind die Schäden auch schon an den Kunstwerken Altägyptens. Grundmauern werden porös, Farben verblassen, an den Wänden bilden sich Feuchtschichten, welche die Gemälde zerstören.

Als der Nil seine Hochwasserfluten bis zum Mittelmeer ausströmte, nahm er damit auch alle schädlichen Stoffe hinweg. Was nicht weggeschwemmt wurde, verschwand unter der dicken, brackigen, fruchtbaren Schlammschicht und verwandelte sich darin allmählich in Humus. Der Nilschlamm war der beste Dünger der Welt – kostenlos konnte ihn jeder haben.
Seit kaum noch Schlamm angespült wird, ist auch das Baumaterial für die Lehmhäuser knapp geworden. Die Fellachen wissen sich zu helfen: sie kratzen den Schlamm von den wenigen Feldern, auf denen sie ihn noch finden – und vernichten so den besten Akkerboden, der an anderer Stelle wieder mühsam durch neue Bewässerung gewonnen werden muß.
Der Nil schwemmte bei Hochwasser auch Millionen von Ratten ins Meer hinaus. Heute vermehren sie sich sprunghaft und klettern mittlerweile in den Massenquartieren von Kairo bis in die sechsten Stockwerke. Die Regierung gibt Milliarden ägyptische Pfund für Rattengift aus. Damit verseucht sie den Erdboden, ohne der Ratten Herr zu werden. Diese vertilgen inzwischen mehr an Ernte, als auf dem neugewonnenen Land wächst. Bei einem Blick auf die Landkarte erscheint das unverständlich, aber Ägypten lebt seit seinem Bestehen allein vom Nil. Gäbe es diesen Strom nicht, wäre das ganze Land eine einzige Wüste. So sind es »nur« 97 Prozent – von den restlichen drei Prozent landwirtschaftlicher Nutzfläche muß die sich ständig vermehrende Bevölkerung ernährt werden. Seit dem Beginn dieses Jahrhunderts nahm die Bevölkerung um das zwanzigfache zu – die Fläche fruchtbaren Bodens aber blieb unverändert.
Ein Geschwader Jagdflugzeuge brauste im Tiefflug über den Damm dahin. Ich wagte es mir kaum vorzustellen: aber was geschähe, wenn der Hochdamm von Assuan durch einen Luftangriff zerstört würde? »An so etwas darf man nicht einmal denken«, meinte ein Offizier des Verteidigungsministeriums, »und wenn man doch daran denkt...«, er sah mich ernst an, »gäbe es jemals einen Dammbruch – dann strömte die Flutwelle bis Kairo und begrübe alles unter sich.« Und dann fügte er hinzu: »Aber die Zeiten sind vorbei, wo die anderen mit uns machen konnten, was sie wollten...«

Das mag sein – und doch frage ich mich, warum man nicht erwägt, den Damm wieder abzubauen, wenn seine Nachteile schwerwiegender sind als sein Nutzen. Der ägyptische Sozialgeograph Fouad Ibrahim hat diesen Vorschlag gemacht. Er wurde heftig kritisiert, und nicht nur von den Angehörigen der Industrie- und Geschäftswelt.

Verstaubt und durstig war ich nach einer stundenlangen Wüstenfahrt in das Dorf Abu Zaim gekommen. Egal, was die Leute von mir dachten, ich ging an den nächsten Brunnen, um zu trinken. Das Ding sah aus wie ein Galgen. Ein mächtiger Balken war in die Erde gerammt, und quer darüber lag ein langer, krummer Ast. An der einen Seite hing ein verbeulter Eimer, an der anderen war als Gegengewicht ein großer Steinbrocken befestigt. Ich brauchte nur den Stein hochzuheben, und schon sackte der Ast mit dem Eimer nach unten in ein Wasserloch. Allmählich hatte sich das halbe Dorf eingefunden. Ein Europäer, der sich an einem ihrer Galgenbrunnen abmühte, war wohl kein alltäglicher Anblick. Zuerst machten sie abweisende Gesichter, aber als mir der volle Eimer in das Wasserloch zurückplumpste, lachten sie, und der Bann war gebrochen.
Ein kleiner, alter, verrunzelter Mann nickte mir freundlich zu. Er hatte eine tiefdunkle Hautfarbe, ein faltiges Gesicht, ernste dunkelbraune Augen und einen prächtigen grauen Schnurrbart. Er zupfte daran herum, dann bat er mich, in sein Haus zu kommen: »Trinken wir dort einen Tee zusammen.« Das Haus war ein kompakter zweistöckiger Lehmziegelbau. Die glatten braunen Hauswände verschmolzen fast mit dem Erdboden. In dem ersten Zimmer, gleich hinter der Eingangstür, stand ein Sofa mit einem grünen Stoffbezug an der Wand, dicht davor waren drei kleine Hocker. Auf einem niedrigen Tisch lag das Gebetbuch – der Koran – in einer roten, goldbestickten Buchhülle. Und in der linken Zimmerecke stand tatsächlich ein Fernsehapparat.
»Fernsehen und elektrisches Licht gibt es jetzt in jedem Dorf in Ägypten. Das verdanken wir dem Staudamm ..., und wenn ich auf diesen Knopf drücke, dann kommt die Welt wie ein fremder Gast zu mir ins Zimmer ...«
Was hat Vorrang? Technischer Fortschritt oder der Schutz der Natur und der Kunstdenkmäler?

Mitternacht. Ich war schon lange wieder an Bord und konnte doch nicht einschlafen, weil mir tausend Gedanken durch den Kopf gingen. Noch ein Blick in die Schiffsbar. Ein paar Passagiere winkten mir zu, aber mir war nicht nach Unterhaltung zumute. Ich ging zurück an Deck.
Stockdunkle Nacht, weit und breit kein Licht am Ufer – wahrhaftig ägyptische Finsternis. Die Schiffsscheinwerfer flammten auf, suchten die Ufer ab. Sand – Palmen – Lehmhütten ... schon wieder vorbei, in der Dunkelheit verschwunden. Wenn man immer so weiter fährt – immer weiter, Kurs Süden, kommt man bis zu den Quellen des Nils im Herzen Ostafrikas.

Die Entdeckung der Quelle

Auf diese Reise hatte ich mich gut vorbereitet, Landkarten gewälzt, den Lauf des Stroms auf dem Globus verfolgt und immer wieder in alten Chroniken und Forschungsberichten geblättert. Was darin stand, war spannender als so mancher Abenteuerroman.
»... Noch 40 Kilometer nördlich vom Äquator ... Ich stütze mich auf mein derbes Bambusrohr, wanke weiter, vergessen

sind Fieber, Schwäche, Durst..., weiter... Jahrelang hatte ich darum gerungen, nun konnte es nicht mehr weit sein, nun mußte diese geheimnisvolle Quelle bald vor meinen Augen liegen... Und dann – was war das? Eine Wasserfläche wie ein Meer, grenzenlos...« Der Brite Samuel White Baker stand 1850 am Albert-See. Der Nil fließt zwar in diesen See hinein, aber er entspringt nicht in ihm. Baker war verzweifelt. Waren alle Strapazen umsonst gewesen? Wo in diesem unermeßlichen Afrika war die Quelle des unendlichen Stromes? Nach welcher Richtung sollte er weitergehen? Riesige Sümpfe, Flüsse, Tümpel und Seen bildeten das Nilbecken. Allein der Viktoria-See umfaßt eine Fläche von 68000 Quadratkilometern – das entspricht knapp der Größe Bayerns. Bakers Berichte wurden zu einem sensationellen Publikumserfolg. Er hatte zwar die Quelle nicht gefunden, aber seine Abenteuer in der Wildnis des »dunklen Kontinents« ließen keinen Leser unberührt.

Wenn er das Ziel seiner Expedition nicht erreicht hatte, vielleicht gelang es einem anderen?

John Speke hatte etwas mehr Glück. 1858 erreichte er den Viktoria-See und notierte in sein Tagebuch: »Klatschen des Wassers gegen das Schilf, zahllose Insekten, scharfe Schreie der Wasservögel. Am Abend wird alles düster, stumm. Weit entfernt Eingeborenen-Trommeln. Ich empfinde sie als roh, wild, als Drohung. Aber ich bin froh, hier zu sein, denn ich zweifle nicht länger daran, daß aus diesem See der Strom hervorspringt, der die Quelle so vieler Vermutungen, so vieler Geheimnisse ist.«

Speke wurde angefeindet. Neid und Mißgunst schlugen ihm in der Heimat entgegen, seine Worte wurden als bloße Vermutungen abgetan. Die wissenschaftliche Welt forderte Beweise. Es war offensichtlich, keiner gönnte ihm den Erfolg. Speke nahm die Herausforderung an: »Und wenn es mein Leben kostet, ich fahre noch einmal nach Afrika. Ich werde euch die Beweise auf den Schreibtisch schmettern...« 1860 brach er zu der neuen Reise auf, nach knapp zwei Jahren, landeinwärts ziehend, hatte er wieder das Gebiet des Viktoria-Sees erreicht. Er folgte einem Flußlauf 60 Kilometer stromabwärts in Richtung zum See. Am 28. Juli erreichte er das Ufer. Ein Wasserfall ergoß sich wie eine Sturzwelle in den See. Speke war der Meinung, an der Nilquelle zu stehen. »Mir zu Füßen ergießt sich die Quelle des Nils... es ist kein Traum!« Aber er hatte nur die großen Fälle entdeckt. Wäre er dem Stromlauf weiter nach Süden gefolgt, hätte er die Quelle gefunden.

Inzwischen war Francis Burton zu einer Forschungsreise quer durch das ostafrikanische Hochland aufgebrochen. Auch er suchte die Nilquelle. Er vermutete sie in den Bergen nördlich des Tanganjika-Sees. Den Kagera-Fluß, an dem Speke zum Viktoria-See entlang zog, nannte Burton den »Quellstrom des Nils«. Seine Vermutung erwies sich später als richtig. Die Angaben Spekes feindete Burton an. Doch auch ihm gelang es nicht, an die Quelle heranzukommen.

Die beiden Forscher werden zu erbitterten Gegnern. Jeder bezeichnet den anderen als Lügner. Schließlich spricht die Königlich-Geographische Gesellschaft in London ein Machtwort. Sie will Klarheit: die beiden Forscher sollen gemeinsam vor der Gesellschaft erscheinen und ihre Standpunkte und Beweise darlegen. Ganz England fiebert dem Ausgang dieser Verhandlung entgegen – und dann geschieht das Entsetzliche: Speke erschießt sich fünf Stunden vor Beginn des Tribunals. Es soll zu keinem Skandal kommen, so spricht man von einem Jagdunfall. Burton schweigt. Er fühlt sich mitschuldig am Tod des anderen. Aber nun

will es die ganze zivilisierte Welt wissen: Wo sind die Quellen des Nils?
Der in Südafrika lebende David Livingstone – ein unerschrockener Kämpfer gegen die von den Arabern in Afrika organisierten Menschenjagden – bricht auf, um dieses Rätsel zu lösen. Er zieht am Sambesi-Fluß entlang und sieht als erster Weißer den »Rauchenden Donner des Stromes«, so nennen die Buschmänner die Wasserfälle, die Livingstone zu Ehren seiner Königin die »Viktoriafälle« tauft. Er entdeckt den Njassa-See, dann hört man nichts mehr von ihm. Livingstone ist verschollen.
Die Amerikaner beginnen sich für Afrika und das offenbar nicht zu lösende Rätsel der Nilquelle zu interessieren. Im Auftrag des »New York Herald« geht der Reporter Henry Morton Stanley auf die Suche nach dem Verschollenen. Nach acht Monaten fürchterlicher Strapazen findet er ihn im Urwald, todkrank.
Ein halbes Jahr später ist Livingstone gestorben. Stanley setzt die Suche nach der Nilquelle fort, kommt ganz in ihre Nähe, wendet sich dann nach Westen, erreicht den Kongo. Dieser Strom wird zu seinem Schicksal.
Inzwischen ist Livingstone nach London überführt worden. Auf seiner Grabplatte stehen die Worte: »... David Livingstone, Missionar, Forscher, Menschenfreund ... Dreißig Jahre seines Lebens opferte er ... der Verbreitung des Evangeliums unter den Eingeborenen, der Erforschung noch unentdeckter Geheimnisse und der Ausrottung des verderblichen Sklavenhandels in Mittelafrika.«
Die Ausrottung des Sklavenhandels hatte sich auch das deutsche Antisklavereikomitee zur Aufgabe gestellt. In ihrem Auftrag unternahm der österreichische Geograph Oscar Baumann eine Forschungsreise in den Osten Afrikas. Vom Massailand aus wollte er bis zu den Nilquellen vorstoßen. Baker, Speke, Burton, Livingstone, Stanley hatten das Territorium bestimmt, in dem die Quelle des Riesenstromes entspringt – doch selbst gesehen und geortet hatte sie noch kein Weißer. Aber Baumann wußte genau, wo er suchen mußte. Er wußte von den Überfällen der Eingeborenenstämme auf die Expeditionen; er kannte die Berichte über Sümpfe und Regenzeiten, über die Landstriche, in denen kein Wild zu schießen und kein Fisch zu fangen und man wochenlang auf die mitgebrachte Verpflegung angewiesen war, und er war vor der »Unzuverlässigkeit der Wilden« gewarnt worden. Baumann ging zielstrebig, gründlich und ohne Kosten zu scheuen ans Werk. Seine Expedition kostete etwas über 80 000 Mark. Am 16. November 1891 erreichte er mit einem Postdampfer die Hafenstadt Tanga im damaligen Deutsch-Ostafrika. Ohne viel Zeit zu verlieren, begann er mit der Anwerbung einer für sein Vorhaben geeigneten Mannschaft.
Wir lesen seine Berichte noch heute voller Spannung. Sie vermitteln uns ein Bild von den Zuständen und Gefahren der Nil-Expeditionen, geben uns aber auch einen ungeschminkten Einblick in die Denkweise der europäischen und amerikanischen Forscher jener Zeit.
»Von einschneidender Wirkung für das Gelingen einer Expedition ist die Wahl guter Karawanenführer. Für mich war dies um so mehr der Fall, als ich beschlossen hatte, keinen europäischen Begleiter mitzunehmen ..., unter Schwarzen fühle ich mich in Afrika am wohlsten ..., abgesehen von der wissenschaftlichen Forschung verstehen sie, angefangen von der Marschdisziplin bis zu den kleinsten Details des Karawanenlebens, alles viel besser ... Eine weitere wichtige Persönlichkeit ist der Dolmetscher ... und schließlich der Chef der Askaris (Soldaten). Ich wählte Mzimba bin Ori, einen Suaheli ... Mehr als einmal hat er während

meiner Erkrankung meine Stelle versehen, und ich hatte stets das Gefühl, daß es ebensogut, ja besser ging, denn Mzimba hatte den Ehrgeiz, mir zu beweisen, daß er auch ohne mich mit allem fertigwerden konnte.«

Dann kam es zur Anwerbung der Träger. »Ich beschleunigte das Packen..., um rasch fortzukommen. Denn daß 200 junge Burschen, die einer unsicheren Zukunft entgegengehen, die Vorschuß erhalten haben und täglich Verpflegungsgeld bekommen, zu allerlei Unfug geneigt sind und ganz danach angetan, ein Nest wie Tanga auf den Kopf zu stellen, scheint begreiflich. Ich selbst stand diesem Treiben völlig machtlos gegenüber..., es fiel mir auch im Interesse der Sache nicht ein, schon jetzt die Zügel straff zu ziehen – dazu war im Massailand Zeit... Mehrmals am Tag erschienen Weiber bei mir, welche verführt, oder Greise, Kinder und andere Leute, die durchgeprügelt worden waren. Sie alle wurden durch Bakschisch zufriedengestellt... Solange meine Kerle sich damit begnügten, die Weiber zu verführen und die Männer durchzuprügeln, ging, wie gesagt, alles gut. Einer aber wollte die Sache umkehren und begann damit, die Weiber durchzuprügeln. Das bekam ihm jedoch schlecht. Einige schwarze Frauen fielen über ihn her, warfen ihn zu Boden und traten ihn buchstäblich tot... Jetzt galt es, rasch wegzukommen... Am 15. ließ ich meine Bande antreten, jeder bekam ein Gewehr..., und die Lasten wurden verteilt. Dann ließ der Tambour seine mächtige Negertrommel ertönen, der wohlbekannte Safarimarsch wurde gesungen und mit Jubelgeschrei begleitet. Kopwe, ein halbverrückter, zwerghafter Medizinmann, entlockte seinem Antilopenhorn die furchtbarsten Töne, und, die deutsche Flagge voran, setzte sich die Karawane in Bewegung.«

Baumanns Expeditionsbericht liest sich wie ein Abenteuerroman. Unglaublich erscheint uns heute die Selbstsicherheit dieser Forscher und ihre Ahnungslosigkeit darüber, was ihr Vordringen an Unruhe und Kriegen in diesen Kontinent hineintragen würde. Die Sklavenjagden der Araber wurden zwar abgeschafft – aber an ihre Stelle trat die Kolonialherrschaft der europäischen Mächte. Leider stimmt es: dem Entdecker folgte der Missionar, dem Missionar folgte der Händler, dem Händler folgten die Soldaten.

Die Forscher hatten nur ein Ziel: vorwärts ins Unbekannte, in die unerforschten Gebiete. Sie wollten die weißen Flecken auf der Landkarte tilgen – und offenbar war dazu fast jedes Mittel recht. Angreifer wurden mit Gewehrsalven in die Flucht geschlagen, ihre Dörfer »zur Strafe« niedergebrannt, freundlich gesinnte Stammeshäuptlinge mit Geschenken belohnt. Die landeskundigen »eingeborenen Wegweiser« zwang man häufig dazu, in den Dienst der Karawanen zu treten. Um sie am Weglaufen zu hindern, legte man sie in Ketten. Die Begründung: »Ich konnte, besonders in weglosen, wasserarmen Gegenden, das Wohl und Wehe meiner Karawane nicht von den Launen eines Wilden abhängig machen, der, wenn er schließlich für seinen Dienst reichlich beschenkt wurde, vergnügt in sein Dorf zurückkehrte.«

Alles war der Marschdisziplin und dem absoluten Gehorsam gegenüber dem Expeditionsleiter unterworfen. »Zuwiderhandelnde erhielten unfehlbar Hiebe.« Beim Aufbruch aus einem Dorf folgte der Karawane manchmal heimlich eine Anzahl Frauen, »denn gar mancher schwarzen Schönheit gefielen unsere sauberen, gut verpflegten Askaris besser als der faule, schmutzige Gatte mit seinem Ziegenfellchen. Nachts verließen sie die Hütte und liefen uns oft tagelang nach... Dann mar-

schierten sie tapfer mit, womöglich noch einen Sprößling auf dem Rücken ...«
Die Expedition erreichte das Quellgebiet des Nils im September des Jahres 1893. »Ein kleines, nicht viel über einen Meter breites Bächlein, das in schmalem, leicht sumpfigem Tal zwischen hohen und steilen Grashängen rauscht«, das war der in seinem Oberlauf »Ruvuvu« genannte Kagera-Strom. Dieser Name bleibt ihm bis zur Quelle. Den Eingeborenen gilt er als heilig. Baumann gibt eine genaue geographische Beschreibung des Geländes, der Wasserläufe, des Wasserstandes, der Pflanzen und des Gebietes der Quelle. Am 19. September schreibt er: *»Wir standen am Ursprung des Kagera, des mächtigen Hauptstroms des Viktoria-Njassa-Sees ... Wir standen an der Quelle ..., an der Quelle des Nils! ... 4000 Kilometer hatten wir durcheilt, wovon mehr als zwei Dritteile durch gänzlich unerforschtes Gebiet führten. Die riesigen weißen Flecken ... waren ausgefüllt, weite Landstriche, die noch keines Weißen Fuß betreten, erforscht, und Völker, die bis auf den Namen unbekannt waren, besucht worden ..., die letzten Rätsel des alten Nilquellenproblems waren gelöst.«*

Der Blaue und der Weiße Nil

In Hunderten von Flußrinnen bahnt sich der Nil – von der Quelle und den ostafrikanischen Seen kommend – den Weg nach Norden durch die Sumpflandschaft des As-Sudd im südlichen Sudan. Etwa die Hälfte seiner Wassermassen versickert dabei in den Morasten, die ein Gebiet von 36 000 Quadratkilometer umfassen.
Wenn die vom Himmel stürzenden Regenfluten das Land überschwemmen, verdoppelt sich die Ausdehnung des Sumpfgebietes. Moskito-Schwärme geben den Vögeln reichlich Nahrung; Flußpferde trampeln das Dickicht nieder und bahnen so Pfade zu den Nahrungsquellen für die schwächeren Tiere. Riesige Papyrusstauden überwuchern die Ufer und geben Fischen, Insekten und Krokodilen Brut- und Heimstätten. Im Vergleich zu den Wassermassen im Staubecken des fünfzehn Breitengrade weiter nördlich errichteten Assuan-Dammes ist die Landschaft des As-Sudd ein unversehrtes Natur-Paradies. Doch nehmen die Verdunstung und die riesigen Moraste dem Nil einen Teil seiner Kraft. Dieser Wasserverlust wird durch den Zustrom des Blauen Nils ausgeglichen. Er entspringt im Damot-Gebirge in der Nähe des Tana-Sees im Hochland von Äthiopien. Über prachtvolle Wasserfälle bricht er sich sein Strombett durch Felsgeröll hindurch nach Südosten. Dann stürzt er in die größte Schlucht hinab, die sich jemals auf Erden ein Fluß geschaffen hat. Sie ist 2140 Meter tief, 1130 Kilometer lang und 32 Kilometer breit. Man könnte den Grand Canon hineinstecken – er verschwände darin.
Die Steinränder der Schlucht enthüllen die geologische Geschichte Äthiopiens: die dunklen Streifen am oberen Schluchtrand sind Lava-Ablagerungen; gleich darunter kommen helle Kalk- und Sandsteinschichten, und ganz unten am Fluß liegt das Urgestein des afrikanischen Kontinents.
In Khartum, der Hauptstadt des Sudan, vereinigt sich der aus dem Bergland von Äthiopien fließende Blaue Nil mit dem aus dem Inneren Afrikas kommenden Hauptstrom, dem sogenannten Weißen Nil. Bis zur Mündung ins Mittelmeer sind es dann noch 2700 Kilometer.

Durch die Wüsten

»Ich stand völlig allein, und mein Körper bildete den Mittelpunkt einer riesigen leeren Scheibe. Der Horizont und ich bildeten einen durch nichts unterbrochenen Kreis. Der Himmel war von einer grellen, farblosen Helligkeit, und es war nicht eine Wolke zu sehen. Außer mir und dem Grund, auf dem ich stand, gab es nur noch die grellweiße flimmernde Sonnenscheibe. Sie befand sich jedoch in kosmischer Entfernung und war daher für mich kein Bezugspunkt, der in irgendeiner Beziehung zu meiner persönlichen Existenz stand. Ein unbeschreibliches Gefühl der Verlassenheit überwältigte mich ... Ich hatte das Gefühl, das einzige Lebewesen auf einem ... fernen Himmelskörper zu sein. Mein Blick fiel auf meine Spur, die im gleichen Moment eine ungeheure Bedeutung anzunehmen schien. Sie war der Beweis dafür, daß ich ein geschichtliches Wesen war, und ihr Verlauf ... zum Horizont zeigte mir, daß meine Wanderung einen Anfang, einen Ausgangspunkt gehabt haben mußte.«

Das Erlebnis der endlosen Weite und das Gefühl, völlig auf sich selbst gestellt sowohl grenzenlose Freiheit als auch totale Gefährdung bestehen zu müssen, hat der Wüstenforscher Uwe George mit zu den tiefen Bedürfnissen des Menschen gerechnet. Die Wüste ist dabei die Naturlandschaft, in der man nach der Abkehr von der Massengesellschaft auch in unseren Tagen, »nur den eigenen Fähigkeiten vertrauend, die eigene Identität wiederfinden« kann. Sie ist eines der wenigen uns noch verbliebenen Gebiete, in denen wir zu unserem Ursprung und zu den Träumen der Kindheit zurückkehren können.

»Die Träume der Kindheit« – wie oft habe ich diesen Satz in den Berichten der Forscher gelesen, deren Leben eng mit den Wüsten unserer Erde verbunden ist.

Durchaus in diesem Sinne haben auch im 18. und 19. Jh. die großen Reisenden ihre Expeditionen angetreten. Daß ihre Leistungen für die Wissenschaft von den Politikern oft für eigene Zwecke benutzt wurden, kann den Entdeckern nicht angelastet werden. Bis um die Mitte des 19. Jh. wurden in den meisten Berichten der europäischen Orient-Reisenden politische Ziele nur am Rande sichtbar. Das Abenteuer, die Freude an der Entdeckung und der Stolz auf die eigene Leistung herrschten vor. So fand auch niemand etwas Ehrenrühriges darin, im Auftrag einer fremden Regierung zu einer Wüstendurchquerung aufzubrechen oder natur- und völkerkundliche Studien ausländischen Institutionen zugänglich zu machen. Wenige verfügten über so viel Vermögen, daß sie ihre jahrelange Forschungstätigkeit im Ausland aus eigener Tasche bezahlen konnten. Forschungsaufträge aus den reichen Monarchien (Großbritannien, Frankreich, Rußland) waren daher insbesondere bei den nicht so begüterten deutschen Globetrottern hochwillkommen. Erst mit der Reichsgründung (1871) und der Indienstnahme der weltreisenden Gelehrten für nationale Belange änderte sich die finanzielle Situation zum Besseren. Aber was man an materieller Freiheit gewann, büßte man an politischer ein.

Wer mit den Zielen seiner Regierung übereinstimmte, empfand die Auswertung seiner Arbeit nicht als bedrückend. Wer davon überzeugt war, daß Kolonialpolitik – wie es die Engländer formulierten – vor allem ein »Zivilisationsauftrag, andere Völker vormundschaftlich zu betreuen«, war, ging mit gutem Gewissen ans Werk. Darüber hinaus gab es auch in den vergangenen Jahrhunderten Forscher, die zuerst korrekt ihre politischen Aufträge erledigten und sich dann mit um so größerer Freude in das Abenteuer der Entdeckung einließen. Ihre Bücher fanden beim Publikum begeisterte Aufnahme.

Die vor den Toren Europas gelegene Wüste Sahara faszinierte die Forscher. Auf den Landkarten des 18. Jh. ist sie noch als weißer Fleck eingezeichnet. Der Schotte Gordon Laing kam 1826 als erster Europäer bis zu der geheimnisvollen Wüstenstadt Timbuktu; der Franzose René Caillie erreichte diesen Treffpunkt der Karawanen 1827. Eine Nord-Süd-Durchquerung der gesamten Sahara gelang als erstem dem Deutschen Heinrich Barth. Mit ihm beginnt die systematische Erforschung der Sahara: in fünf Jahren, von 1850 bis 1855, reiste er 15 000 Kilometer zu Pferd, zu Fuß und auf einem Kamel durch die bis dahin als »Grab des weißen Mannes« bezeichneten nordafrikanischen Wüstengebiete.

Sein Verständnis für die Völker und ihre Lebensweise wird auch von afrikanischen Gelehrten gewürdigt. Der Historiker Ki-Zerbo schreibt: »Kein Forscher hat so viel wie Barth dafür geleistet, von Afrika ein gleichzeitig wissenschaftlich fundiertes und von Sympathie getragenes Bild zu vermitteln.«

Hitze, Durst und Regenfluten, Bedrohung und Krankheit hielt Barth klaglos durch. Ungeachtet aller körperlichen Mühsal lernte er zehn afrikanische Sprachen und Arabisch. Was er sah, wurde ihm nicht nur zum exotischen Erlebnis: er fragte nach der Geschichte der Stämme, nach den Sitten, den Handwerksbräuchen, der Art der Landwirtschaft und Viehhaltung, den Ehebräuchen und ließ keine Pflanzenart, keine Tiergattung, keinen Strom und keine Wetterlage unbeachtet. Seine Aufzeichnungen gelten in den Nahost-Universitäten heute als Pionierleistung. Ohne Barths Niederschriften gäbe es für sie kaum schriftliche Zeugnisse aus der Mitte des 19. Jh.

In Barths Tagebuch fand ich den Satz: »Wo ich bin . . ., augenblicklich notiere ich kurz Namen, Beschaffenheit, Entfernung von Tal, Fluß, Berg, Ruinen, Hütten usw. Jeden Abend wird das Aufnotierte in kurzen Zusammenhang gebracht, und wo ich Muße und ein wenig Bequemlichkeit finde, setze ich mich hin, um ausführlicher zu schreiben.« Am Rande der Wüste notiert er: »Das Feld, das wir vor uns haben, ist ungeheuer, eine ganz neue Welt, die wir der Wissenschaft und vielleicht auch der Menschheit gewinnen können.«

Zehn Kamele seiner Karawane sind nur mit Geschenken, wissenschaftlichen Instrumenten, Decken und Zelten, Nahrungsmitteln und Büchern beladen. Als er dann, von Tuaregs begleitet, in die Wüste aufbricht, schreibt er: »Ich fühle mich in höchstem Grade glücklich . . .«

Saharaforscher. – Auf den Landkarten des 18. Jh. ist die Sahara noch als weißer Fleck eingezeichnet. Die bedeutendsten deutschen Sahara-Forscher im 19. Jh. waren Heinrich Barth (links) und Gustav Nachtigal (rechts). Barth durchquerte als erster Weißer im Jahre 1850 die Sahara von Nord nach Süd. Nachtigal zog von 1869 bis 1875 durch die Sahara, das Tibesti-Gebirge und den Sudan, bis er in Khartum den Nil erreichte. Ihm gelang es, die Aufmerksamkeit weiter Kreise auf das Schicksal der arabischen Stämme und die Hintergründe des Sklavenhandels zu lenken.

Die Expedition wird von räuberischen Stämmen angegriffen, Barth erkrankt. Doch mit unglaublicher Zähigkeit setzt er seinen Weg und seine Arbeit fort. Die Araber bewundern ihn, seine Diener sind ihm treu ergeben. Keiner nennt ihn noch bei seinem Namen. Bei allen Stämmen der Sahara bis weit hinunter in die Gegend des Tschadsees heißt Heinrich Barth Abd el Kerim: »Der Diener des Allerhöchsten«.

Er kommt in das geheimnisvolle Reich von Bornu und betritt als erster Weißer die Stadt Kano, eine afrikanisch-arabische Handelsmetropole. »Überall geschäftige Männer und Frauen ..., ein Zug Einheimischer bringt den Kaffee des Sudan ..., eine Karawane, mit Natron befrachtet, bricht nach Nupe auf ..., ein Trupp Tuareg zieht zur Stadt hinaus ..., und an den Ständen werden Glasperlen aus Venedig, französische Seide, englisches Kattun, Messerklingen aus Solingen und Kurzwaren aus Nürnberg angeboten. Wie kommen sie hierher?«
Über eineinhalb Jahre zieht Barth an den Ufern des Tschadsees entlang. Nichts entgeht ihm, unermüdlich forscht er weiter. Die überstandenen Schwierigkeiten festigen sein Selbstvertrauen. Vom Tschadsee will er nun noch zum Niger vorstoßen. »Die zahllosen überstandenen persönlichen Gefahren (Fieber, Überfälle, Diebstähle, Dürre) hatten mir ein unbegrenztes Zutrauen zu mir selbst eingeflößt ... Ich schloß alle erprobten Diener durch neue Verträge an mich, gewann neue Freunde, brachte alle Forschungen in Sicherheit, indem ich eine Abschrift aller meiner Tagebücher, sprachlichen Sammlungen und Karten nach Tripolis sandte, und war vollkommen gerüstet zu dem neuen zweijährigen Unternehmen.«
Sein Ziel ist Timbuktu. 2800 Kilometer Wüste liegen vor ihm. Die Stadt verwehrt jedem Christen den Eintritt. Als arabischer Arzt verkleidet, durchschreitet er die Stadttore. Von Fieber geschüttelt, unterernährt, bricht er zusammen, wird als Christ erkannt, und überall erschallt der Ruf: »Laßt den Ungläubigen nicht lebend entkommen.« El Bakay, der Scheich, nimmt sich seiner an – doch die Muslims schüren den Fremdenhaß. Er wird als Spion verdächtigt, der im Auftrag der weißen Eroberer das Land erkundet. In der Regenzeit treibt man ihn aus dem Land. »Meine Energie war erschöpft, meine Gesundheit untergraben ..., und der Gedanke, wie ich meinen geschwächten Körper überhaupt noch heimbringen konnte, war der einzige ..., der mein Gemüt erfüllte.«
40 Grad im Schatten. Tagesmärsche von 15 Stunden. Wenn die Karawane das nicht durchhält, geht sie an Nahrungsmangel und Krankheit zugrunde.
1855 ist Barth in London. Das Foreign Office hatte seine Reise weitgehend finanziell unterstützt. Was er berichtet, wird zur Kenntnis genommen und ausgewertet. Aber er hat keinerlei Einfluß auf die politische Entwicklung. Großbritannien und Frankreich sind im Begriff, den Nahen Osten und Afrika unter ihre Herrschaft zu bringen. Deutschland hat noch keine »kolonialen Gelüste«, und so ist »der Preuße« als unparteiischer Berichterstatter willkommen. Doch seine Aussagen über das Trennende in Wesen, Glauben und Lebenshaltung zwischen Weißen und Wüstenvölkern wird nicht zum Antrieb eines besseren Verständnisses. Die Staatsmänner leiten daraus Rangunterschiede ab. Das »Anderssein« wird zum »Minderwertigsein«. Und die meisten europäischen Handelsgesellschaften und die Kolonialtruppen benutzen ihre Kenntnisse, um daraus den größten wirtschaftlichen Profit zu erzielen oder militärischen Widerstand rasch und erfolgreich zu brechen.
Forscher und Entdecker sind dagegen machtlos. Was sie auf ihren Reisen den Einheimischen versprachen, ihre Freundschaftsbeteuerungen und ihre Gelübde werden von den offiziellen Stellen in Europa häufig als »private Äußerungen« abgetan.
In den Jahren, in denen Barth durch die Sahara zog, hatten England und Frankreich ihre Kolonialgebiete in Nordafrika abgegrenzt. Barths Freunde im Nigergebiet und in der Sahara kamen unter französische

Herrschaft, und das Auswärtige Amt in London gab dem Forscher zu verstehen, daß er sich nun an Paris wenden müsse, wenn er für seine »Schützlinge« etwas erreichen wolle. Als Scheich El Bakay in Not geriet und sich um Hilfe an Barth wandte, war dieser verzweifelt, ihm nicht wirksam helfen zu können. Er schrieb ihm: »Sie wissen doch, daß ich kein ganz gemeiner Lump bin . . ., aber auf die Politiker habe ich keinen Einfluß.«

Barth verlegte seinen Wohnsitz von London nach Berlin. Wurde in dieser Stadt nicht die reine Wissenschaft ohne politische Ambitionen gepflegt? Er hielt es für selbstverständlich, eine Professur zu erhalten. Als er kam, riß sich die Berliner Gesellschaft um den »Heimkehrer aus dem Land der Wüsten und Wilden« – aber beruflich spürte er vor allem Neid und bürokratische Überheblichkeit. Schließlich teilte ihm die Universität mit, daß er noch warten müsse, weil sonst viele andere verdiente Männer verletzt würden. Barth war fassungslos. In London herrschten Krämergeist und Machtgier, in Berlin weltfremde Romantik und Bürokratie. Verbittert zog er sich zurück und wollte nur noch eins: arbeiten. Die gelehrte Welt charakterisierte er in einem Brief mit den Worten: »Das Cliquenwesen hier ist fürchterlich. Der elende Schiller-Goethe-Streit charakterisiert die ganze Geschichte.« Er meinte die monatelangen Auseinandersetzungen eines Komitees über die Frage, ob man beide Dichter nebeneinander auf ein Denkmal stellen dürfe, oder ob es nicht angemessener sei, jedem ein eigenes Denkmal zu errichten.

Endlich, acht Jahre nach seiner Heimkehr, teilte ihm die Universität mit, daß nun eine Stelle für ihn frei sei. Und der große Abenteurer-Gelehrte schrieb in sein Tagebuch: »Ich fange nun an, die geistigen Früchte meiner Arbeit zu genießen.« Das war am 13. Juli 1864 – sechzehn Monate später starb er, erst 44 Jahre alt. Nun fehlte es nicht an ehrenvollen Nachrufen aus dem In- und Ausland.

Welche Achtung Barth bei den Wüstenbewohnern genoß, erfahren wir durch den Bericht des französischen Forschers Emile Hourst. Viele Jahrzehnte nach Heinrich Barths Tod fragte er in einer Sahara-Oase um Rat, wie er ungefährdet durch die von Aufruhr und Stammeskämpfen heimgesuchten Gebiete kommen könne. Die Antwort der Tuaregs: »Sage einfach, du seist ein Sohn Abd el Kerims, das ist der beste Schutzbrief.«

Mit der Übernahme des Auswärtigen Amts durch Bismarck kam mehr Weltoffenheit in die deutsche Politik. Bismarck selbst war jedem Abenteuer abgeneigt, aber er wußte: Weltkenntnis ist die Voraussetzung für Weltpolitik. Wer in diesen Jahren mit fundierten Kenntnissen aus dem Ausland nach Deutschland zurückkehrte, konnte mit echtem Interesse an seinen Ausführungen rechnen. Bismarck versuchte auch, manches Versäumnis der Vergangenheit wiedergutzumachen. So kam es zu dem Auftrag an Gerhard Rohlfs, dem Sultan von Bornu, der Heinrich Barth so gastfreundlich aufgenommen hatte, einen königlichen Thronsessel als Geschenk aus Berlin zu überbringen.

Rohlfs hatten die engen Verhältnisse in seiner Heimat nicht gefallen. Er war aus der Schule ausgerissen, hatte sich nach Marokko durchgeschlagen, in der französischen Fremdenlegion gedient, die Sahara streckenweise zu Fuß durchquert und in den Oasen der Libyschen Wüste ein Zuhause gefunden. Er kannte die Mentalität der Araber, und es gab für ihn kein Risiko, »das es nicht wert gewesen wäre, geprüft zu werden«.

Später wurde er durch seine Bücher über die Wüste, seine abenteuerliche Mission nach Abessinien (wo er dem Negus einen

Brief des Deutschen Kaisers überbrachte), die Abenteuer in Marokko und den Bericht über die Reise von Tripolis nach Ägypten zum berühmten Schriftsteller. Die Krönung dieses durch und durch unbürgerlichen Lebens war 1884 seine Ernennung durch Bismarck zum Deutschen Generalkonsul im ostafrikanischen Sansibar. Der rechte Mann am rechten Ort – wer zu Rohlfs ging, um Rat und Hilfe zu bekommen, kam nicht vergeblich. Die Engländer und Franzosen – an Welterfahrung den Deutschen weit voraus – bemerkten, daß Berlin offenbar in der Lage sei, »wichtige Posten mit vielseitig befähigten Männern« zu besetzen.

Rohlfs hatte seine Richtlinien – bei der genauen Ausführung ließ ihm das Ministerium freie Hand. So kam es, daß er Dr. Gustav Nachtigal, dem er zufällig in Tunis begegnete, auf dessen Wunsch mit dem königlichen Thronsessel nach Bornu ziehen ließ. Rohlfs lockten andere Abenteuer. Nachtigal brach 1869 zu einer sechsjährigen Reise durch die Sahara, das Tibesti-Gebirge und den Sudan auf, bis er in Khartum wieder den Nil erreichte. Seine Berichte über afrikanische Heilmittel, seine ärztlichen Analysen der Lebens- und Ernährungsweisen der Einheimischen haben der Tropenmedizin grundlegende Erkenntnisse vermittelt. Ihm gelang auch der Schritt vom Reisebericht zur modernen Länderkunde. Und ihm gelang es, im deutschen Sprachraum zum ersten Mal die Aufmerksamkeit weiter Kreise auf das Schicksal der Sklaven zu lenken.

Pückler-Muskau, Rohlfs, der Amerikaner Stanley und andere Forscher hatten zwar ebenfalls vom traurigen Los dieser Menschen berichtet. Doch ungeachtet ihres persönlichen Mitgefühls mit dem einzelnen und der Fürsorge für die in ihren Diensten Arbeitenden hatten sie doch ihre Vorteile aus der Versklavung der schwarzen Afrikaner gezogen.

Mungo Park, einer der ersten Europäer, die Afrika erforschten und bereits 1795 auf Entdeckungsreisen ins Hinterland aufbrachen, hat ausgesprochen, wie die meisten damals darüber dachten. Auch er schilderte die Leiden der Sklaven, er ging den historischen Ursprüngen der Menschenjagd nach und versuchte, genaue Angaben über den Bevölkerungsanteil von Freien und Unterworfenen zu bekommen – doch auf seine eigene Meinung zu diesen Zuständen angesprochen, antwortete er: »Das Thema liegt außerhalb meiner Zuständigkeit.« Dennoch blieb auch seine Art, den Sklavenhandel und die mit diesem Geschäft untrennbar verbundenen wirtschaftlichen und politischen Interessen offenzulegen, nicht ohne Wirkung. Sein früher Tod in Afrika (1806) nahm ihm jedoch die Möglichkeit, »später über alles ausführlich Rechenschaft« zu geben. Nur der Missionar und Forscher David Livingstone prangerte damals schon das »Geschäft mit dem Menschenhandel« ohne jedes Wenn und Aber kompromißlos an. Seine Aussagen betreffen jedoch vor allem die Zustände in Süd- und Zentralafrika.

Dr. Nachtigals Stellungnahmen zu dem Leben der Menschen in den Wüstengebieten sind Erlebnisberichte, in denen der Autor als Mithandelnder und Mitleidender steht. In seinen Schilderungen der Sklavenjagden ist er nicht nur Beobachter, sondern Betroffener. Als Arzt hilft er, wo er kann. Er hat die Niederbrennung der Dörfer, die Verfolgung der Flüchtenden, die Niedermetzelung der Widerstand Leistenden, Brutalitäten an den gefangenen Frauen und das Feilschen um den jeweiligen Marktwert miterlebt. Vielleicht haben seine Augenzeugenberichte auf die Leser einen so tiefen Eindruck gemacht, weil er das Schicksal der Sklaven vom Beginn der Freiheitsberaubung an schildert. Die anderen Autoren begegneten der »Menschenware« meistens erst auf dem Sklavenmarkt. Um gute Preise

Oben: Mossul am Tigris, seit 4000 Jahren ein Handels- und Verkehrsknotenpunkt. Weltberühmt sind die in der Stadt hergestellten Musseline, deren Name von Mossul abgeleitet ist.

Links: Damaskus, Beispiel für eine Flußoase. Soweit die Feuchtigkeit des Barada-Flusses reicht, herrscht Fruchtbarkeit.

Oben: Maalula im Nordwesten Syriens hat eine einzigartige sprachgeschichtliche Bedeutung: Ihre Bewohner sprechen noch heute die Muttersprache Jesu Christi: Aramäisch.

Links: Die älteste christliche Altarplatte der Welt gehört zu den Schätzen des Klosters »Deir Mar Sarkis« der griechisch-katholischen Kirche in Maalula.

zu erzielen, wurden die Geknechteten dort von den Sklavenhändlern recht gut behandelt. Ihr weiteres Schicksal hing dann vom Käufer ab. Hatte der Sklave Glück, so ging es vielleicht dem einen oder anderen tatsächlich besser, als es ihm in seinem Heimatland ergangen wäre. Aber solche Ausnahme-Schicksale halfen nur mit, das System der Sklaverei zu verharmlosen.

Nachtigal sagt, wie es anfing:
»Während für die Gejagten Leben, Familie, Freiheit, Heimat auf dem Spiel standen, hatten die Sklavenjäger keine höheren Triebfedern als Beutegier... Jeder versuchte, auf eigene Rechnung Menschen und ihre Haustiere zu fangen... Der Anführer war beim besten Willen nicht imstande, die Herrschaft über seine aller menschlichen Gefühle entkleideten Menge aufrechtzuerhalten... In höchster Verzweiflung töteten die einem unmenschlichen Schicksal entgegengehenden Frauen kurz vor ihrer Überwältigung ihre Säuglinge, um sie vor einem langsamen Hungertod oder der Sklaverei zu bewahren... Mit der Zahl der Gefangenen und den später auftretenden Schwierigkeiten, sie zu ernähren, sank ihr Wert. Ältere Männer bekam man für zwei Taler... junge Mädchen für etwa acht bis zehn... Kinder, deren Marschfähigkeit unwahrscheinlich war, erhielt man fast geschenkt – für ein altes Hemd konnte sie jeder mitnehmen...«

Die Härte der Wüste und die Grausamkeit ihrer Bewohner sind auch der Frau zum Schicksal geworden, die als erste wagte, die Sahara zu durchqueren. Die Holländerin Alexandrine Tinne kam mit reicher Ausrüstung und einem ansehnlichen Troß. Doch gerade ihr Reichtum wurde ihr zum Verhängnis. Schon bevor sie in die Zeltdörfer kam, waren märchenhafte Schilderungen über die »weiße Königstochter« und ihren unermeßlichen Reichtum verbreitet worden. Niemand glaubte ihr, daß sie ohne Ehemann unterwegs war. Um diese »Unmöglichkeit« zu erklären, behaupteten die Wüstensöhne, sie führe einen verzauberten Mann in Gestalt ihres riesigen Lieblingshundes bei sich. Nur im Dunkel der Nacht nähme er im Zelt seiner Frau wieder menschliche Gestalt an. Diesem Lieblingshund ging jeder Tuareg aus dem Weg. Als er starb und Alexandrine Tinne ihren Schmerz offen zeigte, wurde die Vermutung über den »verzauberten Mann« für die Araber zur Gewißheit. Nun war sie schutzlos. Ihre anderen Begleiter fürchtete keiner; in den Augen der Beduinen waren sie nichts anderes als die Diener einer reichen Frau.

Ein Vorwand, um sie zu berauben, war rasch gefunden. Beim Beladen der Kamele wurde ein Streit provoziert, den die holländischen Begleiter von Frau Tinne schlichten wollten. Mit den Worten: »Warum mischt ihr Christensöhne euch in den Streit von Muselmanen?« wurden sie niedergestochen. Der Tumult lockte die Forscherin herbei, sie wurde ins Getümmel gezogen und mit zwei Schwerthieben niedergeschlagen. Nach dem Bericht von Dr. Nachtigal, der bei der Zeugenvernehmung war, riß man ihr den Schmuck vom Leibe, während sie im Sterben lag. Als Ausrede für den Mord wurden verletzte Gefühle angegeben. Die stolzen Tuareg erklärten, gewiß, für einen Mann sei es eine Schande, ein wehrloses Weib zu töten – aber sie sei ja nur eine Christin gewesen. Es sei im Streit geschehen, nicht mit Absicht.

Die Täter hatten keine Furcht vor der Regierung, die weder die Mittel noch die Möglichkeit hatte, die Mörder in der Libyschen Wüste zu finden. Sie gab sich mit den Zeugenaussagen der »Andersgläubigen« der Karawane (Muslims) zufrieden. In den Akten heißt es: »Die Mörder und die Räuber kehrten auf verschiedenen Wegen in ihre Heimatorte zurück. Die Schar der Diener

hatte den Ort des Schreckens eilig verlassen. Das Opfer blieb, all ihrer Habe und ihrer Kleidung beraubt, tot auf der Erde liegend zurück. Man muß annehmen, daß sie zu einer Beute der Aasgeier wurde . . .«
Das Bild der ersten Begegnungen von Europäern und Einheimischen in der großen Wüste hat grelle Kontraste: es zeigt den Wüstenbewohner als Räuber, als Freund und als Krieger, auch als Herrscher, von dessen Wohlwollen oder Mißgunst das Schicksal des Fremden abhing.
Es zeigt den Europäer als Abenteurer, als Eroberer, dessen Technik und Waffen ihm Überlegenheit geben, es zeigt ihn aber auch als Forscher, der sich unvoreingenommen allem öffnet und der seine Kenntnisse dazu benutzt, die Beziehungen von Menschen ganz verschiedener Art und Kultur zu verbessern.
Der Weg, der zueinander führt, ist auch heute noch nicht gefestigt – und vieles, was schon gelungen war, ist durch den Nahost-Konflikt wieder zerbrochen.

Die Babylonische Gefangenschaft

»Weit weg von der Zivilisation in einem kleinen Araberdorf ein Zelt mieten, irgendwo in der Wüste oder an einem Strom, und dann auf die Suche nach verschollenen Schätzen gehen, die man in der Nähe vermutet, und wiederfinden, was längst verschollen schien.«
Damit sprach der junge Archäologe aus, wovon alle träumen – auch Robert Koldewey dachte so, als er im 19. Jh. in das Zweistromland an Euphrat und Tigris zog, um das verschollene Babylon auszugraben. Das Land Ur, die alte Heimat der Sumerer, der Babylonier und der Assyrer, hatte ihn schon als Studenten fasziniert. »Meine Bewunderung für die Geschichte des alten Orients ist schon durch Lektüre in meiner Jugend entstanden. Sie hat mein Leben und meine Laufbahn bestimmt.«
Vielleicht war es zuerst nur der so geheimnisvoll klingende Name Babylon oder »Die Pforte Gottes«, der ihn ansprach. Doch je mehr er darüber wissen wollte, desto ungenauer wurden die Auskünfte. Schließlich blieben Worte übrig:
Der Babylonische Turm.
Die Hängenden Gärten der Semiramis . . .
Sünden-Babel . . .
Die Babylonische Gefangenschaft der Juden . . .
Der glanzvolle Palast des Königs Nebukadnezar, der nicht seinesgleichen hatte . . .
Von dort brach der Herrscher auf, um das stolze, hochmütige Jerusalem zu erobern.
»Und es begab sich im neunten Jahr seines Königreiches, am zehnten Tag des zehnten Monats kam Nebukadnezar, der König zu Babel, wider Jerusalem; und sie lagerten sich dawider und bauten Bollwerke darum her . . .« (2. Buch der Könige.)
Nach dem Sieg über die Juden heißt es kurz und bündig: ». . . Also ward Juda weggeführt aus seinem Lande.«
Ich habe viel über die Überlebenspraktiken besiegter und versklavter Völker gelesen. Insbesondere in Israel fand ich sowohl bei jungen Menschen als auch bei den Älteren eine außergewöhnliche Aufgeschlossenheit für die Vergangenheit und ein stark ausgeprägtes Bewußtsein von der ewigen Kontinuität der Geschichte. Sie fühlen sich mit den Menschen ihres Volkes, die vor zwei- oder dreitausend Jahren lebten, genauso verbunden wie mit den heute in aller Welt lebenden Juden und mit den zukünftigen Generationen. Dieses Gefühl des Zusammenhalts über alle Zeiten und Kontinente hinweg ist sicherlich vielen Nicht-Juden ein Ärgernis und einer der Gründe des Antisemitismus.
Deutsche, Skandinavier, Tschechen, Franzosen, Jugoslawen – nach ein oder zwei Ge-

nerationen in der Fremde nehmen sie im allgemeinen die Nationalität der Gastländer an. In alle Erdteile verstreut, als Volk und Religionsgemeinschaft sich jahrtausendelang nicht zu assimilieren, ist schon ein einmaliger weltgeschichtlicher Vorgang; noch ungewöhnlicher ist die Rückkehr nach so langer Zeit in die Urheimat der Väter und die Neugründung eines Nationalstaates. Ein Blick auf die geistige Haltung der Führer dieses Volkes, wie sie sich in der Babylonischen Gefangenschaft äußerte, hilft uns vielleicht, das »jüdische Rätsel« ein Stück weit zu lösen.

Am Anfang der Niederlage steht die Klage: »An den Wassern zu Babel saßen wir und weinten.«

Doch schon folgt die Ermahnung, die Heimat nie zu vergessen: *»Vergesse ich dein, Jerusalem, so werde meiner Rechten vergessen. Meine Zunge soll an meinem Gaumen kleben, wo ich dein nicht gedenke.«*

Der Ermahnung folgt der Aufruf zur Rache: *»Babel, wohl dem, der dir vergilt, wie du uns getan hast. Wohl dem, der deine jungen Kinder nimmt und zerschmettert sie.«*

Um ein Überborden der Gefühle und vorzeitige unbedachte Aktionen zu verhindern, forderten die jüdischen Weisen die in der Gefangenschaft Lebenden auf, zunächst Maß zu halten, sich nach außen anzupassen und die biologische Substanz zu halten, wenn möglich zu vermehren. »Bauet Häuser, darin ihr wohnen möget; pflanzet Gärten, daraus ihr Früchte essen möget, nehmet Weiber und zeuget Söhne und Töchter; nehmet euren Söhnen Weiber und gebet euren Töchtern Männer, daß sie Söhne und Töchter zeugen; mehret euch daselbst, daß euer nicht wenig sei. Suchet der Stadt (Babylon) Bestes, dahin ich euch habe lassen wegführen, und betet für sie zum Herrn, denn wenn es ihr wohl ergeht, so geht es auch euch wohl.«

Die Priester nahmen die Niederlage zum

Rekonstruktion des Babylonischen Turms. Ansicht von Südosten. – Baugeschichtlich gehört der Babylonische Turm zu den Stufenpyramiden. Nach der Bibel wurde er von Noahs Nachkommen in Babylon als weithin sichtbares Zeichen für alle Suchenden errichtet. Erzürnt durch den Unglauben der Bevölkerung verhinderte Jahweh die Vollendung des Bauwerks, indem er eine Sprachverwirrung über die Bewohner der Stadt kommen ließ. Seitdem – so die Legende – gibt es die verschiedenen Sprachen auf der Welt.

Anlaß, Buße zu predigen. Nebukadnezar war nach ihren Worten nur ein Werkzeug Gottes, das die Juden dafür strafte, daß sie die religiösen Gebote übertreten hatten. Die Nichtbeachtung des Sabbat war dabei ein wichtiger Anklagepunkt. Denn nun, da Juda verwüstet war, hatte es »die ganze Zeit über Sabbat«. Wenn der Herrscher Babylons seine Arbeit getan hätte, würden er und sein Reich von der Erdfläche verschwinden.

Dieser Bezug aller politischen Geschehnisse auf das Schicksal des eigenen Volkes gilt heute als Nationalismus in höchster Vollendung. Er wird nur verständlich, wenn man zugibt, daß die Juden das »auserwählte Volk« sind. Aber sind nicht alle Völker von Gott auserwählt? War nicht auch Nebukadnezar auserwählt, Jerusalem zu erobern?

Die Propheten verkünden ihrem Volk Hoffnung und mahnen es zur Einhaltung des Glaubens. Bei Jeremia heißt es: *»Denn so ihr mich von ganzem Herzen suchen werdet, so will ich mich von euch finden lassen, spricht der Herr, und will euer Gefängnis wenden ... und will euch wiederum an diesen Ort bringen, von dem ich euch habe lassen wegführen.«* Über Babylon aber wird ein schrecklicher Fluch ausgesprochen: *»Darum sollen Wüstentiere und wilde Hunde darin wohnen ..., und es soll nimmermehr bewohnt werden und niemand darin hausen für und für.«* Die Verwünschung ging in Erfüllung.

»Die Babylonische Gefangenschaft der Juden« endete mit der Eroberung des babylonischen Reiches durch die Perser. Die Juden durften heimkehren. Jerusalem wurde wieder aufgebaut und der Tempel neu errichtet. Aber – so lesen wir in der Heiligen Schrift – »das ganze Haus Israel hat harte Stirnen und verstockte Herzen«. Die Lehren der Gefangenschaft wurden vergessen. Die Mahnungen der Propheten, mit denen sie ihr Volk zur Einsicht und zur Abwendung vom Götzenkult aufforderten, blieben ungehört.

587 v. Chr. hatten die Babylonier Jerusalem in Schutt und Asche gelegt. Im August des Jahres 70 nach Christus kamen die Römer, und mit ihnen erfüllten sich die schlimmen Prophezeiungen. Die Sünden und Vergehen der Besiegten wurden aufgedeckt, ihre Führer hingerichtet, ihre Soldaten getötet. Das Volk verzagte. Wo es wohnte, wurden »die Städte wüst und die Höhen zur Einöde«. Hunger ließ alle darben und ihre Kinder sterben. Die Schilderung von Gottes Zorn läßt uns heute noch schaudern: *»Wer fern ist, wird an der Pestilenz sterben, und wer nahe ist, wird durchs Schwert fallen; wer aber übrig bleibt und davor behütet ist, wird Hungers sterben. Also will ich meinen Grimm unter ihnen vollenden, daß ihr erfahren sollt, daß ich der Herr sei.«* Gnade wurde nur wenigen Frommen gewährt.

Die zehnte römische Legion eroberte Jerusalem. Ein Soldat warf eine Brandfackel in den Tempel. Den Juden wurde bei Todesstrafe verboten, ihr eigenes Land zu betreten – sie flüchteten oder wurden vertrieben, »zerstreut unter alle Völker«.

Doch in der Geschichte gibt es immer wieder unvorhersehbare Entwicklungen, religiös ausgedrückt: »Niemand kennt die Wege des Herrn.«

Mit der Niederbrennung des Tempels war das ortsgebundene geistige Zentrum der Juden ausgelöscht worden. Die im Ausland aufgebauten Synagogen konnten dafür keinen Ersatz bieten; und bei antisemitischen Ausschreitungen wurden sie oft niedergebrannt. So manches Volk hätte in dieser Lage seine Herkunft verleugnet und einen neuen Glauben angenommen. Doch die jüdischen Propheten sagten den Überlebenden, wo sie ein unzerstörbares geistiges Zentrum finden konnten: in der Bibel, genauer: in den Schriften des Alten Testaments. Jeder konnte es bei sich tragen, an jedem Ort der Welt aufschlagen. Wer die Bibel las, blieb treu im Glauben. Wer ihre Worte nicht verstand, fragte die Rabbiner. Sie bewahrten die Tradition und wurden damit zu den geistigen und politischen Führern des Volkes. Sie haben Christus, der aller Welt das Wort Gottes verkündete, nie anerkannt. Sie bestreiten sowohl seine Gotteskindschaft als auch seine Berufung zum Erlöser. So gibt es für die gläubigen Juden kein Neues Testament. Für die Christen aber gehören Altes und Neues Testament zusammen. Das eine ist die gottgewollte Fortsetzung des Vorangegangenen. Christus ist der Erlöser. Er predigt Gnade und Vergebung, nicht Rache. Seine Worte finden wir in den Evangelien. Die Rabbiner lehnen sie ab; verächtlich sprechen sie von »gillajonim«, das heißt »unbeschriebene Blätter«. Die beschriebenen sind für sie in der Thora und im Talmud zu finden. Mit

Christus ist die Einheit aller Menschen in einem Gottesvolk möglich geworden. Die Juden jedoch glauben, daß sie allein Gottesvolk oder das von Gott auserwählte Volk seien. Sie warten noch immer auf ihren Messias – »der von Gott Gesalbte« –, der das Heil bringt.
Im Juni 1967 – 1893 Jahre nach der Vertreibung – eroberten israelische Truppen im Sechstagekrieg die Altstadt von Jerusalem. Zum erstenmal standen sie wieder vor dem Westwall oder, wie wir sagen, der Klagemauer, den letzten Resten des alten Tempels. Sie umarmten sich, jubelten und beteten. »Wir hatten das Gefühl, als sei der Messias gekommen«, sagten sie, »als sei nun erst die Gefangenschaft und die Vertreibung der Juden zu Ende.«

Das Reich Nebukadnezars

Robert Koldewey wußte, wonach er suchte. Er wollte den schriftlichen Überlieferungen des Alten Testaments die Zeugen aus Stein hinzufügen. Aus dem Schutt der Jahrtausende und »bedeckt vom Leichentuch des Wüstensandes« sollte Babylon, »eine der ältesten, größten und glanzvollsten Städte der alten Welt«, wiedererstehen.
Es begann wie ein Kriminalfall. Die Archäologen folgten den Spuren der Ruinenräuber. Um Ziegel zu stehlen, hatten diese tiefe Schächte in die Erdhügel gegraben. Beim Ausschachten hatten sie sorgfältig darauf geachtet, das seitliche Erdreich unberührt zu lassen, denn ein Einsturz hätte sie alle verschüttet. Am 26. März 1899 wurden die ersten farbigen Fragmente gefunden. Nun gab es kein Halten mehr. Wen die Kräfte verließen, der legte sich ein paar Minuten in den Sand, um auszuruhen, dann ging es wieder an die Arbeit. Was sie fanden, übertraf alle Erwartungen. Mit glänzenden Emaillefarben dekorierte Ziegelbruchstücke leuchteten im Sonnenlicht auf. Auf winzigen Steintafeln, von Sand und Schmutz gereinigt, kamen Schriftbilder zum Vorschein. Holzkästen, schon im letzten Stadium des Verfalls, konnten Stück um Stück geborgen werden. Skelettknochen erinnerten an die Menschen, die hier einst lebten. Alle Funde wurden gesammelt, numeriert und die Bruchstücke später in mühevoller Kleinarbeit sorgfältig wie ein Puzzlespiel zusammengesetzt. Aus den Überresten der Ruinen, der Gänge und den Fundstücken wurde das alte Babylon rekonstruiert, die Lage der Hausmauern, Wehrtürme, Prozessionsstraßen, Kultstätten und Herrscherpaläste bestimmt.
Nebukadnezar selbst half ihnen, die richtigen Erklärungen zu finden. Auf unendlich vielen Steintafeln hatte er zu seinen Lebzeiten alle seine Taten eingravieren lassen. Und nachdem es 1802 Georg Friedrich Grotefend und 1835 Henry Rawlinson gelungen war, die Sprachschranken durch die Entzifferung der babylonischen Keilschrift zu überwinden, vermochte Koldewey in den Steinen zu lesen wie in einem Buch. Jeder Tonbrocken, jeder Ziegel, jede Zeile wurde zu einem Dokument. Wie es etwas pathetisch hieß: »Die stummen Steine begannen zu sprechen.«
»Palast Nebukadnezars, Königs von Babylon, Sohnes Nabupolassars, Königs von Babylon . . .« Auf einer der ersten Steintafeln, die man ausgrub, stand diese Inschrift. Sie war nur ein Bruchstück. Die ergänzenden Zeilen mußten auf Hunderten von anderen Steinbrocken gesucht werden. Mit äußerster Sorgfalt und großer Geduld setzten die Archäologen im Auftrag der Deutschen Orient-Gesellschaft ihre Arbeit im Zweistromland fort, bis sie durch den Ersten Weltkrieg unterbrochen wurde. Aber in den 15 Jahren ungestörter Tätigkeit war das verschollene Babylon wiedererstanden, die Metropole des Zweistromlandes mit dem

gewaltigen Königspalast, dem Tor der Liebesgöttin Ischtar, der Prozessionsstraße, dem Tempel Marduks, der steinernen Euphratbrücke und dem Stufenturm, der »die Erde mit dem Himmel verbinden« sollte – der schon in der Bibel erwähnte Babylonische Turm. Eine der ältesten Städte der Menschheit war ausgegraben; Hammurabis Gesetzbuch, die älteste geschriebene Gesetzestafel der Erde, war gefunden worden. Sie gruben immer weiter. Und je tiefer sie in die Erdschichten vordrangen, desto wertvoller wurden die Funde. Niemand hatte erwartet, noch ein Zeichen aus der Zeit des legendären Sardanapal je zu Gesicht zu bekommen. 1828 hatte der Maler Delacroix aus seiner Phantasie heraus den »Tod des Sardanapal« gemalt. Das Bild war verfemt. Erst 1924 wurde es wieder der Öffentlichkeit zugänglich. Koldewey hat es nie gesehen. Wir aber kennen sowohl das Kunstwerk als auch die Schriftzeichen und die überlieferten Worte dieses Königs von Assyrien. Darin verdammt er alle, die seine Namensurkunden »mit arglistigem Tun vertilgen, zugrunde richten oder ihren Ort verändern«. Hätten die Archäologen und der Künstler ihn nicht der Vergangenheit entrissen – wer könnte sich heute noch an Sardanapal erinnern?

In diesem Zusammenhang muß auch Henry Layard erwähnt werden. Bei seinen Ausgrabungen im nördlichen Zweistromland fand er Ninive, die verschollene Hauptstadt der Assyrer. Sein Triumph war die Entdeckung der königlichen Bibliothek, in der 26 000 Schrifttafeln meterhoch gestapelt lagen. Sie geben Auskunft über Geschichte, Wissenschaft, Literatur, Heilkunde, Astronomie und Botanik. Auf ihnen erkennen wir auch die Urschrift des Gilgamesch-Epos mit dem Bericht von der Sintflut.

»Laß Reichtum fahren, verachte Besitz, rette das Leben! Bring Lebenssamen von jeder Art in das Schiff... Baue das Schiff sogleich...«

Im Britischen Museum in London finden wir die Steintafeln der assyrischen Könige. Im Pariser Louvre bewundert der Besucher das Gesetzbuch Hammurabis, und in Berlins Pergamon-Museum befinden sich die emaillierten Ziegel aus dem Palast Nebukadnezars.

Bagdad, die Hauptstadt des Irak, nur etwa 150 Kilometer nordöstlich des alten Babylon gelegen, hat das Erbe der Geschichte des Zweistromlandes übernommen. Der Löwe von Babylon – dieses gewaltige, furchterregende, uralte Steinmonument, hat einen Ehrenplatz in den Museumsmauern der Hauptstadt.

Der Museumswächter saß in einem geflochtenen Korbstuhl und schlief mit weit offenem Mund. Die Götterstatuen bedeuteten ihm nichts, die steinernen Löwen aus der Prozessionsstraße Nebukadnezars konnten ihn nicht erschrecken, und keinerlei Aufregung bewirkten in ihm die bildschönen, dreitausend Jahre alten Fruchtbarkeitsgöttinnen. Mit tiefliegenden Augen, um den schmalen Hals drei Schmuckketten, nackt, die Hände unter den Brüsten, die Stirn mit einem Amulett bedeckt, schauen sie jahraus jahrein den Besuchern entgegen. Eine japanische Reisegruppe – acht Personen – eilte durch die Säle mit den Kostbarkeiten aus der Urzeit dieses Landes. Ich schnappte ein paar Sätze des Reiseleiters auf: »... dreitausend Jahre alt... viertausend Jahre alt... ja, ja, alles sehr alt... sie führten immer Krieg...«

Der Museumswächter gähnte, räkelte sich, stand auf. Freundlich fragte er mich, ob ich etwas Besonderes sehen möchte und woher ich sei. Wir kamen ins Gespräch, und er erzählte mir, was Radio Bagdad heute morgen in den Nachrichten meldete: »Schwere Kämpfe am Euphrat-Delta gegen die Iraner... Auf einer Konferenz der arabischen

Staaten wurden gemeinsame Aktionen gegen Israel beschlossen . . .«
Ich schüttelte den Kopf. Er ahnte nicht, wie mich diese Worte inmitten der Geschichtsdenkmäler trafen. Er verstand meine Reaktion falsch. »Doch, doch, es ist wahr«, sagte er. Und ich blickte hinüber zu dem uralten Löwen von Babylon.

Maalula: Wo man Jesu Muttersprache spricht

Der Wind weht noch immer Sand über die Ruinen; Tontafeln, mit geheimnisvollen Schriftzeichen bedeckt, warten darauf, entziffert zu werden. Tote Gegenstände – Amulette, Krummdolche, Papyrusrollen, emaillierte Ziegel, Mumienknochen, Armspangen – erzählen von der Vergangenheit . . .
Erst nach langer Reise erreichte ich die Felsendörfer im nordwestlichen Syrien, wo die Vergangenheit lebt, wo sie Alltag ist und wo die Menschen heute noch so sprechen, wie Christus sprach: Aramäisch. Nur um ein paar Sätze, ein paar Gebete in dieser Sprache zu hören, war ich nach Maalula gekommen.
Schon ein halbes Jahrtausend vor Christi Geburt war Aramäisch im persischen Großreich unter der Herrschaft der Achämeniden zur Umgangssprache der Völker geworden. Perser, Griechen, Römer und Byzantiner kannten sie; Kaufleute aus Asien, Karawanenführer, Wüstenbewohner und Städter, Propheten und Stammesfürsten verständigten sich in Aramäisch. Diese Sprache verstanden die Fährleute an Euphrat und Tigris, sie erklang vor den Beduinenzelten der Arabischen Wüste, und man sprach sie in Damaskus und in Jerusalem.
Nur in drei Orten der Erde spricht man sie heute noch: in Maalula, in Baa'scha und in Dschaspa'din. Diese Dörfer liegen nicht im Heiligen Land – sie liegen in dem alten arabischen Königreich der Omayaden, in der heutigen Arabischen Republik Syrien. Das ist für mich eine der Absonderlichkeiten der Geschichte, ebenso wie die Tatsache, daß Jesus nicht hebräisch sprach.
In der Zeitenwende war diese Sprache der alten Israeliten bereits eine tote Sprache, noch greifbar in vergilbten Texten, aber nur wenige wußten noch, wie die Wörter auszusprechen waren. Erst im 6. Jh. kam das Hebräische wieder zur Geltung; und erst mit der Gründung des Staates Israel kehrte die einstmals mit den Juden in alle Erdteile verstreute Sprache wieder nach Jerusalem zurück und erlebt nun, im 20. Jh., ihre Wiedergeburt als Staatssprache Israels.
Im 7. Jh. verdrängte der Koran den Talmud und die Bibel. Er verdrängte auch die Sprache Christi.
Es gibt keine wissenschaftlich verbindlichen Aussagen darüber, warum sich Aramäisch ausgerechnet in drei syrischen Orten erhalten hat. Eine Erklärung gab der Vorsteher des griechisch-katholischen Klosters in Maalula:
»In unserem Land hat die Natur dem Menschen seit Urzeiten Asyl und Schutz gewährt. Wo die Flüchtlinge und Verfolgten auch herkamen – ob aus Palästina oder aus Anatolien, aus der Arabischen Wüste oder dem Kaukasus –, hier fanden sie Schutz.«
Syrien als Land der Flüchtlinge: Kurden, Armenier, Palästinenser – überall im Land traf ich sie, aber alle sprachen arabisch. Nur wenn sie unter sich waren, im Familienkreis oder bei Festen, sprachen sie ihre Muttersprache. Im benachbarten Libanon und in einigen anderen arabischen Staaten gibt es ganze Dörfer und Landstriche, deren Bewohner Christen geblieben sind und die dennoch ausschließlich arabisch sprechen. Maalula, Baa'scha und Dschaspa'din liegen keinesfalls in einer einsamen, weltabgeschiedenen Wüstengegend, sondern nur

sechzig Kilometer von der drei Millionen Einwohner zählenden Großstadt Damaskus entfernt. So ist es wirklich ein Wunder, daß sie sprachlich nicht völlig vom Arabischen aufgesogen wurden.

Ein Wunder – zumindest nach der Meinung der Maaluliten – ist auch die Entstehung Maalulas.

»Das Wort Maalula heißt Eingang. Es ist ein aramäisches Wort. Wahrscheinlich wurde die Ortschaft so genannt, weil sie am Eingang einer Schlucht liegt. In unserer Volkstradition jedoch gibt es eine ganz andere Deutung: Thekla, eine Schülerin des Apostels Paulus, stand, auf der Flucht vor ihrem wütenden Vater, an dieser Stelle vor der geschlossenen Felsenwand. Gegen den Willen ihrer Eltern hatte sie das Christentum angenommen. Sie kniete nieder und flehte Gott um Hilfe an. Und siehe da – die Felswand riß auf, und Thekla konnte entkommen. Seitdem heißt die Stadt Maalula, und Thekla ist ihre Schutzpatronin.«

Das Grab der heiligen Thekla liegt unter dem Nonnenkloster der griechisch-orthodoxen Maaluliten. Es ist mitten in einen Felsen hineingebaut. Wasser tropft von den Wänden. Die Männer und Frauen, die einen steinigen Pfad bis zu dem Kloster heraufgekommen waren, wischten sich die schweißnassen Gesichter ab, bevor sie die Wassertropfen der Felswand auffingen und die Stirn damit betupften. Sie lächelten mir zu und forderten mich auf, ihrem Beispiel zu folgen. »Es hilft«, so sagten sie, »es hilft gegen Leiden. Dieses Wasser hat Heilkraft, denn es ist heiliges Wasser.«

Maalula hat etwa 4000 Einwohner. Knapp 70 Prozent der Dorfbewohner gehören zur griechisch-katholischen, rund 10 Prozent zur griechisch-orthodoxen Kirche. 20 Prozent bekennen sich zum Islam.

Ich folgte nicht dem Ruf des Muezzin zur Moschee. Mein Weg führte durch eine jahrtausendealte Schlucht auf den 1650 Meter hohen Gipfel des Kalamun-Massivs. Dort steht das Kloster »Deir Mar Sarkis«. Über Geröll und Schafkot, unter gezackten Felsabhängen hindurch, vorbei an Wasserlachen und über Sand und Disteln führt der Weg zu der Abtei. Sie ist ein Treffpunkt der Christen aus ganz Syrien.

Hunderte wurden zur Andacht erwartet, Tausende kamen. Sie alle wollten den Priester hören, der das »Vaterunser« in Aramäisch spricht. Der es so spricht, wie es Christus vor seinen Zuhörern gesprochen hat und wie es viele Christen vor rund 2000 Jahren überall im Nahen Osten und an den östlichen Ufern des Mittelmeeres gesprochen haben. Ergriffenheit, Freude und Tränen sah ich auf den Gesichtern, als der Priester die Hände faltete und das Gebet sprach: *»Abun besmaju . . .«* (Vater unser . . .)

Dann fügte er hinzu:

»In Deinem Namen nehmen wir die Verfolgten auf, helfen den Schwachen und Kranken, gedenken all derer, die treu im Glauben blieben, und all der Märtyrer . . .«

Märtyrer – wie oft hörte ich dieses Wort in Syrien. Märtyrer sind die Gefallenen des Ersten und Zweiten Weltkrieges, Märtyrer sind die Toten der Kolonialkriege gegen England und Frankreich. Märtyrer sind die Opfer der Bruderkämpfe zwischen christlichen und muslimischen Arabern. Märtyrer sind die Opfer der Massaker und die bei Terroranschlägen und Luftangriffen Umgekommenen. Märtyrer sind alle Opfer des Nahost-Krieges. Überall im Land stehen Märtyrerdenkmäler. Manche sind aus Gips, manche nur einfach aus Erde und Steinen. Einige zeigen Fotos gefallener Soldaten, andere Bilder von ums Leben gekommenen Zivilisten. Viele Denkmäler sind mit Kampfparolen beschriftet; mit Blumen geschmückt sind sie alle. Auf vielen Berggipfeln im Nahen Osten stehen Märtyrerkirchen.

Phosphattransport mit der Hejaz-Bahn in Jordanien (oben).

Die Hejaz- und die Bagdad-Bahn (unten) gehören zu den berühmten Zügen des Nahen Ostens. Die Hejaz-(Pilger)Bahn ist auf weiten Strecken durch Kriegseinwirkungen zerstört worden. Saudi-Arabien und Syrien planen den Neubau des Schienenweges von Damaskus nach Mekka.

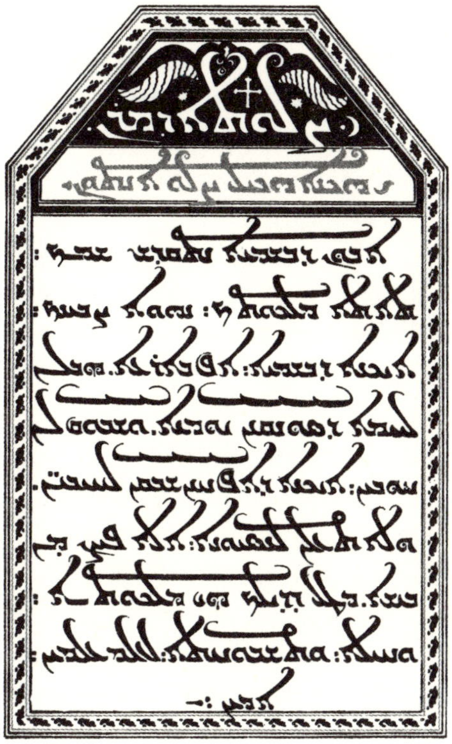

Das Vaterunser auf aramäisch (links) und auf arabisch. – In ein paar Felsendörfern im Nordwesten Syriens sprechen die Menschen heute noch so, wie Christus sprach: aramäisch.

Aber das Kloster »Deir Mar Sarkis« in Maalula erinnert nicht an die Toten unserer Zeit.
»Deir Mar Sarkis« bewahrt das Andenken an Sergius und Bacchus, die ersten für ihren Glauben an Christus hingerichteten Syrer. Das geschah im 4. Jh., während der römischen Besatzungszeit des Landes. Die beiden waren Legionsführer in römischen Diensten. Ihre Weigerung, Jupiter anzubeten, mußten sie mit dem Leben bezahlen. Zuerst wurden sie vor ihren Soldaten degradiert und dann – was damals wohl als schlimmste Schande für einen Mann galt – in Weiberkleidung gesteckt, von einer aufgehetzten Menschenmenge verspottet und hingerichtet. »Deir Mar Sarkis« ist auch eine Zufluchtsstätte für alle Menschen, die heute Trost im Glauben suchen.
Manchmal vermeinte ich ein wenig Eigenlob in den Worten des Mönchs zu hören – aber diese christliche Insel inmmitten der muslimischen Welt benötigt vielleicht eine gute Portion Selbstsicherheit und Stolz zum Überleben. So wurde ich immer wieder auf die Einmaligkeit einiger Kirchenschätze hingewiesen, auf die älteste christliche Altarplatte der Welt oder auf eine 700 Jahre alte Ikone, die Christus mit einer blutenden Wunde in der rechten Brustseite zeigt, denn »der Künstler dachte, das Herz Christi schlüge auf der rechten Seite ...«
Als ich zum Dorfplatz zurückging, hörte ich schon von weitem die Händler auf dem Markt. Sie priesen Tomaten, Weintrauben und Pistazien an. Einige sprachen arabisch, die meisten aber aramäisch. So ähnlich mußte es wohl auch zur Zeit Christi auf den Märkten in Nazareth und Bethlehem gewesen sein. Die Händler saßen auf bunt gefärbten Schaffelldecken, auf Hockern, kleinen Bänken und auf der bloßen Erde. Jedem Käufer wurde sofort eine Tasse heißer, stark gesüßter schwarzer Tee gereicht.
1 Kilo Tomaten kostet 5 syrische Pfund, 1 Kilo Äpfel 8 Pfund, blaue Weintrauben 10 Pfund das Kilo. Der Monatslohn eines Arbeiters beträgt etwa 700 syrische Pfund. Ein Angestellter bekommt nach 20 Dienstjahren circa 1200 Pfund. Ein Universitäts-

professor verdient 1800, der Chefingenieur eines großen Werkes 2300 Pfund.
Dazu muß man wissen, daß eine kleine Drei-Zimmer-Wohnung in den Städten 800 Pfund Monatsmiete kostet, 1 Zimmer mit Küche 350 Pfund, 1 Kilo Brot 2 Pfund und 1 Kilo Hammelfleisch 45 Pfund.
Eine syrische Familie besteht im Durchschnitt aus 6 bis 8 Personen, und nur der Mann verdient Geld. Frauen und Kinder arbeiten mit: auf dem Acker, im Stall, im Hause – von frühmorgens bis spätabends – aber dafür gibt es keine Bezahlung.
Wer das Einkommen der Familie verbessern will, bleibt länger als die vorgeschriebenen 2½ Jahre beim Militär. Aber nur die jungen Männer haben diese Möglichkeit. Bei der Armee gibt es reichlich zu essen, die Zuteilungen sind so bemessen, daß es keinem schwerfällt, ein paar Rationen nach Hause mitzunehmen – oder sie den vor der Kaserne wartenden jüngeren Geschwistern in die Hände zu drücken. Bei der Armee gibt es auch keine Kleidersorgen, und da und dort fallen eine alte Decke, ein Paar Stiefel, ein gebrauchter Autoreifen oder einige Werkzeuge für die Daheimgebliebenen ab. Durch den Militärdienst kommen die jungen Männer auch aus ihren engen Stammesbindungen heraus und lernen Syrer aus allen Teilen und aus allen Schichten des Landes kennen.
Freundschaft der Völker. Freundschaft der Stämme. Freundschaft aller Gläubigen – wie oft hörte ich diese Parolen. Doch sie gelten nur so lange, wie man den Anordnungen der Staatspartei gehorcht. Am widerspenstigsten sind die Nomaden, aber aus dieser Bevölkerungsschicht kommen die besten Soldaten und Offiziere. Nomaden erkennen keine Staatsgrenzen an. Mit ihren Tieren ziehen sie den ergiebigen Weideflächen nach. Um ihre Wanderlust nicht ganz einzuschränken, erlaubt die syrische Regierung den Beduinen Besuche bei ihren Verwandten in den arabischen Nachbarländern – vorausgesetzt, sie lassen ihre Tierherden zu Hause. Was aber ist ein Beduine ohne seine Tiere? Wer dagegen als Gastarbeiter ins Ausland geht, hat keine Schwierigkeiten.
Saudi-Arabien. Kuweit. Die Arabischen Emirate am Golf. Die reichen Ölländer beschäftigen die Phantasie der Menschen in Maalula. Zahlreiche Häuser, Straßenläden, Restaurants und Werkstätten sind vom mühsam ersparten Gastarbeiterlohn finanziert worden. Wenn Väter und Söhne und die vielen männlichen Verwandten ihr in der Fremde verdientes Geld zusammenlegen, so reicht das manchmal auch für den Kauf eines Lastwagens. Wer nicht das Glück hat, mit einer so zahlreichen Verwandtschaft gesegnet zu sein, muß sich mit einem Esel als Lastenträger begnügen.
Überall im Land sieht man diese Tiere. Neben mit Melonen beladenen Karren warten sie auf die Lastsäcke, die schon gefüllt werden. Auf meine Frage nach Kamelen schüttelten die Männer den Kopf. Kamele sind nur in der Syrischen Wüste brauchbar. Kamele benutzt man überall dort, wo es noch keine Straßen gibt. Auf modernen Verkehrswegen werden sie zum Hindernis. Die Esel aber traben durch den Lärm und das Verkehrsgewühl der Großstädte genauso ruhig wie durch die engen Gassen der Bazare, und man kann sie an jeden Zeltpfahl, jeden Baum, jedes Hausgitter, jedes Fabriktor anpflocken.
Ich streichle eines dieser geduldigen Tiere. Der Grauhaarige wackelt mit den Ohren. In Syrien hat er noch eine Zukunft. Es gibt keine billigere Arbeitskraft, und jeder spart, wo er kann.
Vor Regen, Sandsturm, lang anhaltender Kälte fürchtet sich hier keiner – wovor sie sich fürchten, sind die Abgaben an den Staat. Aber auch da kann man sparen, zumindest als Hausbesitzer. Die Hauswände

sind schlampig verputzt. Eisenstangen ragen gen Himmel, Fenster und Türen sind jedoch fest eingefügt. Das Dach fehlt. Da und dort im Ort sieht man solche Häuser. Sie wirken unfertig, obgleich sie bewohnt sind. Nach dem Gesetz wird ein Neubau erst steuerlich erfaßt, wenn das Gebäude vom Erdgeschoß bis zum Dach fix und fertig ist. Ein Haus ohne Dach aber ist kein fertiges Haus.

Auch als Mieter verstehen Maaluliten Geld zu sparen. Am Ortsrand führen Schluchten, Höhlen und Löcher in die Bergwände hinein. Wie Bienenwaben kleben dort die Häuser an den Felsen. Nur über die Dächer, auf wenigen schmalen Stegen und mit Leitern sind die Wohnstätten zu erreichen. Die Wohnhöhlen liegen hinter buntbemalten Vorderfronten. Manche werden schon seit 2000 Jahren bewohnt. Hier wohnt man fast umsonst.

Aber die weitaus meisten Maaluliten bezahlen Miete und Steuern. Schneeweiß verputzt sind ihre Häuser, gepflegt ihre Gärten. Sorgfältig achten sie auf alles, was ihnen gehört. Jeder Gegenstand wird so lange benutzt, bis er unbrauchbar geworden ist. Auch aus einer Tasse ohne Henkel kann man noch trinken, mit einer Stoffpuppe ohne Kopf noch spielen, und hundertmal ausgebesserte Kleidung kann man noch tragen.

Eine Zeitlang schien Aramäisch vom Erlöschen bedroht zu sein. Vor allem die jungen Menschen wollten in einem ausschließlich Arabisch sprechenden Land nur noch Arabisch lernen. »Was nützt uns schon Aramäisch? Kein Mensch versteht es.« Diese Einstellung hat sich vor kurzem geändert.

Europäische Sprachwissenschaftler, unter ihnen auch Dr. Werner Arnold aus der Bundesrepublik, haben im Ort eine Wohnung gemietet und sich auf einen langen Aufenthalt eingerichtet. Sie fragen nach den alten Sitten, nach Hochzeits-, Saat- und Erntegeschichten, nach Märchen und Legenden, nach Gebeten und alten Handwerksbräuchen. Alle Auskünfte werden in Aramäisch festgehalten. Vom Alphabet bis zu den Zahlen will man alles ganz genau wissen. Alle im Ort arbeiten bereitwillig mit, und alle hoffen, daß mit dem neu erwachten Interesse an der Sprache Christi auch wieder neues Leben nach Maalula kommt. Auch die Bewohner der beiden anderen Dörfer, in denen heute noch aramäisch gesprochen wird, warten auf Besucher. Sie träumen sogar schon vom Bau eines Hotels und eines Cafés für Touristen. Auf Maalula sind sie nicht gut zu sprechen.

»Die Maaluliten sind zu 80 Prozent Christen. In Baa'scha und in Dschaspa'din leben nur Muslims.«

Niemand konnte mir sagen, warum die Bewohner der drei Dörfer nicht gut miteinander auskommen. Aber es gibt eine alte aramäische Legende darüber:

»Ein Fremder kam zu Fuß nach Maalula. Er war auf dem Wege nach Kuteifi. Beschwerlich ist das ohne Reittier, und so mietete er einen Esel von einem Bauern. Der Besitzer lief neben dem Esel her, der Fremde ritt auf dem Tier. Als sie in das Gebiet von Eiwaur kamen, war es die Mittagsstunde, und die Sonnenglut war unerträglich. Der Fremde zügelte den Esel, stieg von dem Reittier ab, nahm ein Fladenbrot aus seinem Proviantbeutel und setzte sich zu Rast und Mittagsmahl in den Schatten des Esels.

›Du, steh auf, setz dich woanders hin‹, sagte der Bauer zu ihm. ›Ich habe dir den Esel vermietet, nicht aber seinen Schatten.‹

›Was redest du für einen Unsinn‹, sagte der Fremde. ›Der Esel und sein Schatten gehören doch zusammen. Ich habe dafür bezahlt. Setz du dich woanders hin.‹

Er blieb ruhig im Schatten sitzen und begann zu essen.

Da erhob der Bauer laut seine Stimme und schalt den Fremden. Das hörte ein Vorbeikommender, einer aus dem Nachbardorf von Maalula. Er mischte sich sofort in den Streit ein und widersprach dem Bauern. Ihr Geschrei wurde immer lauter. Nach und nach kamen immer mehr Landleute. Jeder ergriff Partei – der eine für den Fremden, der andere für den Bauern.
Der Fremde hatte inzwischen seine Mahlzeit beendet. Aber die Männer aus Maalula und aus ihren Nachbardörfern achteten nur noch auf ihren Streit. Lauter und lauter und später auch mit Fausthieben und Handschlägen gingen sie gegeneinander vor. Der Fremde erhob sich, stieg auf den Esel und ritt davon. Erst nach Stunden bemerkten die Streitenden, daß er verschwunden war.«

Den »Streit der drei Dörfer« kennt jedes Kind in Syrien. Ihre alten Geschichten machen diese Orte allmählich zu einem Magneten für Besucher. Doch vor allem die jungen Menschen und die zur sogenannten »kritischen Intelligenz« zählenden Syrer suchen in Maalula auch ganz bewußt das Gespräch mit den Ausländern.
So ist Maalula zum Ort der Begegnung geworden. Das gemeinsame Interesse an der Sprache Christi bildet dabei die Brücke zwischen Arabern und Europäern, zwischen Christen und Muslims.

Schienenwege zu Allah, Öl und Weihrauch

Europa – Asien – Afrika mit der Eisenbahn. Vielleicht ist der Tag nicht mehr fern, an dem wir an irgendeiner arabischen Wüstenstation in einen Expreßzug einsteigen und bis Kopenhagen, Warschau oder Lissabon durchfahren können. Frieden im Nahen Osten ist die Voraussetzung dafür, dann kann verwirklicht werden, was seit dem Beginn des 20. Jh. in Plänen vorhanden und in Teilstrecken realisiert ist: ein drei Kontinente verbindendes Schienennetz.

Es begann 1899. Frankreich baute Schienen und Straßen in Nordafrika. Großbritannien investierte große Summen, um das Entstehen neuer Verkehrswege in seinen Kolonien zu fördern. Auch das Deutsche Reich versuchte, zusammen mit seinem türkischen Verbündeten, auf diese Weise Einfluß im Nahen Osten zu gewinnen.

Die einheimische Bevölkerung war aus eigener Kraft nicht in der Lage, schwierige und kostspielige technische Projekte durchzuführen. Vieles kam dabei zusammen: die unwegsamen Landstriche – Wüsten, Flußtäler, karge Felsengebiete –, der niedrige Stand der technischen Kenntnisse, Kapitalmangel, Krankheiten, Armut und die von den ausländischen Mächten bewußt geschürten inneren Streitigkeiten. So blieb der Bau von Gleisanlagen und Eisenbahnzügen fast ausschließlich in den Händen der europäischen Kolonialmächte. Mißtrauisch standen sie sich gegenüber. Das Verkehrsnetz sollte vor allem der Wirtschaft des Mutterlandes zugute kommen, die Ausbeutung der fremden Rohstoffe erleichtern und im Kriegsfall für Truppentransporte dienen. Die Belebung des einheimischen Reise- und Güterverkehrs stand bei den Zweckbestimmungen an letzter Stelle.

Ein Einbruch in diese Form der Kolonialherrschaft gelang dem Osmanischen Reich mit dem Bau einer Pilgerbahn. Sie erregte weltweites Aufsehen. Diese Bahn fuhr nur für Muslims und brachte die Gläubigen zu den heiligen Stätten des Islam.

Die Hejaz-Bahn

Seit Jahrhunderten war der Weg nach Mekka voller Gefahren. Der Schutz der Pilgerrouten blieb ein ungelöstes Problem. Tausende verdursteten unterwegs, Tausende wurden von räuberischen Beduinen überfallen und ausgeraubt. Andere wurden verschleppt und in die Sklaverei verkauft. Viele waren jahrelang unterwegs, mühsam verdienten sie ihren Lebensunterhalt als Hilfsarbeiter und Handlanger. Ihre Familien, die in den Heimatorten zurückgeblieben waren, gerieten während der langen Abwesenheit ihres Ernährers in Not.

Besonders gefährdet waren die Pilger, die in kleinen Gruppen oder als einzelne zu einer Wallfahrt aufbrachen. Aber auch die, die sich unter den Schutz eines Karawanenführers stellten oder zu Pilgerkolonnen zusammenschlossen, waren von zahlreichen Gefahren bedroht. Dennoch ließ sich kein gläubiger Muslim von einer Pilgerreise nach Mekka abhalten, denn im fünften Gebot des Islam heißt es, daß jeder Gläubige in seinem Leben einmal nach Mekka pilgern solle. Mekka ist der Geburtsort des Propheten Mohammed. Nicht weit davon entfernt liegt Medina, wo er begraben ist. Für alle Menschen, die sich zum Islam bekennen, ist dieser Landstrich unweit der Küsten des Roten Meeres in Saudi-Arabien heiliges Gebiet.

Von 1517 an bis zum Ende des Ersten Weltkrieges gehörte dieses Gebiet zum Osmanischen Reich. Auch der Irak, Syrien, Libyen, Ägypten, Jemen, Palästina und Jordanien wurden von Istanbul aus regiert. Der Sultan hatte doppelt so viele arabische Untertanen wie türkische. Dieser Vielvölkerstaat war durch den aufkommenden Nationalismus gefährdet. Gelang es jedoch der türkischen Regierung, die gemeinsame Basis des Glaubens zu festigen, so war den Zerfallserscheinungen ein Riegel vorgeschoben.

Pilgerflasche aus Syrien. – Im 5. Gebot des Islam heißt es, daß jeder Gläubige in seinem Leben wenigstens einmal nach Mekka pilgern soll. Der Weg dorthin war immer voller Gefahren; Tausende verdursteten, viele waren jahrelang unterwegs. Die Pilgerflasche wurde in der islamischen Kunst zu einem Symbol der Wallfahrt.

Im Namen Allahs befahl daher im Jahre 1900 Sultan Abdul Hamid II., eine Bahn von Damaskus nach Mekka zu bauen, um die Religion und das Leben der Gläubigen zu schützen. Den Auftrag zur Durchführung des Projekts bekam der in Leipzig geborene und in Dresden aufgewachsene Heinrich August Meißner. Das Geld für den Eisenbahnbau wurde durch hohe Anleihen der Deutschen Bank und durch freiwillige Spenden der Gläubigen in aller Welt aufgebracht. Etwa 75 Millionen Gold-Franken standen zur Verfügung. In einem Bericht des Deutschen Generalkonsulats heißt es: »Dieser Fonds ist der einzige redlich verwaltete in der ganzen Türkei. Niemand dürfte es wagen, sich an ihm zu vergreifen. Die kleinste Entwendung würde einen religiösen Skandal in der ganzen Welt des Islam auslösen.«

Über den Namen der Bahn wurde man sich rasch einig. Pilgerreise heißt auf arabisch »Hadsch«; und die Bahn, die die Pilger in das Pilgerland bringen sollte, bekam einfach den Namen »Pilgerland-« oder »Hejaz-Bahn«.

Was bei diesem Bahnbau geleistet wurde, ist unvorstellbar. Die Strecke verlief von Damaskus über Deera nach Ma'an und von dort über die Wüste nach Tabuk, dann weiter über Al Mudarraj und noch weiter, quer durch die wilden, zerklüfteten Gebiete des fast 1200 Meter hohen Feuersteingebirges bis nach Medina. Von dieser ersten Hauptstrecke sollten später noch 500 Kilometer Schienenweg bis nach Mekka gelegt werden. Eine Zweigstrecke wurde von Ma'an aus nach der Hafenstadt Akaba an der nördlichen Spitze des Roten Meeres gebaut. Von dort aus hatte das Osmanische Reich Zugang zu den Schiffahrtswegen, die nach Afrika führten.

Meißner kümmerte sich um pünktliche Lohnzahlungen an die Arbeiter. Er prüfte die Verpflegung und sorgte dafür, daß kein Tropfen der täglichen Wasserzuteilung verlorenging. Bei der Arbeit ging er exakt und planmäßig vor. So wurde jede Baustrecke in drei Arbeitszonen eingeteilt: die Erkundungszone, die Vermessungszone und schließlich die Bauzone. Je nach den Geländeverhältnissen war jeder Abschnitt zwischen 50 und 150 Kilometer lang. Türkisches Militär sicherte die Arbeiter gegen Überfälle. An der Strecke wurden Lebens-

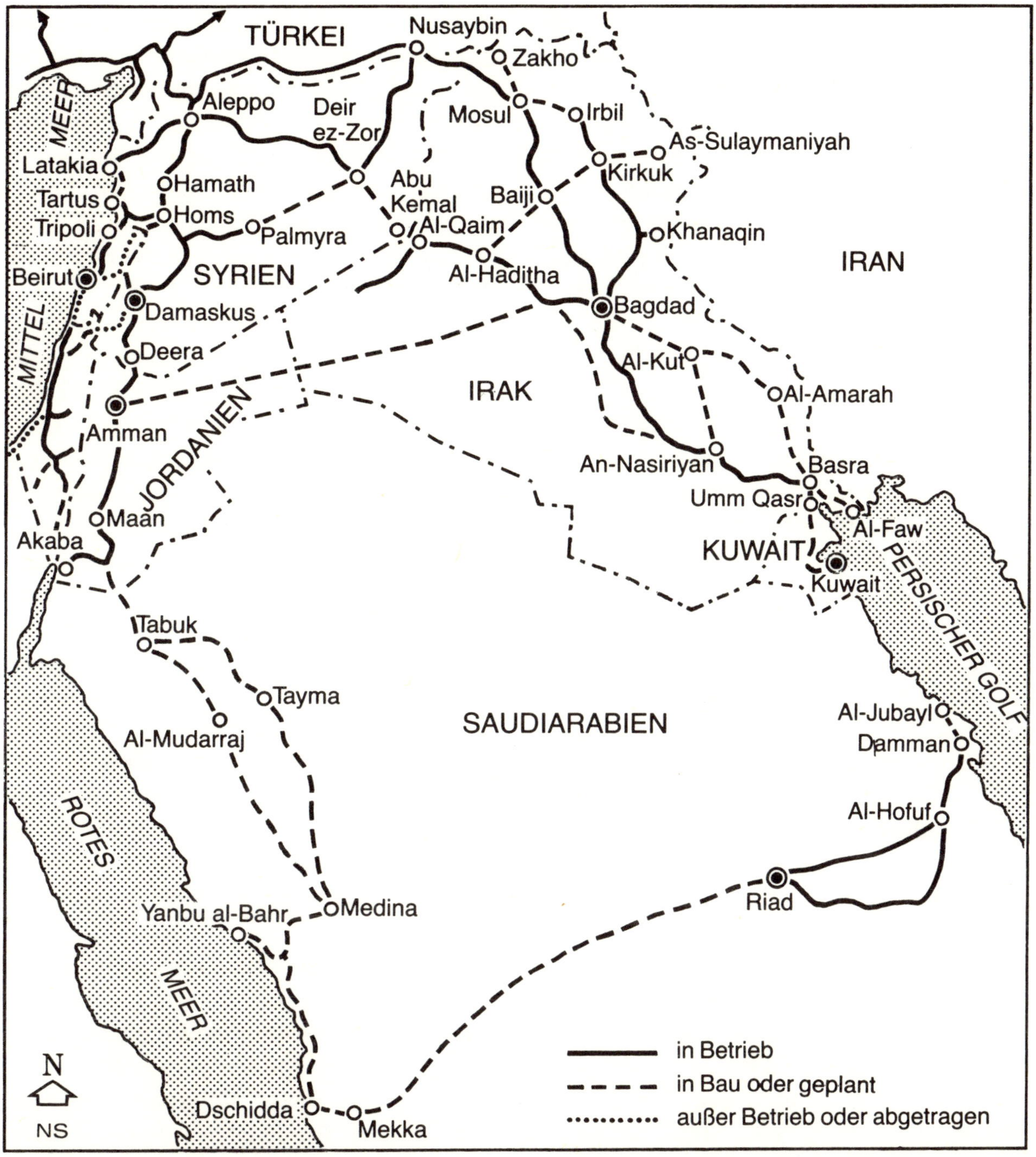

Das arabische Eisenbahnnetz. – Die arabischen Länder arbeiten mit Hochdruck am Aufbau und der Wiederinstandsetzung eines großen Schienennetzes. Der Irak investiert Milliardenbeträge. Syrien, Jordanien, Kuweit und Saudi-Arabien messen dem Ausbau der Eisenbahnlinien große Bedeutung bei. Viele Strecken führen durch Wüsten und menschenleere Felsengebirge; gefahrvoll und kostspielig ist der Bau von Gleisanlagen, Bahnhöfen, von Brücken und Tunnels in dieser Region. Ein Vorbild sind die um 1900 gebauten innerarabischen Streckennetze der Hejaz-(Pilger)Bahn und der Bagdad-Bahn. Die Hejaz-Bahn sollte von Damaskus über Deera, Ma'an, Tabuk, Al Mudarraj bis nach Medina führen. Der Bau des Schienenweges bis Mekka wurde durch den Ersten Weltkrieg verhindert. Eine Zweigstrecke lief von Ma'an nach der strategisch und wirtschaftlich wichtigen Hafenstadt Akaba am Roten Meer. Die Bagdad-Bahn führte von Berlin quer durch den Balkan und die Türkei bis Aleppo. Von dort zweigt die Strecke nach Mossul und weiter nach Bagdad ab. Basra am Persischen Golf war als Endstation des »Berlin-Bagdad-Express« vorgesehen. Auch die Vollendung dieses Projektes unterbrach der Erste Weltkrieg.
Die Karte zeigt die bestehenden und die geplanten Eisenbahnlinien sowie die Schienenwege der Hejaz- und der Bagdad-Bahn. An der Wiederinstandsetzung der durch die Kriegseinwirkungen (Erster und Zweiter Weltkrieg, Nahostkonflikt, Golfkrieg) zerstörten Teilstrecken wird gearbeitet. Die Fertigstellung dieses Schienennetzes ergäbe eine durchgehende Eisenbahnverbindung von Europa an den Persischen Golf und an das Rote Meer.

mittelvorratslager und Reparaturwerkstätten errichtet. Ärzte und Sanitäter übernahmen die medizinische Betreuung der 10 000 Arbeiter und Soldaten, die die Gleise legten. Kein Wunder, daß Meißner in den Ruf kam, ein Organisationsgenie und ein Menschenfreund zu sein – oder, wie die Orientalen sagten, »ein von Allah mit himmlischen Gaben gesegneter Mann«. Die 250 Kilometer lange Linie Damaskus–Amman war zuerst betriebsbereit. 1904 wurde sie dem Verkehr übergeben.
Die Fachwelt und die europäischen politischen Kreise hatten den Bahnbau skeptisch beurteilt. Sie trauten der Türkei nicht zu, eine Wüstenbahn zu errichten, und meinten, der Wassermangel würde das Projekt »im Sande verlaufen« lassen. Insbesondere ab Ma'an konnte Wasser nur noch aus uralten, löcherigen Zisternen entnommen werden. Wasserbohrungen ergaben bis zu einer Tiefe von 54 Metern ein negatives Resultat. Da die Dampflokomotiven ohne Wasser betriebsunfähig waren, schienen die Skeptiker recht zu behalten. Meißner ließ neue Lokomotiven mit großem Wasserfassungsvermögen bauen und ließ Wassertankwagen mitfahren, trieb die eingleisige Linienführung inzwischen voran und sorgte dafür, daß die schwierigsten Strecken nur mit Eisenschwellen gebaut wurden. Sie gaben den Schienen eine feste und unverrückbare Grundlage. Denn durch die Sonnenglut schrumpfen hölzerne Schwellen, die Nägel lockern sich, Sandstaub füllt jede Öffnung aus. Bald paßt nichts mehr ineinander, und die Spurweite (1,05 Meter) verändert sich. Wenn alles gut geht, verursacht das während einer Zugfahrt nur starke Schwankungen der Waggons ...
Die Türken sagten: »Inschallah«, aber Meißner bestand auf »absolut solider Bauweise«. Die Hejaz-Bahn fuhr – und der Ingenieur bekam den Titel Pascha. Am 1. September 1908 wurde die 1302 Kilometer lange Strecke von Damaskus nach Medina in Betrieb genommen. Nun war alle Welt des Lobes voll. Technisch war das Projekt gelungen. Doch bald gab es Probleme, an die vorher niemand gedacht hatte.
Bis zum Bau der Eisenbahn waren die Warentransporte ein unangefochtenes Privileg der Wüstenstämme gewesen. Nur sie kannten die Karawanenwege; nur ihre Kamele widerstanden den Sandstürmen, dem Wassermangel, der Hitze. Die Beduinen hatten die Pilger auf ihrem Weg nach Mekka begleitet und dafür hohe Schutzgebühren kassiert. Sie hatten die Landesprodukte – Weihrauch, Ziegen, Schafe, Feigen – zu den Bazaren der Städte transportiert und gute Geschäfte mit den Händlern gemacht. Sie kannten die versteckten Anbauflächen von Balsam- und Weihrauchsträuchern, aus deren Saft Heilöle, aromatisches Wasser, Wundsalben und Präparate zum Einbalsamieren von Toten hergestellt werden. Alle diese Heilmittel wurden über Hunderte von Kilometern durch Wüsten und Steppen, durch tiefe Schluchten und über hohe Gebirge transportiert, bevor sie die Hafenstädte erreichten und von dort nach Europa kamen. Mit dem Vordringen der Technik waren diese Erwerbsquellen gefährdet. Für die Wüstensöhne wurde der Schienenweg, den alle Welt bewunderte, zu einem »eisernen Strang«, der sie langsam erdrosselte.
Als 1914 der Erste Weltkrieg ausbrach, machten sich die Engländer den Haß der Stämme auf die Hejaz-Bahn zunutze. Schon 1911 war die Linie dem türkischen Kriegsministerium unterstellt worden. Bei einer Durchschnittsgeschwindigkeit von 30 Stundenkilometern konnten innerhalb von 36 Stunden kriegsstarke Bataillone von Damaskus nach Ma'an befördert werden – eine Leistung, für die die Soldaten früher zwölf Marschtage benötigten. Von Ma'an aus war der Schienenbau auch nach der Hafenstadt Akaba am Roten Meer verbessert

worden; zudem wurden Zweiglinien über Haifa–Nablus–Afule (bei Jerusalem) und eine Strecke bis Bir el Seba (unweit der Sinai-Halbinsel) gebaut.
Der Suez-Kanal und Kairo lagen nun in Reichweite der türkischen und der deutschen Truppen. Ein Traumziel schien der Verwirklichung nahe zu sein: die Eisenbahnlinie Istanbul – Kairo. Für England war das eine schwere Bedrohung. Ein Sieg der Mittelmächte (Deutschland, Österreich-Ungarn, Türkei) im Nahen Osten hätte den Alliierten einen verheerenden Schlag versetzt.
Lawrence von Arabien war der Mann, der die Hejaz-Bahn zerstörte. Er wiegelte die arabischen Stämme auf, versprach ihnen Unabhängigkeit vom »türkischen Joch«, lieferte ihnen Waffen und meinte: »Der Krieg ist eine wunderbare Gelegenheit, meine Abenteuerlust so richtig auszuleben und gleichzeitig auch noch den politischen Interessen meines Landes zu dienen.« Durch dauernde Überfälle, die Sprengung von Brücken und schließlich die blutige Einnahme von Akaba wurde das Zerstörungswerk vollendet.
Der Gegenspieler des englischen Abenteurers war der österreichische Orientalist Alois Musil, Neffe des Schriftstellers Robert Musil. Scheich Musa, wie ihn seine arabischen Freunde nannten, erregte kein spektakuläres Aufsehen, sondern wirkte mehr in der Stille. Er sprach arabisch, türkisch, hebräisch, hatte in Jerusalem und Beirut studiert und kartographierte als erster die Regionen Nordarabiens, die südlichen Gebiete des Zweistromlandes Irak, die Wüste Nedschd und die Landstriche am Roten Meer. Seine Absicht war, die zerstrittenen Stämme zu einigen und zu verhindern, daß sie auf seiten Großbritanniens am Krieg teilnahmen. 1915 schien sein Vorhaben gelungen: von der ägyptischen Grenze bis zum Tigris hatten die Beduinen Neutralität gelobt und sich miteinander ausgesöhnt. Doch je länger der Krieg dauerte, um so deutlicher wurde die militärische Überlegenheit der Briten und ihrer Verbündeten. Sie versprachen den Arabern goldene Berge, Freiheit und unermeßliche Beute. Musil meinte einmal, er habe mehr Freunde als Lawrence von Arabien, aber dem Engländer stünde mehr Geld zur Verfügung.
Nach dem Ende des Krieges zogen sich sowohl der Zerstörer als auch der Verteidiger der Hejaz-Bahn verbittert in ihre Heimatländer zurück. Lawrence hatte für die Unabhängigkeit der Araber gekämpft. Als ihre Länder in britische und französische Mandate aufgeteilt wurden, schien ihm alles Lüge gewesen, wofür er sich eingesetzt hatte.
Musil kehrte nach Wien zurück. Nur noch in wissenschaftlichen Aufsätzen und Zeitungsartikeln kämpfte er für seine Freunde und ihr Recht auf eigene Staaten. Doch eine aktive Mitwirkung Österreichs bei der Gestaltung der politischen Neuordnung des arabischen Raumes war durch den Kriegsausgang für lange Zeit nicht durchführbar.
Nach 1918 war die Bahn nur noch auf kurzen Teilstrecken benutzbar. Im Zweiten Weltkrieg wurde sie fast völlig zerstört. In den dann folgenden Kriegen der Israelis gegen die arabischen Völker erschien es sinnlos, die Gleise wieder instandzusetzen.
1975 wurde die Linie Akaba–Ma'an von der Deutschen Eisenbahn Consulting wieder in Ordnung gebracht. Die Verbindung zum Roten Meer ist wieder hergestellt. Auch die Strecke Damaskus–Ma'an funktioniert wieder, ebenso einige kleine Streckenabschnitte in Saudi-Arabien. Die Züge transportieren heute Phosphate.
Für die Pilger ist die Bahn noch nicht wieder in Betrieb genommen worden; doch vielleicht ändert sich das. Denn auch die zwei Millionen Muslims, die jährlich nach

Mekka kommen, fordern eine Wiedereröffnung der Strecke, die die Gläubigen aus aller Welt zum Geburtsort ihres Propheten bringt.

Die Bagdad-Bahn

Der wuchtige Bahnhof in Aleppo erinnert eher an eine Kaserne als an eine Station. Er wurde aus dem grauen Naturstein errichtet, dem die syrische Handelsmetropole ihren arabischen Namen verdankt: Esch Schabba, die Graue. Von hier aus sollte in den Jahren von 1900 bis 1914 ein Schienenweg an den Persischen Golf gebaut werden, um dem Deutschen Reich einen direkten Zugang zu den Schätzen Asiens zu eröffnen. Die Arbeiten wurden unter Führung der »Gesellschaft für den Eisenbahnbau in der Türkei« durchgeführt. Sie hatte ihren Sitz in Frankfurt am Main. Der Erbauer der Hejaz-Bahn, Heinrich August Meißner, übernahm in der zweiten und dritten entscheidenden Bauphase die technische Leitung des Projekts. Die Deutsche Bank war für die Finanzierung verantwortlich. Alle Signale standen auf Expansion.
Von Berlin aus führte der Schienenweg über die Anschlußstrecken des Balkan bis nach Istanbul. Von der türkischen Hauptstadt ging es weiter nach Konia und von dort durch das wild zerklüftete Kurdengebiet Diarbakir über Adana nach Aleppo. Diese Stadt mit dem größten Bazar des Orients war als Bahnknotenpunkt für den »Nah-Ost-Expreß Berlin–Bagdad« vorgesehen.
Eine in südlicher Richtung projektierte Gleislinie sollte nach Damaskus führen und damit die Verbindung zur Hejaz-Bahn ermöglichen. In Richtung Osten wurden von Aleppo aus die Schienen nach Mossul gelegt, von dort aus weiter in Richtung Bagdad. Basra am Persischen Golf war als Endstation vorgesehen; dieser Hafen bietet dem Welthandel einen direkten Zugang zum Indischen Ozean.
Die Staatsmänner in London, Paris und St. Petersburg beurteilten den Bahnbau als »absolut unerwünschtes Eindringen« Deutschlands in ihr Interessengebiet. Um die Bedenken der Engländer, Russen und Franzosen zu beschwichtigen, wurden ihnen zahlreiche Vorschläge zur Beteiligung unterbreitet. Vergeblich. Die Furcht vor der Errichtung deutscher Handelszentren unweit des Suez-Kanals (Hejaz-Bahnstation Akaba am Roten Meer), in der Nähe der Ölgebiete am Persischen Golf (Basra) und damit an den Schiffahrtsrouten nach Indien, China und Japan überwogen alle wirtschaftlichen Erwägungen.
Als am 28. Juli 1912 der erste Spatenstich in Bagdad erfolgte, war das – von heute aus gesehen – ein Schritt näher zum Ersten Weltkrieg. Der Generalgouverneur Ahmed Djemal-Bey sagte zwar, die Ingenieure seien die größten Wohltäter der Menschheit, wenn es die Menschen nur verstünden, ihre Gaben zu verwerten; der Bahnbau sei nicht nur für die Bewohner von Bagdad ein großes Geschenk, sondern könne allen Völkern Frieden und Wohlstand bringen – aber seine Botschaft verhallte. Der Wille, neue Absatzmärkte zu erschließen, war stärker als der Wunsch nach Frieden. Die großen Kolonialmächte dachten nicht daran, Einbußen hinzunehmen, und die »Nachzügler« sahen keinen Grund zur Selbstbeschränkung.
Mit dem Ausbruch des Ersten Weltkriegs wurden die Arbeiten an der Bahnlinie unterbrochen. Die fast 4000 Kilometer lange Strecke Berlin–Bagdad war bis auf 722 Kilometer fertiggestellt. Aleppo behielt seine Bedeutung; es wurde zur Kommandozentrale der Kriegsgegner in beiden Weltkriegen.
Kemal Pascha (Atatürk), der Gründer des

modernen türkischen Staates, hatte hier zeitweilig sein Hauptquartier. Gemeinsam mit seinem deutschen Verbündeten General Liman von Sanders erarbeitete er hier die Pläne für die Kriegführung im Nahen Osten.
Von Aleppo aus zog Otto Hentig mit einer Schar Beduinen durch die persische Salzwüste nach Afghanistan; von Kabul wollte er nach Indien, um dort einen Volksaufstand gegen die Briten zu organisieren. Wilhelm Wasmus, den die Engländer »The German Lawrence« nannten, wiegelte die Stämme in der Nähe der persischen Ölfelder auf.
Im Zweiten Weltkrieg war die syrische Handelsstadt der Sitz der deutschen Militärhilfe für die Aufständischen im Irak. 1941 gelang es den britisch-indischen Verbündeten und den Truppen des »Freien Frankreich«, die Kriegslage zu ihren Gunsten zu verändern. General Felmy, der deutsche Befehlshaber an der syrisch-irakischen Front, verließ Aleppo; die Kommando-Unternehmen wurden abgebrochen. Es dauerte nicht mehr lange, und der Hauptbahnknotenpunkt gehörte den Alliierten. 1941 kam General de Gaulle nach Aleppo. In einer Rede vom Balkon des Hotels Baron meldete er Frankreichs Ansprüche bei der Neuordnung der politischen Verhältnisse im Nahen Osten an.
Coco Krikor Mazloumian, der Besitzer dieses einstmals berühmtesten Hotels im Vorderen Orient, zeigte mir das Gästebuch. Auf vergilbten Blättern stehen die Namen der Heerführer und Abenteurer, der Schriftsteller, Agenten und Waffenlieferanten, der Bauchtänzerinnen und der Scheichs und Könige, die von hier aus ihre Arbeit taten.
Wenn er erzählt, wird die Welt von gestern wieder lebendig. »Wir Armenier – Tausende leben in Syrien – waren immer von den Türken bedroht worden. Und nachdem die Türken mit den Deutschen verbündet waren, gehörten unsere Sympathien den Gegnern der Deutschen.
Auch hatten wir natürlich alle einen Hang zur französischen Kultur. Aber als die Franzosen in Aleppo einmarschierten – nun ja, wie soll ich es sagen: es waren Senegalneger. Das erste, was sie taten, war, allen Straßen und Plätzen die Namen von französischen Generälen, Politikern und Kriegshelden zu geben. Kein einziger arabischer Name war darunter und natürlich auch kein armenischer.
Die Briten? Sie waren klüger im Kampf um unsere Sympathien. Aber auch sie haben uns enttäuscht. Sie kamen mit indischen Regimentern ... Neben ihre Kriegshelden klebten sie überall ein Plakat von unserem armenischen General Amamurian an die Wände. Wir waren begeistert – nun war das auch unser Krieg. Die deutsche Wehrmacht zog sich überall zurück; die Schlacht vor den ›Toren von Kairo‹ bei El Alamein markiert wohl die Wende in Nordafrika und im Vorderen Orient.
Als sich die Engländer marschfertig machten, ließen sie die Plakate mit General Amamurian einfach liegen. Wir sagten: ›Ihr habt ja unseren Heerführer vergessen. Mit ihm kämpfen wir für unsere Freiheit, für unser Land und damit auch für euch.‹ Sie lachten: ›Die Deutschen ziehen sich doch überall zurück; die Armenier brauchen wir jetzt nicht mehr!‹ Das tat weh. Aber so war es.
Wenn ich so zurückdenke: Im Ersten Weltkrieg verließen die Türken das Land – Engländer und Franzosen teilten sich dann die Macht über uns ... Im Zweiten Weltkrieg war es ähnlich, nur hatten die Türken schon vorher nichts mehr zu sagen ... Nein, die Völker im Nahen Osten wurden nicht befreit, sie wechselten nur ihre Herren ... Und nicht nur das – in Palästina wurden auch die Bewohner vertrieben.«

Ich ging noch einmal zu dem grauen Bahnhof der Bagdad-Bahn, warf einen Blick auf die alte Lokomotive, die wie ein Museumsstück vor dem Gebäude aufgestellt ist, und lief dann die paar Schritte zu der neuen Station hinüber. Auf den Bänken hockten tiefverschleierte Bauersfrauen. Vor den Schaltern standen die Männer laut schwatzend zusammen. Ein Arbeiter säuberte den Steinfußboden; die Wassermassen, die er verspritzte, flossen nicht ab. Keiner beschwerte sich, ruhig blieben alle in den Pfützen stehen.

An den Säulen in der Halle kleben die Plakate mit dem Bild des Präsidenten Assad. An den Wänden hängen vergoldete Schmucktafeln. Sie zeigen die geflügelten Stiere Babylons, Getreideähren, Reiter, uralte Münzen und eine Eisenbahnlinie – auf ihr rollen vergoldete Räder auf vergoldeten Schienen nach Osten, nach Bagdad.

Die Signale stehen auf Hoffnung

Stundenlang stand ich schon am offenen Zugfenster und schaute hinaus. Baumlose, fahlgelbe Sandhügel, Palmen, ein Dorf, ein Schöpfbrunnen . . . und dann wieder rechts und links der Gleise nur Sand. Ich spürte ihn in allen Poren und auf den Lippen. Sie waren trocken und aufgesprungen und schmeckten bittersalzig.

Der Aufbau und die Wiederinstandsetzung des modernen Zugverkehrs machten in allen arabischen Ländern Fortschritte. Im Irak werden Milliardenbeträge dafür bereitgestellt, denn seit dem Krieg mit dem Nachbarland Iran sind alle Überlandstraßen völlig überlastet. Kuweitische, saudiarabische, jordanische, syrische und türkische Häfen haben die Aufgabe des vom Krieg bedrohten Hafens Basra übernommen. So kommt den Gleisanschlüssen in die Nachbarländer große strategische Bedeutung zu; in ihren Häfen werden nun die Waren für den Irak gelöscht und in nicht abreißenden Lastwagenkolonnen nach Bagdad transportiert.

Auch Kuweit plant, eine neue Eisenbahnstrecke zu bauen. Sie soll die Verbindung mit dem Königreich Saudi-Arabien verbessern. Darüber hinaus ist sie das erste Teilstück eines alle Golfstaaten umfassenden Eisenbahn-Verbundnetzes: Abu Dhabi, die Vereinigten Arabischen Emirate, das Sultanat Oman und Katar werden damit erreicht. Sie wird nicht nur die Wirtschaftsintegration des Gebietes fördern, sondern auch die Sicherheit der Warentransporte um ein Vielfaches erhöhen. Was auf Schienen befördert wird, braucht nicht mehr die ständig gefährdete Meerenge von Hormuz zu passieren.

Saudi-Arabien will seine Hauptstadt Riad mit den heiligen Stätten und den Erdölfördergebieten mit der Eisenbahn verbinden. Bis jetzt existiert in dem reichsten Land der Region nur ein Schienenweg von 400 Kilometer Länge, der von Riad zu dem Ölgebiet von Damman an der Golfküste im Osten des Landes führt. Die Bedeutung dieser Strecke ist durch das 80 Kilometer von Damman entfernte, aus dem Boden gestampfte Industriezentrum Jubail noch gewachsen. In den Schubladen des Verkehrsministeriums liegen die Pläne für die Wiederinstandsetzung der alten Hejaz-Bahn. Vorgesehen ist eine neue Linienführung unweit der Küsten des Roten Meeres. Sie könnte von Ma'an nach Akaba gehen, von dort aus weiter nach Duba und Janbu. Damit wäre der Anschluß an das große Industriegebiet im Westen des saudischen Königreiches hergestellt. Gelingt das Projekt, hat Saudi-Arabien einen direkten Zugang zum europäischen Schienennetz – über Syrien und die Türkei.

Die Entscheidung liegt in Damaskus. Denn ob Hejaz- oder Bagdad-Bahn, alle Gleise

Blick auf die Altstadt von Jerusalem; Hauptstadt von drei Weltreligionen: Judentum, Christentum, Islam. Die vergoldete Kuppel des Felsendoms ruht auf einem Achteck. Koransprüche zieren die Außenmauern. Der Felsendom zählt nach Mekka und Medina zu den drei wichtigsten Heiligtümern des Islam.

Unten: Orthodoxe Juden mit der Thora (Buch der Weisungen) vor der West- oder Klagemauer. Sie ist das größte Heiligtum der Juden in aller Welt. Nach der jüdischen Überlieferung ruht hier »Jahwes Gegenwart auf Erden«.

Sie folgten den Aufforderungen der Israelis und der Zionistischen Weltorganisation zur Heimkehr in das Land ihrer Vorfahren. Jüdische Einwanderer aus Marokko in ihrem neuen Haus in Jericho.

führen nach Damaskus beziehungsweise Aleppo.
Syrien plant, seinen einzigen Mittelmeerhafen Latakia auszubauen. Von dort könnten dann alle Waren aus dem Irak mit der Bagdad-Bahn und die Güter aus Saudi-Arabien und Jordanien mit der Hejaz-Bahn transportiert und verladen werden.
Gelingt ein Friedensschluß im Nahen Osten, wird es auch zu einem alle arabischen Staaten verbindenden Schienenweg kommen. Zu Beginn des 20. Jh. wurde das Projekt in Angriff genommen – vielleicht wird es in seinem letzten Jahrzehnt verwirklicht.
Solange die Araber von Fremden beherrscht wurden, wehrten sie sich gegen die technische Erschließung ihres Gebietes und die Eisenbahnlinien – zuerst gegen die von den Deutschen und Türken, später gegen die von Briten und Franzosen gebauten. Attentate und Sprengstoffanschläge waren an der Tagesordnung.

Mit der Gründung des Staates Israel kam es sofort zu offenen Kriegshandlungen. Wieder wurden die Schienenwege in Mitleidenschaft gezogen, und neue Grenzlinien und militärische Sicherheitszonen blockierten den Zugverkehr.

Israel baute 1949 eine eigene Israelische Staatsbahn. Reisezüge fahren von Tel Aviv in das Bergbaugebiet Beerscheba und Dimona. Verlängerungsstrecken erschließen die Negev-Wüste und die Küste am Golf von Akaba. Israels Hafen Elath liegt dem syrischen Hafen Akaba unmittelbar gegenüber, nur ein paar Kilometer trennen sie. Aber noch führt kein Weg von dem einen zum anderen, noch wird auf jeden geschossen, der vom einen Ufer zum anderen gelangen will. Polizeikräfte und Armeeverbände halten sich im Hintergrund, doch ihre Präsenz auf beiden Seiten ist unübersehbar.
Elath ist Israels Zugang nach Afrika und Asien und wird mit enormem Kostenaufwand zu einem modernen Hochleistungshafen erweitert.
Elath und Akaba könnten zu einer gemeinsamen Wirtschaftsregion ausgebaut werden, in der sich See- und Zugverkehr auf das beste ergänzen. Die Menschen, das Fachwissen und auch das Geld für die Durchführung solcher Pläne für »Wohlstand in Frieden« sind vorhanden. Aber noch verhindern Staatsegoismus, Arroganz der Macht und auch Furcht vor dem Nachbarn ihre Verwirklichung. Doch die Signale stehen auf Hoffnung.

Israel zwischen Krieg und Frieden

Der Bund der Zionisten

»Hört man Nachrichten, so sind es keine Nachrichten, wenn sie nicht Israel angehen; gehen sie aber Israel an, dann ist man sofort hellwach.
Demonstrieren die Schwarzen in Südafrika gegen die Weißen, fragt man sich: was bedeutet das für Israel; wird an der Berliner Mauer geschossen, fragt man sich, ob das auch irgend etwas in Jerusalem auslösen könnte; wird ein Nobelpreis verliehen, spitzen wir die Ohren, ob ihn ein Cohn oder ein Levy erhielt. Wird in New York ein schreckliches Verbrechen aufgedeckt, zittert man, daß der Täter ein Jude ist; fliegt der amerikanische Präsident nach Moskau, warten wir darauf, was in den Verhandlungen über Israel gesagt wird; streikt die El-Al, bangen wir um die volkswirtschaftlichen Verluste – streikt die Air France, hören wir gar nicht hin; fallen in einem Krieg hundert Polen oder Brasilianer, berührt uns das wenig – fällt ein Israeli, schreien wir auf vor Schmerz ... Wollen Sie noch mehr hören? Ich kann stundenlang so fortfahren.«

An der Küstenstraße von Tel Aviv dachte ich an dieses Gespräch mit dem Schriftsteller Hans Habe zurück und auch an seine Worte: »Der Staat Israel hat die Juden in aller Welt nun endgültig heimatlos gemacht. Das Asyl der Illusionen ist vorbei. Israel schenkt allen Juden die Erkenntnis des Wichtigen und des Nebensächlichen. Nun haben wir die gleichen Rechte wie alle anderen Völker – und das Recht, anders zu sein. Wir haben Israel nicht umsonst bekommen. Es ist unsere letzte Insel in dieser Welt. Nach achtzehn Jahrhunderten im Exil gehört sie uns.«
Nie hat die Juden die Sehnsucht nach Zion verlassen, nach der Stadt Gottes in der Wüste, die David zum religiösen Mittelpunkt erkor.
Der Bund der Zionisten verfolgte das politische Ziel, alle Juden zu dieser historischen Stätte zurückzubringen. Unterdrückung, Anpassung, Assimilation; Ansehen, Reichtum, Erfolg; Neid, Haß, Verfolgung: nichts blieb ihnen erspart – wenig gab es, was sie nicht erreichten. Doch ihr Trauma war die ewige Unsicherheit. Wer heute geduldet und akzeptiert war, konnte morgen wieder ausgestoßen werden. Zu schlimmen Ausschreitungen kam es im 19. Jh. in Rußland und Polen. Pinsker, der Führer der ostjüdischen Zionisten, sprach damals (1881) von der Sinnlosigkeit aller Bestrebungen nach Integration. »Was wir auch versuchten ..., wir wurden zurückgestoßen.« Wer nach Palästina ging, durfte sich im »Gelobten Land« nur drei Monate als Pilger aufhalten, die Einwanderung war verboten.
Ohne Hilfe vom Ausland schien den Zionisten ein Erfolg ihrer Bemühungen nicht möglich zu sein. So erklärten sie: *»Wir müssen weit über den jüdischen Rahmen hinaus politischen Einfluß auf die nichtjüdische Welt gewinnen. Nur mit ihrer Hilfe werden wir unser Ziel erreichen.«*
Der Anwalt dieser Politik wurde Theodor Herzl. In seinem 1896 veröffentlichten Buch »Der Judenstaat, eine moderne Lösung der Judenfrage« forderte er nicht die

Auswanderung in ein nichtjüdisches Palästina, sondern die Gründung eines eigenen jüdischen Staates. Wo dieser Staat entstand, war ihm nicht so wichtig, sogar Uganda wäre ihm recht gewesen. Gegen diese Staatsidee erhob sich sofort heftige Kritik, auch von jüdischer Seite. Viele meinten, es sei absurd, die in aller Welt lebenden Juden nun plötzlich wieder als »ein Staatsvolk« zu bezeichnen. Die Juden seien Österreicher, Amerikaner, Portugiesen, Dänen, Polen, Argentinier. Ihre Religion, nicht eine eigene Staatsangehörigkeit unterscheide sie von anderen Völkern.

Um diese Fragen zu klären, rief Theodor Herzl einen Zionistenkongreß in der Schweizer Stadt Basel zusammen. 1897 wurden dort die Staatsthesen formuliert, die Einwände jüdischer und nichtjüdischer Kreise zurückgewiesen und der Kongreß zur obersten Instanz einer die ganze Welt umspannenden jüdischen Weltorganisation erklärt. Dieser Anspruch stürzte viele Juden in schwere Gewissenskonflikte. Die Forderung, als Jude zu denken, zu handeln, zu kämpfen – gleichgültig, welche Staatsangehörigkeit man besaß –, machte sie zwangsläufig in jedem Land zu einer politischen Gruppe, die ihre Anweisungen von einer internationalen Organisation erhielt. Daß nicht alle Juden diese Anweisungen befolgten, einige sie sogar bekämpften und teilweise mit Antisemitismus darauf reagierten, steht auf einem anderen Blatt. Die Forderungen waren verkündet, und die den Juden nicht wohlgesinnten Kreise nahmen die Thesen von Basel zum Vorwand, von einer jüdischen Weltverschwörung zu sprechen. Das war 1897 – seitdem ist dieses Wort aus der politischen Arena nicht wieder verschwunden.

Theodor Herzl starb 1904. Seine Arbeit setzte Chaim Weizmann fort. Ihm ging es weniger um geniale Gedankenflüge, er wollte handfeste Vorteile. Weizmann organisierte große Landkäufe in Palästina. Finanziert wurden sie vom Bankhaus Rothschild. Wo heute Tel Aviv steht, wurden die ersten Grundstücke erworben. Man war nicht geizig, und die arabischen Großgrundbesitzer machten mit den Juden gute Geschäfte. Das Los der Landarbeiter aber war recht erbärmlich, und auch den Beduinen gefielen die Landrechte der Fremden nicht. So kam es bald zu Überfällen. Die jüdische Antwort bestand in der Aufstel-

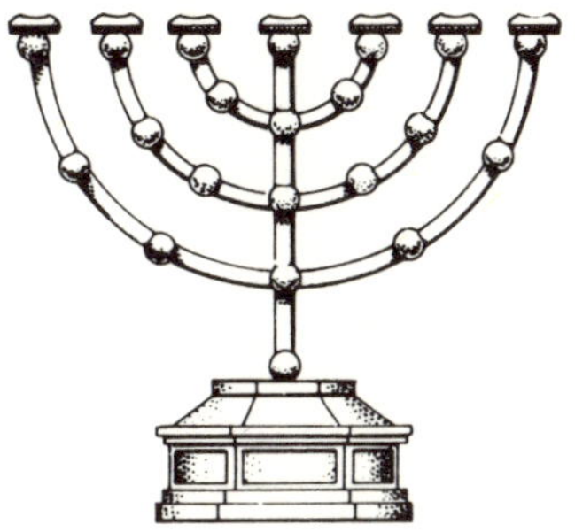

Judentum: Das uralte Kultzeichen des jüdischen Volkes, die Menorah oder der siebenarmige Leuchter, ist heute das Staatssymbol Israels.

lung einer eigenen rein jüdischen Wächtertruppe, der sogenannten Haschomer. Sie war die Keimzelle der heutigen israelischen Armee.

»Die Armee ist die Kraft, die den Staat trägt«, sagte der Informationsoffizier der israelischen Streitkräfte, Major Williams, in Tel Aviv. »In Israel ist es die größte Schande für eine Familie, wenn ein Angehöriger nicht Soldat werden will. Aber«, so fügte er sofort hinzu, »in 40 Jahren gab es nur 28 Wehrdienstverweigerer.«

»Wird staatlicher Druck ausgeübt?«

»Ein wenig. Ohne Militärdienst gibt es keinen Führerschein. Ohne Militärdienst gilt ein Mann als Versager. Ohne Militärdienst sind einem die guten Posten verschlossen, egal wo – ob in der Verwaltung, in der Wirtschaft oder in der Wissenschaft.«

»Und die in Israel lebenden Araber – macht man mit ihnen eine Ausnahme? Denn in der Armee dürfen sie doch nicht dienen.«

»Wir machen keine Ausnahmen. Auch die Araber fragen wir nach der Militärdienstzeit. Sie haben keine, und so werden sie abgewiesen. Besatzungsrecht – sicher, so kann man es nennen. Und wäre ich ein Palästinenser, dann würde ich mich darüber aufregen. Aber uns bleibt keine andere Wahl. Wir müssen sie im Zaum halten. Wären die Verhältnisse umgekehrt, dann würden sie uns diskriminieren, dann wären wir die Nachtwächter und sie die Firmeninhaber.«

Das Wort von den Nachtwächtern war kein Witz. Wer spätabends durch israelische Städte geht, begegnet überall den palästinensischen Wächtern. Aus ihren Transistorradios klingt arabische Musik. In ihren Wohnquartieren ist alles fast noch so wie in der Türkenzeit. Außer Patrouillen von vier oder fünf schwerbewaffneten israelischen Soldaten erinnert hier kaum etwas an Israel. Kommt man mit den alten Menschen ins Gespräch, erzählen sie bereitwillig von ihrem Leben, und immer wieder kommen die Erinnerungen an die Vergangenheit. Auch die Israelis sprechen davon: »Wer die Geschichte nicht kennt, begreift überhaupt nichts.«

Sie denken dabei auch an den Ersten Weltkrieg. Damals versprachen die Engländer den Juden eine nationale Heimstatt.

Das deutsche Kaiserreich war nicht antisemitisch. Noch in den letzten Kriegsjahren hat Wilhelm II. eine Anzahl Juden geadelt und andere mit hohen Kriegsauszeichnungen geehrt. Doch das Ziel der Zionisten hieß Palästina. Und das konnten sie nur erreichen, wenn Deutschlands Bundesgenosse – die Türkei – den Krieg verlor. Die Engländer, nicht die Deutschen, versprachen ihnen eine nationale Heimstätte.

In der Erklärung des britischen Außenministers Balfour hieß es 1916: *»Seiner Majestät Regierung betrachtet die Schaffung einer nationalen Heimstätte in Palästina für das jüdische Volk mit Wohlwollen und wird die größten Anstrengungen machen, um die Erreichung dieses Zieles zu erleichtern, wobei... nichts getan werden soll..., was die... Rechte nichtjüdischer Gemeinschaften beeinträchtigen könnte.«* Dieses Versprechen hat Großbritannien noch schwerwiegende Probleme beschert. Aus Gründen einer ausgewogenen Politik wurde den Arabern ebenfalls Hoffnung auf einen unabhängigen Palästinenserstaat gemacht. Diese Doppelzüngigkeit entlarvte 1922 der britische Premierminister McDonald: *»Wir haben die Araber zur Revolte gegen die Türkei ermutigt, indem wir ihnen ein Königreich mit Einschluß Palästinas versprachen. Zur gleichen Zeit haben wir den Juden für ihre Hilfe versprochen, ihnen Palästina zur Verfügung zu stellen, und gleichzeitig haben wir noch mit Frankreich im geheimen das Sykes-Picot-Abkommen geschlossen, welches eben dieses Territorium in zwei Teile teilt...«*

Nach dem Krieg forderten Araber und Juden die Einlösung des Versprechens, doch vorerst blieb alles in der Schwebe. Palästina wurde britisches Mandatsgebiet, Frankreich nahm sich Syrien. Der jüdische Einfluß wuchs durch die weltweiten Aktionen der Zionisten, durch die Finanzhilfen der jüdischen Bankiers und das bedeutende Engagement der amerikanischen Juden zugunsten einer »jüdischen Heimstatt in Palästina«. Die Araber waren uneins, und ihre Bemühungen, nichtarabische Staaten für ihre Interessen zu mobilisieren, blieben ziemlich wirkungslos.

1924 gehörten schon 17 Prozent der Bevölkerung zur jüdischen Glaubensgemeinschaft. Den muslimischen Geistlichen war diese Religion ein Ärgernis. Nur zu willig unterstützten sie die Empörung über die Eindringlinge und den Kampf gegen das Anwachsen eines unorientalischen Lebensstils. Neue große jüdische Landkäufe und die Übernahme wichtiger Geschäftszweige

In Tel Aviv, der wirtschaftlichen und kulturellen Metropole des jüdischen Staates, lebt mit etwa 1,5 Millionen Einwohnern fast ein Drittel der israelischen Bevölkerung.

schürten den Neid und die Verbitterung der landlosen und der weniger begüterten Palästinenser weiter. Einen ersten international bedeutenden Rückhalt fanden die arabischen Aktionen erst durch die radikale antisemitische Politik des Dritten Reiches und seiner Verbündeten. Der Großmufti von Jerusalem wurde von Hitler empfangen, und Goebbels sprach von dem »gemeinsamen Kampf gegen das Weltjudentum«. Mit den Judenverfolgungen in Deutschland und Österreich kam es zu jüdischen Masseneinwanderungen nach Palästina. 1939 waren 30 Prozent der Bevölkerung Juden.
Um einer Entwicklung entgegenzutreten, welche die arabischen Völker zu Verbündeten der faschistischen Staaten gemacht hätte, versprachen die Westmächte, die jüdische Einwanderung nach Palästina zu drosseln, den Landkauf von Juden strengen Bestimmungen zu unterwerfen und sogar eine Masseneinwanderung von Juden nach Großbritannien und nach Nordamerika nicht zu gestatten. Während im Großdeutschen Reich die Synagogen brannten und die Araber diese Schandtat mit Freudenkundgebungen feierten, unterstützten die Westmächte die arabischen Anliegen auf Kosten jüdischer Wünsche. Mit den Juden, so meinten politisch einflußreiche Kreise in London, Paris und Washington im Jahre 1939, brauche man sich keine besondere Mühe zu geben. Sollte es zum Krieg mit Deutschland kommen, so bliebe den Juden keine Wahl: wer Hitlers Feind war, war ihr Verbündeter – auch ohne Gegenleistung.
Was die Westmächte beschlossen, war für die jüdischen Politiker nicht verbindlich. Schon 1942 verlangte die Jewish Agency in New York die volle Amtsgewalt für ein jüdisches Gemeinwesen in Palästina nach dem Kriege. 1945 widersetzte sich Großbritannien dieser Forderung, und es kam in Palästina zu blutigen Kämpfen zwischen Engländern und Juden. Englands Soldaten sympathisierten mit den Arabern. Die britische Regierung zeigte »Wohlwollen« für die zionistischen Ziele, und die USA forderten die Freigabe der Einwanderung für die Juden aus aller Welt nach Palästina.
Die Vereinten Nationen sollten diesen gordischen Knoten lösen. Sie empfahlen die Teilung des umstrittenen Landes: 55 Prozent der Bodenfläche für die Juden, 45 Prozent für die palästinensischen Araber. Die Engländer sollten Palästina verlassen.
Die jüdische Bevölkerung stimmte begeistert zu. Es war ein Anfang. Es war die Zusage für eine eigene Heimstatt. Bei den Arabern herrschte Empörung. Ausnahmslos lehnten sie den Beschluß ab; dieser Teilungsplan sei ein Bruch aller Versprechen, welche den Arabern im Ersten und Zweiten Weltkrieg gegeben worden seien. »Der Beschluß ist unmoralisch und ungesetzlich. Wir werden ihn nie akzeptieren, und wird er uns aufgezwungen, so werden wir kämpfen.«

Die Staatsgründung

Es war der Morgen des 14. Mai 1948. Die britische Flagge wurde eingeholt. Hochkommissar Sir Alan Cunningham verließ Palästina. Am Nachmittag verkündete David Ben Gurion die Gründung des Staates Israel.
»Wir, die Mitglieder des Volksrats, die Vertreter der jüdischen Bevölkerung Palästinas und der Zionistischen Bewegung, sind... heute, am Tag der Beendigung des britischen Mandats über Erez Israel, zusammengetreten und proklamieren hiermit kraft unseres natürlichen und historischen Rechtes und aufgrund des Beschlusses der Vollversammlung der Vereinten Nationen die Errichtung eines jüdischen Staates..., des Staates Israel.«
Wenige Stunden später heulten die Alarm-

sirenen. Ägyptische, jordanische, syrische, libanesische, palästinensische Freischärler und irakische Truppen griffen den neuen Staat an. Israels Geburtsstunde war eine Stunde des Krieges. Luftangriffe, Vertriebene, Gefallene; Überfälle auf arabische Wohnviertel, Attentate auf jüdische Einwanderer. Blut floß durch die Straßen von Jerusalem. War der Zweite Weltkrieg noch nicht zu Ende, flammte er im Nahen Osten wieder auf?

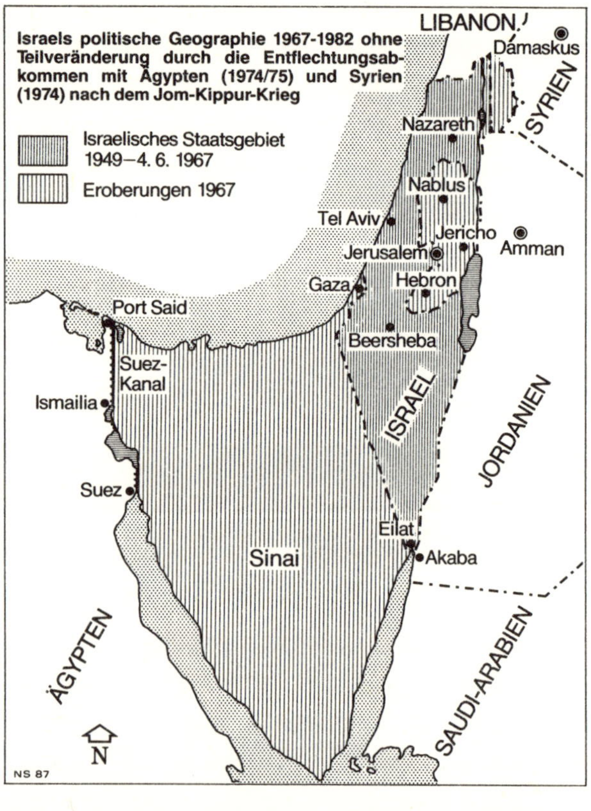

Der Staat Israel wurde am 14. Mai 1948 errichtet. 1967 vervierfachte sich das Staatsgebiet durch militärische Eroberungen. Bei dem Friedensvertrag mit Ägypten 1974 wurde die Sinai-Halbinsel an Kairo zurückgegeben.

Graf Folke Bernadotte, der Repräsentant der Vereinten Nationen, reiste nach Palästina, um zwischen den Kämpfenden zu vermitteln. Er wurde von jüdischen Terroristen ermordet. Der Kampf ging weiter. Die Juden in Israel, die Zionisten und der Jüdische Weltkongreß wollten nur eins: die Anerkennung des Staates Israel. Wer sich als Jude dazu bekannte, sollte einwandern.

Und sie kamen; die Überlebenden aus den Konzentrationslagern, die Flüchtlinge aus dem zerstörten Europa, die reichen Familien aus Nordamerika. Männer, Frauen, Kinder, Greise und Jugendliche. Soldaten, Siedler, Rabbiner, Künstler, Wissenschaftler, Techniker. Die jahrtausendealte Sehnsucht der Juden war erfüllt: Israel gehörte ihnen.

Für die Araber jedoch war dieser Landstrich an den Küsten des östlichen Mittelmeers seit Menschengedenken arabisches Land, und die Juden bildeten darin nur eine Minderheit. Einen biblisch-historischen Anspruch auf Rückkehr der Juden in das Land ihrer Väter erkannten die Söhne und Töchter Mohammeds nicht an. Wenn Palästina aus historischen Gründen an die Juden zurückgegeben werden müßte, so folgerten sie, dann hätten die Indianer das Recht, Nordamerika für sich zu fordern, dann müßten die Australier ihren Kontinent an die Aborigines zurückgeben und die Russen Sibirien verlassen.

Nicht die Argumente entschieden den Konflikt, sondern die militärische Überlegenheit. Im Februar 1949 ließen die Kampfhandlungen nach. Friede war es nicht. Kein arabischer Staatsmann erkannte die Existenz des Staates Israel an. Israelische Politiker meinten: »Solange wir ihnen nichts anderes anbieten können als Frieden, wird es keinen Frieden geben.« Was damit gemeint war, zeigte der Blitzkrieg im Heiligen Land. 1967 überrollten die isrealischen Streitkräfte ihre Gegner in sechs Tagen, vernichteten durch Präventivschläge die feindliche Luftwaffe und eroberten in Panzerangriffen so viel Land wie möglich. Die Losung hieß: »Vorwärts, bevor die internationale Politik uns stoppt.«

Als es zum Waffenstillstand kam, hatte sich das israelische Staatsgebiet vervierfacht.

Die Krone der Siegesbeute war der arabische Teil Jerusalems. Israels Außenminister sagte: »Nun haben wir ein paar Trumpfkarten für Friedensgespräche. Nun werden sie einsehen, daß von der Vernichtung Israels nicht mehr die Rede sein kann. Nun geht es höchstens noch um die Rückgabe von einigen besetzten Gebieten.«

Land gegen Frieden. Nach dem Krieg von 1973 wurde dieser Grundsatz in einem Abkommen mit Ägypten verwirklicht. Israel gab die Sinai-Halbinsel frei, und das ermöglichte den Friedensschluß mit Ägypten. Für die anderen arabischen Staaten wurde Ägypten damit zum Verräter an dem gemeinsamen Kampf aller Araber.

Seit dem Sechstagekrieg ist die Landkarte im Nahen Osten radikal verändert. Die militärischen Eroberungen arabischer Gebiete haben den Teilungsbeschluß der Vereinten Nationen von 1948 zur Seite gewischt. Die Sowjetunion und ihre Verbündeten werfen Israel deshalb die Durchführung von Angriffskriegen und die Mißachtung internationaler Abkommen vor. Falin, Chefredakteur der »Iswestija«, formulierte es: »Der Aggressor ist bekannt. Die Aggression ist vorhanden. Die Aggression darf nicht akzeptiert werden. Die Aggression richtet sich nicht nur gegen die Araber, sie richtet sich auch gegen die Grundentscheidung der Vereinten Nationen, zwei Staaten auf dem Territorium von Palästina zu errichten.«

Welches Israel wollen wir?

Israel war siegreich in den Kriegen. Den Frieden hat es nicht gewonnen. In Israel und den besetzten Gebieten leben heute etwa dreieinhalb Millionen Juden und knapp zwei Millionen Araber.

Die arabische Bevölkerung unter israelischer Herrschaft besteht aus verschiedenen Gruppen, deren rechtliche, soziale und staatsbürgerliche Lage nicht einheitlich ist. 550000 Araber leben seit 1948 innerhalb Israels. Sie sind Araber mit israelischen Pässen – doch sie haben weder die gleichen Rechte noch die gleichen Pflichten wie die Israelis. Es gibt 120000 Araber im besetzten Ostteil Jerusalems; sie sind israelische oder jordanische Staatsbürger. 450000 leben im besetzten Gaza-Streifen als staatenlose Flüchtlinge. Im besetzten Westjordanland (West Bank) leben 850000 Palästinenser, über 200000 von ihnen in Lagern. Im Gebiet der Golan-Höhen gibt es noch 12000 arabisch sprechende Drusen, die sich als Syrer bezeichnen. Als die Militärverwaltung sie zwingen wollte, israelische Pässe anzunehmen, traten sie in einen Proteststreik.

Zwei Völker, zwei Gesellschaften, zwei Sprachen, zwei Religionsgemeinschaften existieren nun nebeneinander. Beide zeigen wenig Willen, sich zu vermischen oder gemeinsame politische Ziele zu verwirklichen.

Für Israel gab es Landgewinne – und neue Bedrohungen. Seine Luftwaffe kann in wenigen Minuten über Damaskus sein, und die Kriegsschiffe unter dem Davidstern kontrollieren die Küsten des östlichen Mittelmeers. Doch der Staat ist ein anderer geworden, als man sich ursprünglich vorgestellt hatte. Viele Juden – nicht nur in Israel – haben das Gefühl, es sei an der Zeit, noch einmal darüber zu diskutieren, was für ein Staat Israel sein sollte.

Ein Staat, wie ihn sich die Zionisten gewünscht haben: jüdisch, wie die Knesset-Abgeordnete Aloni sagte, in nationalem, aber nicht in religiösem Sinn. Jüdisch, so wie Italien italienisch und England englisch ist.

Die gemäßigten Israelis sagen: »Die Rabbiner vergessen ihre Aufgabe als Religionslehrer. Sie machen Politik. Sie rechtfertigen

alles, was der Verwirklichung der radikalgroßjüdischen Ziele dient. Israel vom Nil bis zum Euphrat.« So steht es auch über dem Eingang des Parlaments.
Die Reformer (Liberale) fürchten die Aushöhlung rechtsstaatlicher Prinzipien mit religiösen Argumenten oder mit der magischen Formel »Sicherheit«. Nach ihrer Ansicht aber hängt die Sicherheit eines Staates nicht in erster Linie von der Armee, sondern von der Stabilität der Gesellschaft ab. Für die Reformer ist der Fanatismus der orthodoxen Juden gefährlicher als die Kampforganisation der Palästinenser (PLO). Die PLO ist ein Feind, den man kennt; mit einem Feind kann man verhandeln und Frieden schließen. Mit religiösen Fanatikern gibt es keine Verhandlungen; für sie ist ein politischer Konflikt ein Glaubenskrieg.
Die orthodoxen Gruppen verfügen über zehn Prozent der Parlamentssitze. Das ist nicht viel, doch keine Partei in Israel kann ohne ihre Zustimmung regieren. Sie erkennen den Staat Israel nicht an. Für sie darf Israel erst entstehen, nachdem der Messias gekommen ist. In ihren Händen liegt das Personenstandsrecht. Sie verhindern staatliche Trauungen. Sie haben ein eigenes Schulsystem für ihre Kinder. Wer in ihrem Stadtviertel Mea Schearim wohnt, zahlt keine Steuern.
Ich kam an einem Samstagvormittag mit ihnen in Berührung, als ich am Westwall stand und Aufzeichnungen machte. Sofort wurde mir Einhalt geboten: »No writing. Sabbath.« Zu den Domänen der Orthodoxen gehören die Beachtung der Feiertage, der Speisegesetze und die Befolgung der strengen Moralvorschriften. Als Busstationen in Jerusalem lichterloh brannten, war das kein Anschlag der Palästinenser, wie voreilige Touristen leichtfertig meinten. Orthodoxe hatten die Haltestellen mit Benzin übergossen und angezündet. Sie nahmen Anstoß an Plakaten, die Mädchen in Badeanzügen abbildeten. Sie sollten in Flammen aufgehen.
Neben dem Konflikt der Gemäßigten mit den Orthodoxen gibt es noch die Auseinandersetzung mit den »Faschisten«. Sie gruppieren sich um den New Yorker Rabbi Kahane. Typisch für sein Verhalten ist folgender Vorfall: Palästinensische Schüler bewarfen einen Bus mit Steinen. Kahane schrie, man solle alle aus dem Lande jagen oder umbringen. Beim Einspruch zufällig anwesender deutscher Besucher wandte er sich um und fragte: »Wo kommen die Leute her? Was sind es? Deutsche? Gleich mit umbringen.«
Langfristig gewinnt jedoch die Auseinandersetzung zwischen Ost- und Westjuden (Sephardim und Ashkenasim) mehr an Bedeutung als die Probleme mit den israelischen Faschisten. Immer mehr Juden wandern aus den orientalischen Ländern nach Israel ein. Sie bilden bereits die Mehrzahl der jüdischen Einwohner. In den Führungsgruppen des Staates, der Wirtschaft, der Wissenschaft und der Kultur sind sie jedoch deutlich unterrepräsentiert. Nur in der Armee gehören viele von ihnen zum Offizierskorps. Menschenrechte, Selbstbestimmung, die Anerkennung von Mehrheitsentscheidungen und der Schutz individueller Rechte sind ihnen nicht so vertraut wie den europäischen Juden. Im Martin-Buber-Institut sprach man offen von der wachsenden Spannung und Verbitterung zwischen diesen beiden jüdischen Gruppen.
»Was für ein Israel wollen wir?« ist wieder zu einer Grundsatzfrage geworden. Es wird überlegt, gestritten, diskutiert, miteinander geredet und nicht mehr miteinander geredet. Laut wird die Einwanderung von Juden aus aller Welt gefordert, und gleichzeitig stellt man die bange Frage: Woher kommen sie? Die amerikanischen Juden vergrößern die Macht der Radikalen, ebenso die Ostju-

den. Die Einwanderungen aus West- und Mitteleuropa sind dagegen fast zum Erliegen gekommen. Ein Blick in die Statistik zeigt sogar ansehnliche Zahlen von Rückwanderern. 1986 haben 15300 Israelis das Land verlassen.

Juden, die aus dem jüdischen Staat auswandern – das ist schlimmer als eine verlorene Schlacht oder eine weltweite Verurteilung Israels in den Vereinten Nationen. »Daran haben wir uns gewöhnt«, sagte man mir, »aber Israelis, die Israel den Rücken kehren, daran werden wir uns nie gewöhnen.«

Wohin man blickt: Herausforderungen. Die politischen Erzieher beschwören die Schrecken der Vergangenheit, um die Juden an ihre gemeinsame leidvolle Geschichte zu erinnern. Das »Nie vergeben, nie vergessen« ist auch ein Versuch, den Zusammenhalt der Juden zu beschwören. Eine Mahnung – nicht nur an die Täter gerichtet, sondern auch an die Nachkommen der Opfer.

Nach fast zweitausend Jahren in der Fremde hat sich der jüdische Wunsch nach einem eigenen Staat erfüllt. Wird es ein rein jüdischer Staat werden? Wird Israel auf die besetzten Gebiete verzichten und den Arabern ein eigenes Staatsgebiet in Palästina zugestehen, wird es sie vertreiben, oder wird Israel ein Zwei-Völker-Staat bleiben? Und wer wird in diesem Staat die Macht ausüben? Wird Israel seinen demokratischen Prinzipien treu bleiben? Dann müßte es den Palästinensern die gleichen Rechte gewähren wie den Israelis; sonst ist die Apartheid zwischen Juden und Arabern vorprogrammiert. Rassismus und Glaubenskrieg in einem Staat der einstmals rassisch und religiös Verfolgten ...?

Israel ringt nicht nur um Krieg oder Frieden an seinen Grenzen. Es kämpft auch in der Innenpolitik um Grundsatzwerte. Sie entscheiden die Zukunft.

Der Schriftsteller Schalom Ben-Chorim sagte bei einem Gespräch in Jerusalem:

»Es hat sich ein Kulturkampf entwickelt, der nicht mit geistigen Argumenten, sondern mit politischen Schachzügen und Brachialgewalt geführt wird. Der tiefere Grund der Auseinandersetzung ist die Frage, die schon vor 40 Jahren bei der Gründung des Staates Israel gestellt wurde: Rechtsstaat oder Theokratie. Sie ist ungelöst, Israel ist eine weltliche Demokratie mit einer überwiegend agnostischen Bevölkerung und einer teilweise theokratischen Gesetzgebung. Ich meine, es bietet sich keine andere Lösung an als die Trennung von Religion und Staat. Aber das durchzuführen, ist so schwierig, weil bei uns Religion und Volkstum nicht voneinander zu trennen sind. Sicher läßt sich das jüdische Volk nicht von seiner religiösen Vergangenheit trennen – aber der moderne Staat hat nur in einer neutralen Position eine Klammerfunktion gegenüber einer pluralistischen Gesellschaft.

Der einzelne muß das Recht auf Freiheit des Glaubens – oder des Unglaubens – haben. Es kann nicht die Aufgabe des Staates sein, nur eine religiöse Gruppe gelten zu lassen. Doch ungeachtet aller Gegensätze: das jüdische Volk, das Land Israel und die hebräische Bibel gehören zusammen.

Auch in den weltlichen Schulen werden fünf Bibelstunden in der Woche erteilt. Wir nennen das nicht Religionsunterricht, sondern Quellenstudium. Die hebräische Bibel, das Alte Testament, ist für uns ja nicht nur ein Buch des Glaubens, sondern auch das Buch der hebräischen Sprache, der alten Geschichte unseres Volkes, der Landeskunde, der Sitten, der Archäologie. Ich hoffe, daß ein Volk, das so an der Bibel arbeitet, auch erfahren wird, daß die Bibel an ihm arbeitet.«

Der jüdische Religionsphilosoph Martin Buber sagte das mit anderen Worten: »Wir

müssen die werden, die wir sein wollen.« Auch er wehrte sich gegen politische Denksysteme, die den Menschen vorschreiben, wie sie zu leben haben, und die von vornherein bestimmen, was richtig und was falsch ist: »Ich habe Angst vor Menschen, die alle Antworten wissen.«
Ich blättere wieder im Alten Testament. Hoffen und Hoffnung kommen in der Bibel 206mal vor; Hoffnungslosigkeit wird kein einziges Mal erwähnt.

Israel existiert. Ein uralter Wunsch wurde Wirklichkeit. Aus einem Beharren wurde ein Staat. Ein Staat wie jeder andere? Die Antwort darauf werden die Israelis und die Juden in aller Welt geben. Israel ist nicht existenziell durch die arabische Welt bedroht, durch die Staaten und Völker, die es umgeben. Es muß sich nun – wie Friedrich Dürrenmatt sagt –, da die Heimstatt errichtet und die Rettung des jüdischen Volkes vor seinen Verfolgern gelungen ist, der Aufgabe stellen, »die Rettung zu retten«.
In der vieltausendjährigen Geschichte der Juden hat eine neue Epoche begonnen. Niemand weiß, welche Höhen und Tiefen sie enthält. Doch eins ist gewiß: die Welt wird nicht mehr schweigend zusehen, wenn das jüdische Volk und Israel in Gefahr sind.

Die Palästinenser: Volk ohne Heimat

Flucht und Vertreibung

»Ich war nicht mehr unter Hausarrest.
Aber war ich nun frei?
Sicher nicht.
Wie hätte ich frei sein können?
Ich bin eine Palästinenserin, die unter der Besatzung lebt.«

(Raymonda Tawil)

»Natürlich bedeutet der Tod eine Menge. Das Wichtigste ist zu wissen, warum man stirbt. Selbstaufopferung im Zusammenhang revolutionärer Aktion ist ein Ausdruck des höchsten Verständnisses vom Leben und vom Kampf, der das Leben eines Menschen würdig macht.
Die Liebe zum Leben einer Person wird eine Liebe zum Leben der Massen seines Volkes. Nicht länger duldet man, daß ihr Leben in einer Aneinanderreihung von Elend, Leiden und Mühsal besteht. So wird das Verständnis vom Leben zu einer sozialen Tugend. Sie ist fähig, den militanten Kämpfer davon zu überzeugen, daß Selbstopferung eine Erlösung seines Volkes bedeutet. Dies ist der höchste Ausdruck von Zuneigung zum Leben.«

(Ghassan Kanafani. Im Juli 1972 durch ein Attentat mit einer Bombe in seinem Auto getötet.)

Schrecklich sind die Gesetze des Krieges, noch schrecklicher ist die Logik des Guerilla-Kampfes. Er setzt die Energien des Tötens und Leidens, der Gewalt, der Opferbereitschaft, des Bösen und des Guten frei. Es gibt nur noch Feind oder Freund; es gibt nur noch kämpfen, dienen und helfen oder ausbeuten, verjagen, vernichten. Angestaute Ohnmacht explodiert plötzlich in ungehemmten Ausbrüchen.
In allen revolutionären Lagern der Welt gelten diese Verhaltensweisen, ob in Vietnam oder in Südafrika, in Nicaragua oder in Afghanistan, in Ungarn, in Kuba oder in China, im Libanon oder in Libyen. Doch die Palästinenser sind nicht identisch mit den Selbstmordkommandos, mit der Volksfront für die Befreiung Palästinas, mit Arafats Al Fatah oder den Kampfkommandos der Saiqa (Blitzstrahl).
Auf jeden militanten Palästinenser kommen hundert, die geduldig in ihren Zelten hausen oder die die Unterdrückung, das Elend und die Aussichtslosigkeit eines Aufstands stumm hinnehmen. Ebenso viele haben der Politik den Rücken gekehrt und den Weg der Integration gewählt. Sie leben in Damaskus und Kuweit, in Riad, Amman und Algier, in Tunis, Beirut und Bagdad. Teilweise haben sie eigene Stadtviertel erbaut, teilweise vegetieren sie in den Elendsgebieten der Vorstädte, teilweise hausen sie in den zu Festungen ausgebauten Lagern. Doch kein einziger von ihnen ist bereit, Palästina verlorenzugeben. Wer mit ihnen spricht, spürt die Verbitterung, die Wut, die Ohnmacht, aber auch Hoffnung und Mut. Sie sind die Opfer sowohl der israelischen als auch der arabischen Politik und die Figuren auf dem Schachbrett der Großmächte.

Wer weiß, wie Besiegten, Vertriebenen und Flüchtlingen zumute ist, der wird auch manche ihrer gewalttätigen Äußerungen und Gefühlsausbrüche richtig einordnen. Der Geschlagene darf laut klagen und anklagen.

Die meisten Palästinenser sind vom täglichen Kampf ums Überleben voll in Anspruch genommen. Es stört mich immer wieder, wenn ich erfahre, wie viele von uns bei dem Wort Palästinenser sofort an Terroristen denken. Von den 4 Millionen Palästinensern gehören vielleicht ein paar tausend zu terroristischen Gruppen. Daß die leidende Mehrheit die mörderischen Aktionen dieser Leute mit Genugtuung aufnimmt, entspricht der Mentalität des Schwachen.

»Es hält uns am Leben«, sagte mir ein Junge im Lager bei Nablus. »Wir sind wie die Barthaare des Propheten. Je mehr man ausreißt, desto mehr wachsen nach«, meinte Omar im Palästinenserlager Garaman. Damit kommentierte er einen blutigen Vergeltungsschlag israelischer Kommandotrupps gegen einen palästinensischen Stützpunkt im Libanon. Daß die Attentate gegen Sportler (Olympische Spiele in München), Flugzeugentführungen, Piraterie (Besetzung des Kreuzfahrerschiffes Achille Lauro) und die sinnlos-verbrecherischen Mordaktionen, denen meistens Unschuldige zum Opfer fallen, die Weltmeinung gegen die Palästinenser aufbringen, scheint ihnen erst langsam bewußt zu werden. Aber ihr Gegenargument: »Vorher hat die westliche Welt von uns kaum Notiz genommen«, ist leider auch nicht ganz unzutreffend.

Beide, die Bewegung des Zionismus und die Partisanenkommandos der Palästinenser, entstanden als Reaktion auf erlittenes Unrecht. Der Zionismus auf die Verblendung des weltweiten Antisemitismus; der palästinensische Terror als Konsequenz des »Unrechts von 1948«.

Während es den Zionisten jedoch gelang, ihre Aktionen in eine von der jüdischen Tradition bestimmte Politik zusammenzufassen und zielstrebig und in Übereinstimmung mit den Juden in aller Welt zu handeln, wissen die Araber zwar auch, was sie wollen, sind aber in ihren Zielen keinesfalls einig. Sie zerstreiten sich in Rivalitätskämpfen, fürchten auf der jeweils anderen Seite starke kommunistisch-sozialistische oder monarchische Regime, fundamentalistische oder liberale Kräfte. Was ihnen fehlt, ist ein arabischer Weltkongreß, der es versteht, die arabischen Ziele zu bestimmen. Die Arabische Liga ist ein Parlament der Meinungen, jedoch kein Führungsgremium für alle Araber.

Nach dem Krieg von 1948/49 verließen fast eine Million Palästinenser ihre Heimat. Eingeschüchtert, auf der Flucht vor dem Krieg und den Besatzungssoldaten, bedroht und geängstigt, liefen sie davon. Die Israelis sahen das nicht ungern. Jeder arabische Landwirt, der seinen Acker verließ, machte Platz für einen israelischen Siedler. Nur ein kleiner Teil der Flüchtlinge kam in der Fremde allein zurecht; die meisten wurden in Lagern untergebracht.

Die Vereinten Nationen beruhigten ihr schlechtes Gewissen mit humanitären Hilfsaktionen. Am 8. Dezember 1949 gründeten sie die »United Nations Relief and Works Agency for Palestine Refugees in the Near East«. Diese UNRWA, wie sie kurz genannt wird, betreut die Heimatlosen. Sie sorgt für Lebensmittellieferungen, medizinische Hilfe, Schulbildung – soweit es die Lage zuläßt. Luftangriffe auf die Lager kann sie nicht abwehren, Aushungerungsaktionen nicht verbieten, Kampfausbildung innerhalb der Flüchtlingsviertel nicht verhindern, und der Frustration und Verzweiflung der Menschen ein neues Lebensziel entgegenzusetzen, ist ihr gleichfalls nicht gelungen.

Rechts: Straßenplakat in der Altstadt von Caesarea. Genau wie im Judentum ist auch bei den Muslims die Religion eine Basis des Widerstandes gegen eine feindliche Umwelt. Die Abbildung der heiligen Stätten in Medina, Mekka und Jerusalem soll das Zusammengehörigkeitsgefühl aller Muslims in Israel stärken.

Unten: Armenische Soldatengräber in Bagdad. Am Golf herrschen die Kriegsherren – Millionen Tote sind die Opfer des Kampfes um Erdöl, um die Führungsstellung innerhalb der islamischen Welt und um nationale Machtansprüche.

Kraft und Läuterung durch das Gebet. In glühender Mittagshitze in der Sahara und unter der Kuppel der Moschee von Samarkand im sowjetischen Orient.

Wirksame Hilfe mußte von den arabischen Staaten kommen. In Kairo, Beirut, Tripolis, Mossul und Damaskus sprechen alle arabisch; alle verneigen sich beim Gebet gen Mekka, alle nennen – wie die Palästinenser – Israel ihren gemeinsamen Feind.
Nach Englands Rückzug vom Suezkanal 1956 hofften die Araber auf Ägyptens Staatschef Nasser. Er schien der Führer zu sein; ihm schien zu gelingen, wovon alle anderen nur geredet hatten: eine panarabische Front aufzubauen und die arabischen Völker auf eine gemeinsame Politik zu verpflichten. Die Ölmilliarden, der gemeinsame Glaube, der nationale Fanatismus und die Ablehnung aller fremden Einflüsse boten gute Voraussetzungen für ein gemeinsames Handeln.

Palästina den Palästinensern

Um die Palästinenser in diesen Kampf zu integrieren und sie von unbeherrschten eigenen Aktionen zurückzuhalten, wurde auf Anregung Nassers 1964 die Palästinensische Befreiungsorganisation (Palestine Liberation Organisation – PLO) gegründet. Die PLO bildete den 1. Nationalrat Palästinas, eine Art Parlament, deren Vertreter jedoch nicht gewählt, sondern ernannt werden. Dieser Rat ist die oberste Instanz der Befreiungsorganisation. Ihr unterstellt ist die Palästinensische Befreiungsarmee (PLA). Sie ist jedoch verpflichtet, in den Armeen der befreundeten Länder (Ägypten, Jordanien, Syrien) unter ägyptischen, jordanischen, syrischen Offizieren zu kämpfen.
Der Sechstagekrieg von 1967 brachte den Zusammenbruch der panarabischen Hoffnungen. Wie eine Seifenblase zerplatzten die Zukunftsversprechungen und die Vision einer panarabischen Weltmacht. Ägypten, Jordanien, Syrien, Libyen und der Irak nahmen die Schläge hin, ohne in ihrem nationalen Bestand tödlich getroffen zu sein – für die Palästinenser war es die zweite große Katastrophe. Die Rückkehr in die Heimat war noch aussichtsloser geworden; und die Versprechungen der arabischen Staatsmänner hatten sich als leere Floskeln entlarvt. Nun beschloß der 5. Kongreß des Palästinensischen Nationalrats: »Palästina kann nur von Palästinensern befreit werden.«
Yassir Arafat, der Sprecher der Al Fatah, wurde zum Präsidenten und zum Chef des Exekutivkomitees der Palästinensischen Befreiungsorganisation gewählt. In diesem Komitee sind die Führer von elf Widerstands-Gruppen, der Kommandant der PLA und der Präsident des Nationalrats vertreten. Arafats Politik hieß: Frieden und Freundschaft mit den Arabern, aber keine Ausnutzung palästinensischer Kräfte für egoistische arabische Ziele. Alle Kräfte für Palästina. Wenn es sein muß, auch gegen die nationalen Eigeninteressen arabischer Staaten.
Die Fatah stellte Kampfgruppen auf. Über alle Waffenstillstandslinien hinweg führten sie Krieg gegen Israel. Ihre Aktionen wurden von einem Teil der arabischen Presse enthusiastisch gefeiert. Die Nacht-und-Nebel-Überfälle und die geheimen Aktionen gaben den im Krieg Geschlagenen ein Gefühl der Genugtuung. Je gereizter die Reaktionen in Jerusalem ausfielen, desto lauter war der Jubel bei den einfachen Arabern. Bei den Regierungen war er gedämpfter. Sie fürchteten die Vergeltungsschläge der Israelis.
Arafat gelang es, den Geschlagenen ihr Selbstbewußtsein zurückzugeben. Er war »der Prophet des Widerstands«, »der unverwundbare Held«, »der Schrecken der Feinde« und »der Bruder der Schwachen«. Jeden Erfolg der Israelis parierte er mit ein paar Hieben aus dem Hinterhalt. Er sprach

von Parität und führte den Kampf weiter, als die Weltmeinung die Sache der Palästinenser schon verloren gab. Mochten ihn auch immer mehr Gegner schmähen, seine Quartiere durch Luftangriffe zerstören und Attentate gegen ihn verüben, mochte er totgesagt, besiegt oder kapitulationsbereit genannt werden – Arafat meldete sich stets von einer neuen Kampfbasis aus zu Wort und rief in den Äther: »Palästina gehört uns!« Sein bloßes Noch-am-Leben-Sein schien für die Palästinenser der Beweis, daß Allah mit ihnen war.

Arafat wurde 1929 in einer angesehenen Jerusalemer Familie geboren. In den Jahren des Zweiten Weltkriegs kämpfte er gegen jüdische Organisationen. 1949 floh er in den Gaza-Streifen, versteckte sich in der Wüste, schlug sich nach Ägypten durch, studierte an der Universität Kairo, mobilisierte die Studenten und wurde von ihnen 1952 zu ihrem Vorsitzenden gewählt. Während der Kämpfe am Suezkanal meldete er sich sofort freiwillig. Reguläre Kampfhandlungen waren nicht seine Stärke, sein Handwerk hieß Sabotage. Seine innere Kraftquelle war der Glaube an Palästina. 1957 ging Arafat nach Kuweit, um dort für seine politischen Ziele zu werben.

1963 flog er nach Algier; der damalige Präsident Ben Bella stellte die Kontakte mit Syrien her. Mit Hilfe Algeriens und Syriens war es ihm möglich, die ersten Guerillatruppen aufzustellen und Unternehmungen gegen Israel durchzuführen. 1967 übernahm Arafat die Führung der PLO und machte sie zum Dachverband fast aller palästinensischen Widerstandsgruppen. Sein Ansehen und sein Ruhm führten ihm immer neue Mitstreiter zu, weckten aber auch Konkurrenzneid.

George Habash, 1924 geboren und an der amerikanischen Universität in Beirut zum Kinderarzt ausgebildet, war die Rückeroberung Palästinas zu wenig. Er wollte die revolutionäre Umgestaltung der muslimischen Welt. Seine Kampfgruppe »Haraka« (Bewegung) schuf sich in der »Volksfront für die Befreiung Palästinas« eine radikale Untergrundorganisation.

Habash ist ein stiller, gebildeter Mann. In der Öffentlichkeit gibt er sich mehr als Mediziner denn als Politiker. Sein Programm heißt: »Der ganze Nahe Osten ist krank. Der ganze Nahe Osten muß gesunden. Innerhalb dieses Heilprozesses wird auch die blutende Wunde Palästina vernarben.«

Um dieses Ziel zu erreichen, müssen zuerst die ungeheuerlichen sozialen Ungerechtigkeiten verschwinden. Der Weg dorthin führt nur über die Revolution.

Ideologisch noch kompromißloser ist Nayef Hawatmehs »Demokratische Volksfront«. Der 1935 in Jordanien in einer christlichen Familie geborene Hawatmeh bekennt sich zum reinen Marxismus-Leninismus. Seine Anhänger werben für die »Solidarität aller linken Revolutionäre«. Auf dieser Basis sucht er auch eine Verständigung mit den israelischen Marxisten.

Außerhalb dieser Gruppen steht die Organisation von Abu Nidal. Man sagt, seine Devise hieße: »Erst schießen, dann reden.« Der radikale Terror, auch gegenüber den gemäßigten Palästinensern, stand von Anfang an auf seinem Programm. Die PLO hat Nidal in Abwesenheit zum Tode verurteilt und seine Anhänger aus der Palästinensischen Befreiungsorganisation ausgeschlossen.

Eine weitere Untergrundbewegung ist die in Syrien aufgebaute »Saiqa« (Blitzstrahl). Damaskus versucht mit dieser Organisation seinen Einfluß innerhalb der PLO zu stärken und Arafats Politik zu kontrollieren, gegebenenfalls zu schwächen.

Aber auch nach der Vertreibung aus dem Libanon und vereinzelten Kämpfen miteinander rivalisierender Palästinensergruppen ist der Führungsanspruch Arafats nicht er-

schüttert. Eindeutige Antworten ergab die 1986 durchgeführte Umfrage in den von Israel besetzten Gebieten.
90 Prozent der Palästinenser bezeichnen die PLO als ihre einzige legale Vertretung. 71 Prozent geben Arafat ihre Zustimmung als Führer der Palästinenser. 60 Prozent fordern die Fortsetzung des bewaffneten Kampfes gegen Israel. 37 Prozent befürworten Terroraktionen. 78 Prozent fordern einen demokratischen Palästinenserstaat in ganz Palästina, und 74 Prozent halten einen Kompromißfrieden mit Israel für unwahrscheinlich. An dieser Umfrage haben australische, amerikanische und israelische Fachleute mitgearbeitet. Das Erschrecken in Israel über das Ergebnis ist verständlich.
Aus den Erklärungen der Palästinenser spricht der Wille, ihren Kampf bis zur Rückgewinnung einer eigenen palästinensischen Heimat fortzusetzen. Arafat ist ihr gewählter Führer. Wenn er eines Tages die Leitung abgeben sollte, werden die Widerstandskämpfer und die Masse der palästinensischen Bevölkerung ihren Kampf unter einer anderen Führung fortsetzen. Im unerschütterlichen Glauben an die Gerechtigkeit ihrer Sache und im Vertrauen auf Allah, der ihnen immer wieder neue Kraft verleiht, sind sie von einem positiven Ausgang ihres Kampfes überzeugt.
Im Westen sind viele Beobachter skeptisch und bewerten diese »Gewißheit« als naives Wunschdenken.
Auf der anderen Seite stehen die Palästinenser wiederum unseren Vorstellungen verständnislos gegenüber. Das beginnt schon bei der Bezeichnung »Terrorist« für Freiheits- oder Widerstandskämpfer. Geht man wie sie davon aus, daß der von der UNO 1948 den Palästinensern zugesprochene Teilstaat Palästina von fremden Truppen besetzt ist, dann sind die Überfälle auf Israelis Partisanenaktionen, vergleichbar etwa den Kämpfen der Résistance im besetzten Frankreich. In allen Ländern, die von der deutschen Armee besetzt waren, werden »die Helden des Widerstands« noch heute gefeiert – kein Politiker nennt sie Terroristen. »Wo«, so fragte mich der Palästinenser-Lagerarzt Dr. Ahmed in Amman, »bleibt die Gerechtigkeit, wenn nach dem Attentat eines Widerstandskämpfers auf einen Major der deutschen Wehrmacht von einem Erfolg der Résistance gesprochen wird, bei einem Anschlag auf einen israelischen Major aber von einem feigen Mord?«
Für die Palästinenser sind die Aktionen in den besetzten Gebieten kriegerische Kampfhandlungen. Dr. Ahmed: »Wie kann man sich nur abfinden mit dem, was Israel und Amerika im Nahen Osten als vollendete Tatsachen bezeichnen? Wie kann man die Aufstände unserer muslimischen Brüder in Afghanistan gegen die sowjetische Fremdherrschaft bejubeln und unseren Widerstand in Ostjerusalem und der Westbank gegen die israelische Fremdherrschaft verdammen? Die Gerechtigkeit ist nicht teilbar. Gott weiß das. Er hat uns nicht verlassen. Die westliche Welt hat uns verlassen.«
Tatsächlich hat die Anteilnahme am Schicksal des palästinensischen Volkes niemals die gleiche Intensität aufgewiesen wie das Mitgefühl für die Geschichte des jüdischen Volkes. Die besondere Haltung der Deutschen lasse ich jetzt unberücksichtigt. Der Holocaust erlaubt uns keine Diskussion über Ausgewogenheit. In den arabischen Ländern habe ich auch für unsere Haltung einiges Verständnis gefunden.
Aber Nordamerika, Großbritannien, Frankreich, die Niederlande, die Schweiz? Positive Stellungnahmen zum Thema Palästinenser sind selten. Filme über die arabischen Flüchtlinge kommen nur als kurze Dokumentarsendungen zur Ausstrahlung; Vortragsreisen palästinensischer Politiker, Gedenksendungen oder gar Spielfilme mit

Palästinensern als Helden sind Mangelware.
Demgegenüber wird uns publizistisch die Welt Israels ständig nahegebracht. Kaum ein Landstrich der Wüste, der von Israels Bauern wieder fruchtbar gemacht wurde, bleibt uns unbekannt – gelingt den Bewohnern eines palästinensischen Lagers die Errichtung von Industriebetrieben, so findet das wenig Widerhall im Westen.
Ein Teil der Schuld an diesen Verhältnissen liegt bei den Palästinensern selbst und bei den arabischen Staaten. Im Vergleich zu Israel ist ihre Öffentlichkeitsarbeit unterentwickelt. Darüber hinaus sind die in den arabischen Staaten lebenden Palästinenser eine Art Geisel in der Hand des Gastlandes. Ihre Unzufriedenheit, ihr Elend und ihr Heimweh können jederzeit als Waffe gegen Israel mobilisiert werden. So ist nicht zu bestreiten, daß die Palästinenser Grund haben, sich über ihre arabischen Brudervölker zu beklagen. Humanitäre Hilfe gibt es zwar, aber von einer politischen Eingliederung der Flüchtlinge kann nicht die Rede sein. Das Los der über 40 Jahre in Lagern lebenden Menschen mag noch so unerträglich sein, eine Integration in die Gastländer ist nicht in Sicht.
Wie oft wurde ich in den Lagern darauf angesprochen, doch zu erzählen, wie das im Zweiten Weltkrieg zertrümmerte Deutschland nach 1945 das Flüchtlingsproblem gelöst habe. Wie gelang es, 12 Millionen Heimatvertriebene zu integrieren und damit zu verhindern, daß die Lager zu Stätten der Verzweiflung und zu Keimzellen des Terrorismus wurden? Warum stellten die vertriebenen deutschen Volksstämme keine »Befreiungsfront für die Rückeroberung Schlesiens oder Ostpreußens« auf, warum führten sie keine Terroranschläge gegen Polen oder Tschechen durch? Diese wären mit Luftangriffen auf die Flüchtlingslager beantwortet worden, die Bundeswehr hätte zurückgeschossen, und so hätte der Teufelskreis der Gewalt das Land allmählich wieder in den Krieg getrieben – so wie es im Nahen Osten, im Libanon geschah ...

Die Tragödie der Palästinenser begann mit der Gründung des Staates Israel – aber daß sie noch andauert, liegt zum nicht geringen Teil an der Uneinigkeit der arabischen Staaten. Wieder einmal sind sie nicht in der Lage, mit einer Stimme zu sprechen und sich über ein erreichbares Ziel zu einigen: entweder Gründung eines palästinensischen Nationalstaates im Westjordanland oder Errichtung eines palästinensischen Staates in einem anderen arabischen Land oder Integration der Flüchtlinge und Verzicht auf ein eigenes Land für die Palästinenser.
Erst 1974 waren die USA und die Regierungen der Europäischen Gemeinschaft bereit, das Selbstbestimmungsrecht für das palästinensische Volk anzuerkennen. Erst mit der Erkenntnis, daß das Palästina-Problem den Mittelpunkt des gesamten Nahost-Konflikts bildet und es somit ohne Beteiligung der Palästinenser an Friedensgesprächen keine dauerhafte Regelung geben wird, wandelte sich die Politik der Westmächte. Das von der PLO geforderte Selbstbestimmungsrecht in einem eigenen Staat und die internationale protokollarische Anerkennung der PLO (diplomatische Vertretungen im Ausland, Staatsbesuche palästinensischer Regierungschefs usw.) haben die Westmächte bisher ignoriert. Ihr Argument: Die PLO muß zuerst das Existenzrecht Israels anerkennen – dann erst kann eine Anerkennung der PLO erfolgen. Vielleicht sollten diese Erklärungen im Schlußprotokoll eines Friedensabkommens stehen – als Voraussetzung für einen Gesprächsbeginn sind sie ungeeignet. Israel spricht nicht mit der PLO – die PLO erkennt Israel nicht an. Keiner von beiden ist bereit, den ersten

Schritt zu tun. Wie soll es da zu Verhandlungen kommen?
Eine für alle Beteiligten annehmbare Kompromißlösung wäre die Anerkennung eines palästinensischen Teilstaates in Palästina. Die kompromißbereiten Kräfte innerhalb der PLO sind zu einer solchen Vereinbarung bereit. Für sie wäre das in etwa das Wieder-in-Kraft-Treten des von den Vereinten Nationen 1948 beschlossenen Palästina-Planes. So wie damals die Juden in Palästina den Staat Israel errichten durften, würde nun den Palästinensern die Schaffung einer eigenen nationalen Heimstätte gewährt.
Israel fürchtet, durch eine solche Politik die Sicherheit des eigenen Staates und die Siedlungspläne in den besetzten Gebieten zu gefährden. Die Pessimisten sprechen davon, daß sich dann noch einmal alles wiederholen würde, was seither geschehen ist. Die Optimisten nennen es eine brauchbare Zwischenlösung. Wozu viele Israelis bereit sind, ist, den im Land lebenden Palästinensern Autonomie unter israelischer Kontrolle zu gewähren. Aber Selbstverwaltung unter fremder Herrschaft ist noch immer Fremdherrschaft; es ist ein Zugeständnis, keine Unabhängigkeit.
Das Existenzrecht Israels zu wahren und gleichzeitig den in ihrer völkischen Existenz bedrohten Palästinensern Beistand zu leisten und nach einer für sie annehmbaren gerechten Lösung zu suchen, ähnelt der Quadratur des Kreises. Und doch muß eine Lösung gefunden werden. Die Alternative hieße: kein Friede im Nahen Osten.

Leben und Arbeit des Menschen müssen mit dem Glauben in Einklang stehen. Diese Bronzesäule wurde zur Erinnerung an die Eröffnung der Telegrafenlinie nach Mekka und Medina in Damaskus errichtet. Eine Moschee krönt den Telegrafenmast; die Religion bestimmt auch die Technik und die Wissenschaft.

Kain und Abel im Libanon

Einer von uns

Mein Begleiter hielt mich am Arm fest. Wir waren nur noch ein paar hundert Schritte von dem brennenden Dorf entfernt. Wir hörten Schreie und Schüsse, Barrikaden verglühten. Aus leeren Fensterhöhlen quoll dicker, schwarzer Qualm hervor. Zwei Bewaffnete rannten über die Straße, liefen einen völlig leeren, verlassenen Weg entlang, sprangen über die auf den Steinen liegenden Toten. Im Wind flatterte ein Plakat: »Welcome to Lebanon«.

Am Dorfrand hielten uns die Soldaten auf. Ein Offizier ließ sich meine Papiere zeigen. »Fotografieren Sie, schreiben Sie«, sagte er, »alles was hier passiert, kommt auf das Schuldkonto der Zionisten und der Imperialisten. Wir schlagen nur zurück.«
Dann kam ein Trupp Jugendlicher, vierzehn-, fünfzehn-, sechzehnjährige Jungen. Sie schleiften die Leichen von den Straßen und warfen sie in die brennenden Häuser.
Ich fragte nach Gefangenen, nach Geiseln. Ein leerer, abweisender Blick. »Geiseln? Wir hassen es, Geiseln zu nehmen.«
»Warum?«
»Weil wir sie eines Tages doch erschießen müssen. In der Regel jedenfalls. Und wir hassen es, Wehrlose zu erschießen.«
Auf mein Erschrecken klopfte er mir beruhigend auf die Schulter. »Wir machen es nur so wie die anderen auch.«
»Die Israelis erschießen keine Geiseln.«
Jetzt wurde er wütend. »Nein. Die bestimmen ein ganzes Lager als Geiseln. Dann werfen sie Bomben darauf und schießen mit Bordwaffen alles nieder. Sie nennen das nicht Geiselerschießungen, sie nennen das Vergeltung. Und ihr im Westen glaubt das.«
Ich hielt den Mund.

Aus einem Kellerloch wurden zwei Männer herausgezerrt. Der Offizier rief seinen Soldaten ein paar Worte auf Arabisch zu. Sie nickten. Dann hörte ich Schüsse hinter einer Lehmwand. Die Soldaten kamen wieder heraus, die Maschinenpistolen waren noch entsichert. »Regen Sie sich nicht auf«, sagte der Offizier zu mir. »Wir haben sie nicht gefoltert, wir haben sie gleich erledigt. Wir hätten sie auch zuerst foltern können. Sie gehörten zu der Gruppe, die sich in den eroberten Lagern barbarisch an den Frauen vergehen, bevor sie sie umbringen. Die müssen noch dankbar dafür sein, daß wir sie gleich erschossen haben.«
Ich dachte: »Vielleicht, weil ich anwesend war.« Aber den Gedanken behielt ich für mich.
Zwei Sanitäter, erkenntlich an der Armbinde mit dem roten Halbmond, trugen ein blutendes Kind auf einer Bahre an mir vorbei. Ich fragte, was mit dem Kind geschähe. »Wir bringen es ins Lazarett. Vielleicht kommt es durch, es ist eins von uns.«
Einer von uns. Einer von der anderen Seite ...
Muslims, Juden, Christen. Syrer, Libanesen, Palästinenser, Israelis. Dorfbewohner, Stadtbewohner. Analphabeten, Schriftkundige. Einer vertreibt den anderen. Einer schießt auf den anderen. Gewalt, Haß,

Trostlosigkeit. Kurzer Siegesjubel, langes Entsetzen.

Der Libanon: Die Perle des Orients. Die Schweiz des Nahen Ostens. Das Paradies der Levante. Davon zeugt nur noch der leuchtend blaue Himmel, das unzerstörbare Licht der Sonne und die Meeresbrandung an der Küste.

Ich fuhr weiter nach Süden. Am Wegrand stand ein ausgebrannter Panzer, sein Geschützrohr zeigte in die Ebene. Dort wohnten früher viele Drusen. Jetzt sind die Dörfer verlassen, Leere gähnte mir entgegen, die Bewohner sind in die Bergtäler gezogen. Dort haben sie die christlichen Maroniten vertrieben. Unter der israelischen Besatzung hatten die Christen mit den fremden Truppen sympathisiert und die Drusen schikaniert. Nach dem Abzug der Israelis nahmen die Drusen Rache. Früher einmal hatten beide Volksstämme friedlich nebeneinander gelebt.

Ich mußte wieder an die Bibel denken. Nur etwa 80 Kilometer östlich von Beirut liegt Abels Grab. Er ruht zwischen Sandschluchten und Felskegeln. Es ist ein unansehnliches Grab, ein paar Steine, eine kleine Einfriedung, eine weiße Kuppel. Keine Inschrift; kein Wort über Kain; kein Wort über Brudermord. Am Wegrand sind Kettenabdrücke von Panzern. Am Himmel kreisen Flugzeuge. Am Horizont qualmt schwarzer Rauch aus brennenden Häusern. Ich fuhr weiter die Küstenebene entlang. Alle Dörfer sind zerstört. Wer ist heute Abel? Wer ist heute Kain?

Bruderkriege

Setzen wir ein historisches Datum, um die jüngste Geschichte zu begreifen. 1860 kam es zu den ersten mörderischen Auseinandersetzungen zwischen Christen und Muslims im Libanon. Dieses Land hatte alle aufgenommen, die gekommen waren. Und die Menschen siedelten sich an der Küste an, weit im Inneren, in Bergtälern und an Flußufern, auf den Steppen und am Rand der Wüsten. Die türkische Oberhoheit war mehr administrativ, als daß sie eine reale Herrschaft bedeutete.

Die Christen in Syrien und im Libanon (damals war das ganze Gebiet Groß-Syrien) nahmen die arabische Sprache an; religiös blieben sie, was sie waren. Ihre politischen Ratgeber waren die Bischöfe und die Priester. In den Jahrhunderten der Kreuzzüge hielten sie zu den Ritterorden. Später pflegten sie besonders gute Beziehungen zu Frankreich. Von dieser Zeit an waren sie für die Araber die Agenten des Westens.

Besonders verhaßt waren die Maroniten. Doch sie sind nicht die einzigen Christen im Nahen Osten. Es gibt römische Katholiken und Protestanten, Baptisten, griechisch-orthodoxe und griechisch-katholische Christen, Chaldäer und Nestorianer. Aber die Maroniten hatten den größten Einfluß auf die Entwicklung des Landes. Ihr Klosterbesitz umfaßte ein Viertel des Staatsgebiets. Enge Freundschaft verband sie zunächst mit den Drusen. Aber das Arbeitsethos der Christen und der genügsame Lebensstil der Drusen führten zur Entzweiung. Die Christen wurden immer reicher, die Drusen blieben, was sie waren: arm.

Ähnlich war das Verhältnis der Maroniten zu den Angehörigen der beiden muslimischen Konfessionen, Sunniten und Schiiten. Doch der Glaubenskampf war nur ein Grund der Spannungen; hinzu kamen auf der einen Seite allmählich wachsender Neid, auf der anderen Seite Verachtung: Neid der Armen auf die Reichen; Verachtung der Besitzenden gegenüber den Habenichtsen. Die Kämpfe entbrannten um Glauben und um Land.

Die europäischen Großmächte, allen voran Frankreich, nahmen 1860 die blutigen Auseinandersetzungen zum Anlaß einer Invasion. Zur »Rettung der christlichen Brüder im Land der Türken« wurde Damaskus beschossen und das türkische Reich gezwungen, einer Provinz Libanon unter einem christlichen Gouverneur autonome Rechte zu gewähren.

Aus einer anfänglich humanitären Aktion wurde handfeste Kolonialpolitik. Der Sultan gab nach. Im Ersten Weltkrieg übernahm Frankreich den Libanon als sogenanntes Mandatsgebiet – eine verfeinerte Form der Kolonialherrschaft. Die Maroniten waren ihre Bundesgenossen im Lande. Mit Hilfe der Kolonialmacht gelang es ihnen, die politischen Verhältnisse so zu ordnen, daß ihnen immer ein beherrschender Einfluß blieb. Bis zum heutigen Tage haben die Muslims ihnen diese Haltung nicht verziehen.

Die Maroniten sorgten auch für Bevölkerungsumsiedlungen – erzwungene und freiwillige –, wodurch jede religiöse Gemeinschaft weitgehend in ihrer eigenen Region lebte. Dieses Prinzip wirkt sich bis heute in den Wohnquartieren der Städte aus. Quer durch Beirut verlaufen die Grenzen. Im Bürgerkrieg ist der Schritt vom muslimischen ins christliche Viertel oder vom palästinensischen ins drusische Viertel manchmal ein Wagnis auf Leben und Tod.

Nach dem Zweiten Weltkrieg wurde das getrennte Zusammenleben der religiösen Gruppen in der Verfassung festgeschrieben. Sechzehn von insgesamt siebzig religiösen Gemeinschaften erhielten nach dem Proporzsystem ein Anrecht auf Parlamentssitze. Der Parlamentspräsident ist immer ein Schiit, der Staatschef ein Maronit und der Ministerpräsident ein Sunnit. Nach der Bevölkerungszahl sind die Maroniten den Muslims weit unterlegen, und so bekämpfen heute die Gegner der Christen diese Regelung als undemokratischen Konfessionalismus.

1975 führten die Spannungen zum Ausbruch des Bürgerkriegs. Konservativ-christliche Gruppen und ihre Milizen kämpften gegen die mehr sozialistischen muslimischen Bevölkerungsteile und deren Soldaten. Zu diesen inneren Auseinandersetzungen kam die rücksichtslose Einmischung des Auslands. Israel und Syrien, Amerika und die Sowjetunion sind auf beiden Seiten in die Kämpfe verwickelt, und die Palästinenser errichteten ihre eigene Machtbasis im Lande.

Die Christen sahen von Anfang an das Eindringen der Palästinenser in den Libanon mit großer Sorge. Die Muslims bewerteten die Soldaten Arafats zunächst als willkommene Bundesgenossen. Inmitten der schiitischen Bevölkerung im Südlibanon bauten diese ihre Lager auf und führten von dort aus Partisanenangriffe über die Grenze gegen Israel. Die Vergeltungsangriffe der israelischen Luftwaffe sollten die Palästinenser treffen, doch starben unter dem Bombenhagel weniger Palästinenser als Schiiten.

Die Schiiten hatten die Palästinenser zunächst als Flüchtlinge aufgenommen; eines Tages, so meinten sie, würden sie wieder in ihre Heimat zurückkehren. Als die Palästinenser anfingen, die Schiiten zu verdrängen und sie mit in die Kämpfe zu verwickeln, kam es zum Streit. Wer den Schiiten half, die Palästinenser loszuwerden, konnte mit ihrer Sympathie rechnen.

So wurden die Israelis, als sie 1982 in den Südlibanon einmarschierten, von den Schiiten zunächst als Befreier begrüßt. Arafats Miliz zog sich nach Beirut zurück. Doch das rücksichtslose Vorgehen der israelischen Armee führte zum totalen Umschwung in der Stimmung der Schiiten.

Auch die Israelis machten keine Anstalten, das Land wieder zu verlassen. Hausdurchsuchungen, Razzien, willkürliche Verhaftungen – vieles kam zusammen, das die israelische Herrschaft als eine verhaßte Be-

Unterrichtsstunde in der Koran-Schule.
»Alles bewegt sich, alles verändert sich, aber der Glaube bleibt unverändert.«

Der Koran – die »Bibel der Muslims« – ist die mit einem Unveränderlichkeitsanspruch schriftlich festgelegte Überlieferung vom Wirken und den Lehren des Propheten Mohammed und der ersten Kalifen.

Vorherige Doppelseite: Die Kaaba (arabisch »Würfel«), das höchste Heiligtum des Islam in Mekka/Saudi-Arabien. Mohammed nahm die Verehrung des »Schwarzen Steins« in seine Lehre auf. Am Anfang und am Ende der Zeremonie wird die Kaaba von den Gläubigen siebenmal umschritten und berührt. Mindestens einmal im Leben soll jeder Muslim zum Geburtsort des Propheten pilgern.

Oben: Jede Moschee (hier im Nordjemen) ist zugleich religiöser und politischer Versammlungsort. Die Muslims verstehen sich als Gemeinschaft in einer für alle verbindlichen sittlichen, sozialen und politischen Ordnung.

satzungsmacht empfinden ließ. Den israelischen Militärs war das gleichgültig. Sie errichteten im Libanon ein militärisches Kontrollsystem wie in einem eroberten Feindesland.
Die Schiiten wehrten sich, indem sie eine eigene Miliz aufstellten. Ihre »Amal« (Hoffnung) wurde zu einem »Schwert der Befreiung«. Neben dieser regulären schiitischen Truppe wurden andere Kampfverbände gegründet, denen die Amal-Miliz nicht radikal genug war. Der Hizbollah (Partei Gottes) und den Anhängern der islamischen Jihad (Heiliger Krieg) war jedes Mittel recht. Mord, Entführungen, Geiselnahmen, Selbstmordaktionen brachten ihre Taten rasch in die Schlagzeilen der Weltpresse.
Ungeachtet des weiteren israelischen Vorstoßes bis nach Beirut und des Abzugs der PLO und ihres Führers Arafat wurde der Libanonkrieg für Jerusalem zu einer Niederlage. »Im Libanon hatten wir unser Vietnam«, sagte Moshe Aaron zu mir am Litani-Fluß. »Am Tage waren die Leute freundlich zu uns. Friedlich zogen die Hirten mit ihren Schafen und Ziegen über die Weiden. Aber in der Dunkelheit überfielen die gleichen Leute unsere Soldaten aus dem Hinterhalt. Über fünfhundert sind auf diese Art umgekommen.«
Der israelische Feldzug gegen den Libanon war ein Angriffskrieg; unter dem propagandistisch eindrucksvollen Schlagwort »Frieden für Galiläa« wurde die Invasion durchgeführt. Der Vorwand für diesen Feldzug waren der Beschuß nordgaliläischer Dörfer durch palästinensische Kommandos und das Attentat auf den israelischen Botschafter in London.
Von Beirut aus gesehen, provozierten die Israelis den Libanon ständig durch Aufklärungsflüge und illegale Spähtruppunternehmen. Aus israelischer Sicht waren die Palästinenser im Libanon zu einem Staat im Staate geworden und hatten die Möglichkeit, jederzeit massiv gegen Israel vorzugehen. Die Nadelstiche der Partisanen-Aktionen waren militärisch unbedeutend – doch Israel wollte der PLO zeigen, daß jede Verletzung israelischer Interessen mit harten Strafaktionen geahndet werden würde. Verzichtete Israel auf Vergeltungsschläge, so konnte das als Schwäche ausgelegt werden.
Die Meinung der israelischen Bevölkerung war von Anfang an gespalten. Die Gemäßigten wollten gute Nachbarschaft; die Mehrzahl der Israelis hofft jedoch seit der Staatsgründung Israels auf die Ausdehnung ihres Landes nach Nordwesten und auf die Umwandlung des Südlibanon in ein israelisches Protektorat. Der israelische Ministerpräsident Ben Gurion erklärte schon 1954, daß Stabilität im Libanon nicht im Interesse Israels läge, daß dagegen Revolution, Wirren und Bürgerkrieg von Jerusalem aus unterstützt werden müßten.
Der Krieg im Sommer 1982 begann als begrenzter Feldzug zur Gewinnung einer 40 Kilometer breiten Sicherheitszone an der Nordgrenze. Doch die Panzer rollten weiter. Tausende Opfer, ein zerstörtes Land, Haß der Einwohner gegen die Besatzungstruppen, kein Untergang der PLO, dafür ein stärkerer syrischer Einfluß und ein spürbares Abflauen der westlichen Sympathien für alles, was Israel tat, waren das niederschmetternde Ergebnis. Und in der arabischen Welt fand das Wort vom »ewigen Aggressor Israel« wieder offene Ohren:
Israel fordert unablässig die Einwanderung von Juden aus aller Welt. Doch wo will es die etwa zehn Millionen Menschen ansiedeln? Will es alle unter seiner Herrschaft lebenden Araber vertreiben, oder will es sein Staatsgebiet durch Eroberungszüge vergrößern?
Den Israelis ist die Meinung der Araber indessen nicht so wichtig. Die Rückschläge

schmerzen sie, und sie suchen nach Maßnahmen, die ähnliche Entwicklungen in Zukunft verhindern können. Eine dieser Maßnahmen ist die offene Diskussion der Schuldfrage:
Wer brach den Krieg vom Zaun? Wer unterließ die notwendigen Vorbereitungen für eine erfolgreiche Durchführung? Wer schätzte die Weltmeinung falsch ein?
Israels Autoren nennen als Hauptverantwortlichen den damaligen Verteidigungsminister Scharon. Er habe den Krieg vorbereitet und das Kabinett weitgehend über seine Absichten im unklaren gelassen. Offen bleibt dabei die Frage, ob Israels Ministerpräsident nicht wußte, was seine Armeeführung plante. Die Ziele waren Landgewinn, die Vernichtung der PLO, die Demoralisierung der Syrer, und darüber hinaus wollte man den arabischen Staaten ein weiteres Mal ihre Ohnmacht beweisen. Sieg im Libanon hätte auch den unter israelischer Besatzung lebenden Palästinensern gezeigt, wie hoffnungslos ihre Wünsche nach der Wiedererrichtung eines eigenen Palästinenserstaates waren.
Der Krieg brachte für alle nur Unheil. Nach Meinung der israelischen Kritiker bestand die Leistung der Israelis nur darin, daß sie zu dem von den libanesischen Milizen, den Palästinensern und Syrern Angerichteten noch mehr kaputt machten.
Die von den USA und Israel unterstützten politischen Gruppen sind in ihre Bestandteile zerfallen. Beirut unternimmt nichts ohne syrische Zustimmung. Palästinensische Flüchtlinge und militante Kampfgruppen sind in den Libanon zurückgekehrt. Nach den Attentaten auf die amerikanischen und französischen Soldaten der Internationalen Friedenstruppe haben die USA und Frankreich ihre Streitkräfte abgezogen. Die Syrer blieben.
Die Bevölkerung vollzog eine Kehrtwendung zugunsten der arabischen Staaten. Wer mit Israel zusammenarbeitete und auf Washington hoffte, gehört heute zu den Bedrohten im Libanon. Die wichtigste Veränderung ist die totale Radikalisierung der Schiiten. Sie gehörten jahrhundertelang zu den Stillen im Lande. Die israelische »Politik der eisernen Faust« führte sie zunächst in den Untergrund; jetzt stehen sie auf der Seite der islamischen Revolution.
Der Libanon hat aufgehört, die östliche Grenze des christlichen Westens zu sein; er ist jetzt die westliche Bastion des arabischen Ostens.

Die Islamische Revolution

Allah u akbar

»Unser Gott und euer Gott ist einer.« (Koran-Sure 29, Vers 46.)

Ich verließ das Winter-Palace-Hotel in Luxor kurz vor Morgengrauen, zu ungewohnter Zeit. Keine Droschkenkutscher warteten an der Straße, die Geschäfte waren geschlossen, aus den Werkstätten der Töpfer und Kesselschmiede drang kein Laut. Vor den jahrtausendealten Tempeln und Obelisken streunten ein paar hungrige Hunde herum, auf den Dächern schliefen die Krähen. Aber ich hielt mich nicht lange in den Straßen auf, mein Ziel war das Ufer des Nil. Zu dieser Stunde, kurz vor Tagesbeginn, wollte ich den Sonnenaufgang am Strom erleben und hinüberblicken zum Tal der Könige.

In diesem Augenblick erscholl der Ruf zum Gebet von den Minaretts der Moscheen. Laut, grell klang die Stimme des Muezzin. Er weckte die Schlafenden auf, und ich dachte daran, wie überall in der Welt zu dieser Stunde Millionen Menschen zum Gebet gerufen wurden; in Marokko und in Saudi-Arabien, in Indien, Malaysia und auf den Philippinen. Der Muezzin ruft die Dorfbewohner im Inneren Afrikas und die Fischer in den Pfahlbauhütten Kalimantans (Borneo) zur Andacht; er weckt die Städter in Islamabad und in Teheran, in Kabul und in Khartum . . .

Keine andere Weltreligion fordert ihre Gläubigen so gebieterisch und unüberhörbar zum Gebet auf wie der Islam. Wo immer sich ein Muslim aufhält – in seinem Heim, auf der Straße, an seinem Arbeitsplatz, in der Wüste, in den Tropen oder in Europa – er soll niederknien, gen Mekka schauen und beten. Neunhundert Millionen Menschen bekennen sich heute zum Islam. Am Beginn des dritten Jahrtausends unserer Zeitrechnung wird etwa jeder fünfte Mensch auf Erden ein Muslim sein.

Mohammed, der Verkünder der Religion, war das Sprachrohr Gottes. Er gab nur wieder, was ihm der Himmel offenbarte. Er fügte nichts hinzu, und er ließ nichts weg. Diese göttliche Offenbarung enthält der Koran. Für den Muslim ist er das Wort Gottes. Niemand darf es wagen, ihn anzutasten, seine Worte auszulegen oder seine absolute Autorität anzuzweifeln.

Der Koran steht innerhalb der biblischen Tradition. Er spricht von der Offenbarung, die Gott Moses gegeben hat, und von der Gottesknechtschaft Jesu Christi. Aber der muslimische Gott ist kein »lieber Gott«; er ist Herr über alle Menschen. Und so ist – nach muslimischem Verständnis – Jesus nicht der Sohn Gottes, sondern nur sein Knecht. Gott ist allmächtig. Er will niemanden, der auf Erden das Leid anderer stellvertretend auf sich nimmt. Im Islam gibt es keine Kreuzigung Christi und keine Passionsgeschichte. Wenn sich ein Mensch opfert, dann nur für Gott. Welch gewaltige Leistungen ein Mensch oder ein Volk auch vollbringen, welche Siege sie erringen, welche Erfindungen ihnen gelingen mögen, die Muslims rufen: »Gott ist größer!«

Nachdem Gott den Menschen zuerst durch die jüdischen Propheten im Alten Testament den Weg gewiesen hatte und sie ihm nicht gehorchten, erbarmte er sich noch einmal und schickte ihnen seinen Knecht Jesus von Nazareth. Im Koran lesen wir über seine Geburt:

Da sprach Maria:
»Einen Knaben soll ich haben, und hat doch kein Sterblicher mich angerührt.«
Der Herr sprach: »So wird es sein. Gott erschafft, was er will. Wenn er etwas beschließt und dann sagt: Sei, also ist es.
Er wird ihn das Buch, die Weisheit, die Thora und das Evangelium lehren, damit er als Prophet dem Volk Israel künde:
Wahrlich, ich bin zu euch gekommen mit einem Zeichen eures Herrn.
Aus Ton erschaffe ich die Gestalt eines Vogels, und wenn ich sie anhauche, wird ein Vogel daraus, da es Gott mir erlaubt.
Ich werde die Blinden und die Aussätzigen heilen und die Toten erwecken, da es Gott mir erlaubt.
Ich werde euch lehren, was ihr verzehren und was ihr in euren Häusern aufspeichern sollt.
Wahrlich, dies ist ein Zeichen für euch, so ihr glaubt.
Bekräftigen will ich die Thora und Dinge zulässig machen, die euch die Gesetze vordem versagten.
Mit einem Zeichen eures Herrn bin ich zu euch gekommen. Fürchtet Gott und gehorcht mir.
Wahrlich, mein Herr und euer Herr ist Gott.
So dient ihm – dies ist der gerade Weg.«

Juden und Christen stehen nach der Lehre des Koran dem Islam nahe. Denn alle bekennen sich zu dem einen gleichen Gott.
Doch auch die Worte Jesu Christi nahmen nur wenige an. So erbarmte sich Gott noch einmal. 600 Jahre nach der Auferstehung oder, wie die Muslims sagen, nach der Entrückung Jesu von Nazareth, verkündete Gott den Menschen durch den Mund seines Propheten Mohammed die dritte, die letzte Offenbarung. Und Mohammed nahm die Verkündung auf in einem »gläubigen Akt der Unterwerfung in völliger Hingabe an Gott«. Islam heißt Hingabe, Gottesgehorsam.
Die dritte Offenbarung ist für die Muslims die Vollendung aller vorangegangenen Offenbarungen; sie ist die letztgültige Aussage, das für alle Zeiten gültige göttliche Gesetz. So ist der Koran »das heilige Gesetzbuch aller Gläubigen« und der Islam die einzige wahre Religion. Alle anderen Bekenntnisse sind nur religiöse Brücken, die zum Islam führen. Eines Tages werden das alle Menschen erkennen, und dann wird die Wiedervereinigung der getrennten Menschheit im Zeichen Allahs – Gottes – erfolgen.

Doch keiner lebt für sich allein; die Menschen leben in der Gemeinschaft von Familien, Stämmen, Völkern, Staaten. Ihr Zusammenleben soll nicht nach weltlichen, sondern nach göttlichen Gesetzen geregelt werden. So ist für den gläubigen Muslim ein Rechtsstaat vor allem ein Staat, der die Gesetze Gottes hält; mit anderen Worten: Er ist ein Gottesstaat. Und damit ist er in den meisten Fällen das Gegenteil eines modernen demokratischen oder kommunistischen Staates. Im Koran gibt es keine Zeile, die vom mündigen Bürger spricht oder von der Souveränität des Volkes. Das Volk ist nie souverän; souverän ist nur Gott. Im Idealfall bilden deshalb in einem islamischen Staat Politik, Religion und Moral eine untrennbare Einheit. So kommt es auch zu den politischen Ansprachen in den Gotteshäusern, zur Proklamierung der Staatspolitik von der Kanzel herab und den großen politischen Reden während der Freitags-Andacht in der Moschee. Der Freitag hat für den Muslim die gleiche Bedeutung wie

der Sonntag für Christen und der Sabbath für Juden.
Lautsprecher übertragen die Worte der Geistlichen, und so dringen sie auch zu der vieltausendköpfigen Menge, die im Umkreis der Moschee den Ansprachen zuhört. Politisch-religiöse Predigten werden häufig auf Tonbänder aufgezeichnet. Nach wenigen Tagen ist auch in Kairo und Tunis, in Casablanca und Tobruk zu hören, was Khomeini in der heiligen Moschee in Qom gesagt hat. In Syrien und Saudi-Arabien sind diese Tonbandpredigten verpönt, in Israel sind sie verboten. Aber das hat ihrer Verbreitung wenig angetan. Ich habe sie selbst in Ostjerusalem gehört. Auch die Anweisungen, die die islamischen Geistlichen zur Bewältigung der Alltagsprobleme geben, finden auf Tonbändern den Weg zu den Massen.
Als ich in die Länder des Nahen Ostens kam, interessierte mich besonders ihre Einstellung zu unserer Zeit und zur Moderne. Im Clubraum der ägyptischen Al-Azhar-Universität diskutierte ich darüber mit Professoren und Studenten aus arabischen Ländern. Die Studenten hielten den Koran fest in ihren Händen. In diesem Buch, davon waren sie überzeugt, würden sie alle Antworten finden. Antworten auf die Fragen der Gegenwart und Beweise für den Sieg des Islam in der Zukunft. Sie waren nicht überheblich, aber alle wollten ihren Beitrag dazu leisten, daß auf Erden alles besser werde. Die Menschen im Westen und in der Sowjetunion sind nach ihrer Meinung auf dem Irrweg. Als Beispiel führten sie die Emanzipation an.
Nach unserer Überzeugung beginnt mit der Moderne die Emanzipation des einzelnen von den Normen der Gesellschaft, von der staatlichen und der kirchlichen Autorität. Für uns ist Emanzipation gleich Fortschritt; für den gläubigen Muslim jedoch ist sie nur ein Fort-Schreiten ins Negative. Mit der Emanzipation trennt sich der Mensch von dem, was ihm bisher Halt gab; er verliert die Orientierung.
Diese Orientierungslosigkeit nennt er Suche nach neuen Wegen. Einige wenige mögen dabei über sich selbst hinauswachsen und zu einer neuen Identität finden. Doch die, denen Gott das Wachstum nicht erlaubt hat, geraten in das tiefe Tal der Leiden und der Zweifel.
Der gläubige Muslim zweifelt nicht. Solange er dem Koran folgt, verliert er sich nicht in vielerlei Lebensversuchungen und in verschiedenen Emanzipationsstufen. Er kennt seinen Platz. Unsere Zivilisation dagegen führt nach Ansicht der konservativen islamischen Schriftgelehrten zu Chaos und Leid. Wir schwächen uns auf der Suche nach immer neuen Lebensinhalten und Genüssen. So zerfällt unser Ich, weil es sich selbst sucht, anstatt Gottes Gesetzen zu gehorchen.
Christliche Theologen versuchen häufig, das religiöse Gesetz und die biblische Geschichte historisch zu erklären und der Entwicklung anzupassen. Für die Muslims entsteht daraus der Zwiespalt zwischen Glauben und Leben, und es kommt zur Überforderung des Menschen, zur Abkehr von der Religion und zu Heuchelei.
Für viele von uns sind die kirchlichen Vorschriften, die auf unsere Probleme keine Antwort kennen, nicht mehr verbindlich. Sie werden zu einem »Ärgernis«, oder sie werden der Zeit angepaßt. Im Islam ist es genau umgekehrt. Das politische Leben wird zum Problem, wenn es sich den Vorschriften der Religion entfremdet.
Unleugbar hätte auch die Geschichte Europas eine völlig andere Entwicklung genommen, wären die Zehn Gebote Staatsgesetze, würde die Einhaltung der biblischen Vorschriften von Priestern mit richterlicher Vollmacht kontrolliert und würden Verstöße dagegen strafrechtlich verfolgt. Für

den Muslim ist schon die Trennung von Staat und Kirche ein Kennzeichen des Unglaubens und ein Sieg der Ungläubigen über die Gott Gehorsamen.

Mohammed benutzte zur Verbreitung des Glaubens den Koran und das Schwert. In einem Siegeszug ohnegleichen wurde im 7. Jh. die arabische Welt für den Islam erobert. Hassan al-Banna, ein radikaler ägyptischer Muslim, nennt für die »heiligen Krieger« als Leitspruch: »Das Reich Gottes ist unser Vaterland, der Koran unsere Verfassung, der Prophet unser Führer und der heilige Krieg unsere Richtschnur.«
Seit der Entstehung gibt es im Islam eine militante Richtung. Der Glaubenskrieg ist Bestandteil ihrer Religion. Im Koran steht:

»Kämpft für die Sache Allahs gegen die, welche euch bekämpfen«, und warnend heißt es weiter, *»doch überschreitet nicht das Maß, denn Allah liebt die Maßlosen nicht.«*

Wer bestimmt, wo die Grenze zu ziehen ist? Wie leicht kann sich der einzelne in dieser totalitären Gesellschaft der Religiösen Richterfunktionen anmaßen, und wie weit reicht die Unterwürfigkeit der Betroffenen?

Es war an einem Abend in einem Hotel in Kairo. Eine ägyptische Reiseleiterin saß mit ihrer Reisegruppe zusammen. Bei arabischer Musik, Kerzenschein und Tanzvorführungen wurde im großen Saal ein Festessen serviert. Die Ausländer tranken Wein, ein Glas reichten sie der Ägypterin. Diese zögerte, doch Lachen und freundliche Zurufe der Reiseteilnehmer führten schließlich dazu, daß sie zugriff. In diesem Augenblick sprang ein junger Mann auf sie zu und schlug ihr das Glas aus der Hand. »Das ist Sünde! Es ist schon schlimm genug, daß du für die Fremden arbeitest.«
Das war im Januar 1985.

Der Sandsturm Gottes

Hundert Jahre zuvor hatte Mohammed Ahmed Ibn e-Sayyid Abdulla im Sudan verkündet:
»Laßt uns alle Gott gehorsam sein und alle schlechten Sitten und Gewohnheiten ablegen, als da sind: Fleischeslüste, der Genuß von Alkohol und Tabak, Lügen, falsch Zeugnis geben, tanzen, anderen ungebührliche Zeichen mit den Augen geben, sich von fremden Frauen begleiten lassen, die eigenen Frauen mit Unbekannten sprechen lassen . . . Alle, die dagegen verstoßen, sind Gott ungehorsam und werden bestraft.«

Mohammed Ahmed hatte sich selbst zum religiösen Führer (Mahdi) ernannt. In glühender Tageshitze war er aus der Wüste in die dahindämmernden Dörfer am Nil gekommen. Er sprach zu den Armen und Hungrigen; der Monotonie ihres Alltags stellte er seine Visionen von einem besseren Leben entgegen. Um das zu erreichen, seien nur zwei Dinge zu tun: auf den rechten Pfad des Glaubens zurückzukehren und die Fremden zu vertreiben.
Seine Worte rissen die Menschen mit. Die Revolte wurde zur heiligen Pflicht. Er brach das Schweigen der Verstummten und verwandelte ihre Apathie in Aktion. Vielleicht ist die Wüste ein geeigneter Ort, um lange angestaute Gefühle durch eine heftige Reizung zum Ausbruch zu bringen. Der Mahdi-Aufstand im Sudan wurde zum »Sandsturm Gottes«. Er richtete sich gegen die Reichen, gegen die vom rechten Glauben abgekommenen Ägypter und gegen die Engländer.
Über den Mahdi berichtete der sieben Jahre in seiner Gefangenschaft lebende österreichische Priester Joseph Ohrwalder: »Er hatte eine starke persönliche Ausstrahlung, war von dunkler Hautfarbe, und sein Gesicht zeigte immer ein Lächeln.«
Slatin, ein britischer Kolonialbeamter, der

ebenfalls lange in den Gefängnissen des Mahdi litt, nennt ihn kurz und bündig »a smiler with a knife«.
Seine Erfolge verführten die Sudanesen dazu, ihn wie einen Propheten zu verehren. Das Wasser, in dem er sich wusch, tranken seine fanatischen Anhänger, weil sie hofften, dadurch gegen alle Gefahren gefeit zu sein. Seine Visionen und nächtlichen Träume wurden als Gottes Befehle angesehen. Als er erklärte, nach der Befreiung des Sudan die grüne Fahne des Propheten Mohammed nach Mekka, Medina und Jerusalem tragen zu wollen, waren alle bereit, ihm zu folgen. In Jerusalem, so verkündete er, käme Christus vom Himmel herab, um mit ihm zu sprechen; danach würde sich im Namen Gottes die ganze Welt zum Islam bekehren.
Für uns klingt das unglaublich.
Die Menschen, die dem Mahdi zuhörten, wußten nichts von der Welt. Sie kannten die Wüste, den Nil, die Oasen, den Sandsturm und die Hitze, tiefschwarze Dunkelheit bei Nacht und das grelle Licht des Tages. Verstanden sie vielleicht auch manche seiner Visionen nicht, eines begriffen sie sofort: Seit der Mahdi predigte, hatten die Landbesitzer Angst vor den Tagelöhnern; die Sklavenhändler kamen immer seltener, und die reichen, gut bewaffneten Ausländer liefen vor den Aufständischen davon.
Die Briten reagierten auf die sich abzeichnende Bedrohung, wie es Europäer und Amerikaner offenbar bis zum heutigen Tage in den Ländern der dritten Welt tun: Sie ignorierten zuerst die Vorgänge, dann verspotteten sie die Menschen als Unruhestifter, als Phantasten, Fanatiker, religiöse Putschisten und als wildgewordene Despoten. Als die Gefahren deutlicher wurden, betonten sie ihre militärische Überlegenheit, appellierten an den Egoismus des einzelnen, waren zu Gesprächen über strittige Fragen bereit und stellten politische Konzessionen in Aussicht. In der Hauptstadt des Sudan wurden den Einwohnern alle Schulden erlassen, die Steuerzahlungen ausgesetzt, politische Gefangene freigelassen, und eine Versammlung von angesehenen Arabern wurde einberufen. Sie sollten ab sofort beratende Funktion haben.
Der britische General Gordon schrieb an die Regierung in London: »Hier ist nun alles ruhig. Wir geben der Bevölkerung weit mehr, als sie von dem Mahdi erhalten kann. Es gibt keinen Grund, sich über den Sudan noch Sorgen zu machen.«
Mohammed Ahmed aber sammelte im ganzen Land seine Anhänger. Dem »Pascha von Khartum«, wie er Gordon nannte, ließ er mitteilen: »Gott leite dich auf den Pfad der Tugend ... dazu sage ich dir, alle, die an uns glauben und sich ergeben haben, haben überlebt; alle, die wider uns stritten, wurden getötet, und Gott hat ihre Seelen dem Feuer und ewiger Qual überantwortet.«
Europäisches Denken gegen islamischen Fanatismus? Keiner der beiden Gegner verstand die Motive des anderen.
Am 25. Januar 1885 überquerten die Aufständischen den Nil. Jeder, der in einem Gefecht fällt, kommt nach der Lehre des Koran von der Stätte seines Todes aus direkt ins Paradies. General Gordon kommandierte 8000 gut ausgerüstete Soldaten. Seine Armee verfügte über Kanonen und 40 000 Schuß Infanteriemunition. Die Offiziere hatten an den Militärakademien ihre Ausbildung erhalten, die Unteroffiziere waren erfahrene alte Haudegen.
Am 26. Januar um 3 Uhr nachts griffen die Aufständischen an. Kurz vor Morgengrauen drangen sie in den Gouverneurspalast ein. Gordon wurde von Lanzenstichen durchbohrt, sein Kopf abgehackt und in einem Tuch dem Mahdi zu Füßen gelegt.
Eine Schlacht im Heiligen Krieg war gewonnen.
Dreizehn Jahre später vernichtete ein briti-

sches Armeekorps unter Lord Kitchener die Mahdisten in der Schlacht von Omdurman. Großbritannien war entschlossen, seinen Vormarsch am Nil durch keine Macht der Welt stören zu lassen.

Die entschleierte Sphinx

Der Sudan bildet die Landbrücke zwischen Schwarz-Afrika und der ägyptisch-arabischen Welt. Ägypten ist die entscheidende Bastion. Wer Ägypten beherrschte, kontrollierte die Küsten des Mittelmeers, das Rote Meer und die Wasser- und Karawanenwege nach Arabien und Afrika.
Der lange, schmerzvolle Kampf der Ägypter gegen die Vorherrschaft europäischer Mächte begann 1798. Frankreich griff als erste europäische Nation nach dem alten Reich der Pharaonen. Napoleon erklärte: »Wir werden aus dem Land am Nil eine französische Provinz machen.«

Zur gleichen Zeit war Großbritannien damit beschäftigt, sein riesiges Kolonialreich in Afrika, im Orient und im Fernen Osten zu erobern. Die betroffenen Völker wurden nicht gefragt. Wie die europäischen Staatsmänner über sie dachten, verrät ein Satz Talleyrands, des Außenministers Napoleons: »Es sind unbedeutende Figuren im Schachspiel der Großmächte.«
Am 21. Juli 1798 kam es zwischen der ägyptischen Kavallerie und den französischen Truppen zur Schlacht unter den Pyramiden. Noch am Abend des gleichen Tages zog Napoleon in Kairo ein. Ägypten gehörte Frankreich.
Der Sieg beunruhigte die Briten. Sie wollten dem »gallischen Hahn« eine Lektion erteilen, die er nicht mehr vergessen sollte. So griffen die Engländer unter dem Befehl Admiral Nelsons die französische Mittelmeerflotte bei Abukir unweit von Alexandria an. Bis auf zwei Schiffe wurde die Flotte Napoleons versenkt. Napoleon selbst kehrte nach Paris zurück.
Doch die endgültige Entscheidung über die Herrschaft am Nil war zwischen Frankreich und England noch nicht gefallen. Französische Gelehrte, Techniker und Verwaltungsbeamte blieben in Ägypten. Und was Frankreichs Offiziere nicht erreicht hatten, gelang den Zivilisten: sie legten die Grundlage für einen modernen, zentralistisch regierten Staat.
1869 bauten die Franzosen den Suezkanal, ein Unternehmen, dessen Finanzierung Ägypten in die Nähe des Staatsbankrotts brachte. Großbritannien hatte sich viele Jahre dem Kanalbau widersetzt. War die Landverbindung über den Golf von Suez schon ein ständiger Zankapfel der Großmächte, so erhöhte der Bau einer Wasserstraße die Rivalität zwischen London und Paris noch beträchtlich. Der britische Premierminister argumentierte im Parlament: »Wenn dieser Kanal gebaut wird, so wird Ägypten zum Zentrum weltweiter Krisen, dann muß es ohnmächtig zusehen, wie auf seinem Boden die Interessenkonflikte der großen Mächte ausgefochten werden.«

Nachdem der Kanalbau eine vollendete Tatsache war, änderten die Briten ihre Politik. Wenn sie den Bau der Wasserstraße schon nicht hatten verhindern können, so galt es nun, ihn unter britische Kontrolle zu bringen. Das Mittel dazu war die militärische Besetzung des Landes im Jahre 1882. Die Begründung war: Eintreibung der Schulden. Kairo hatte sich außerstande erklärt, die Auslandskredite zurückzuzahlen. Nach allgemeiner Auffassung der europäischen Finanzwelt aber konnten die Interessen der Banken am besten durch eine zeitweilige Besetzung Ägyptens garantiert werden. Für dieses Vorhaben war nach Lage der Dinge nur Großbritannien geeignet. Es besaß als einziges europäisches Land eine

Sala-at al-Gumma, das Gebet der Gemeinschaft (auch Freitagsgebet genannt), demonstriert das Zusammengehörigkeitsgefühl der Muslims in der ganzen Welt. Ob im Nahen Osten, in Asien, Europa oder Afrika, die Gläubigen treffen sich am Freitag in der Moschee, verneigen sich gemeinsam gen Mekka und hören auf die Worte der Mullahs.

Oben: Luxor (Ägypten): Die Moschee steht inmitten der Denkmäler aus der Zeit der Pharaonen.

Unten: Islamischer Friedhof in Ostanatolien.

Kriegsflotte, die für eine solche Großaktion notwendig war.
London verpflichtete sich, allen Gläubigern ihr in den Kanalbau investiertes Kapital mit Zins und Zinseszins zurückzuzahlen. Diese Zusage wurde gehalten. Nicht gehalten wurden die immer wieder abgegebenen Versprechungen, Ägypten die Unabhängigkeit zurückzugeben. Nach dem Ersten Weltkrieg wurde zwar das britische Protektorat beendet, doch blieb die Kanalzone unter englischem Kommando. Erst 1956, nach ihrem Fiasko am Suezkanal, räumten die Briten das Land der Pharaonen.
Eine jahrhundertelange Fremdherrschaft hatte die Kluft zwischen den gebildeten Ägyptern und der Masse des Volkes ständig vertieft. Die Eliten versuchten, dadurch an

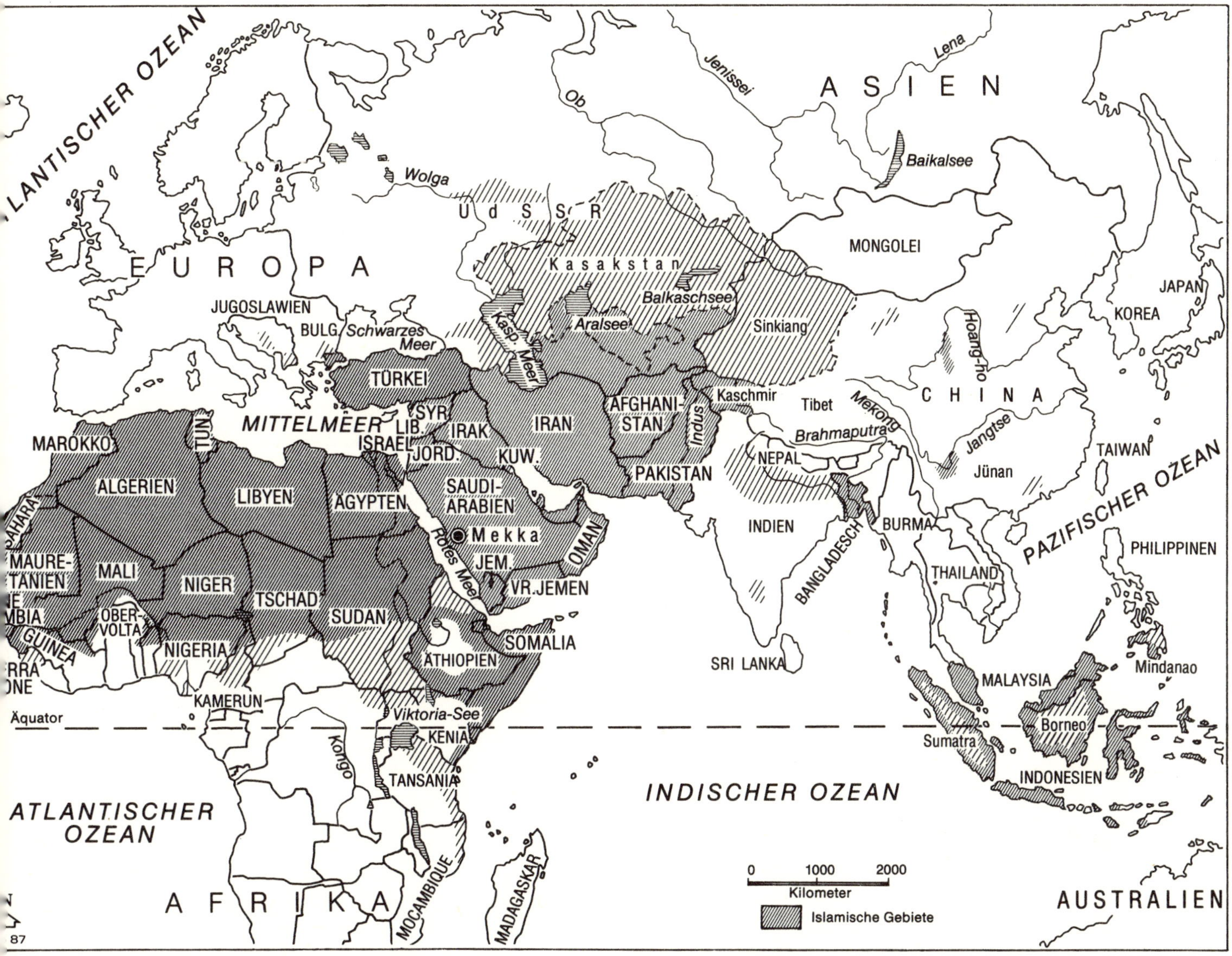

Verbreitung des Islam. Der Islam gehört zu den großen Weltreligionen. 900 Millionen Menschen bekennen sich dazu. Sein Einflußbereich reicht von Nordafrika über die arabische Halbinsel bis nach Indonesien und den Philippinen. Auch in Schwarz-Afrika existieren starke islamische Kultureinflüsse (Tschad, Nordnigeria, Kamerun). In Asien wächst der Einfluß dieser Religion von Jahrzehnt zu Jahrzehnt. Bangla Desh: 85% Muslims, Indonesien: 90%, Malaysia: 50%. Beachtliche muslimische Minderheiten leben in Indien, Burma, Thailand, Singapur, Sri Lanka. In den asiatischen Republiken der Sowjetunion leben etwa 47 Millionen Muslims; das ist mehr als die Bevölkerung des Iran (42 Millionen). Die Anhänger des Islam in der Bundesrepublik Deutschland bilden mit 1,4 Mill. die drittgrößte, in Frankreich die zweitgrößte religiöse Gemeinschaft des Landes.

der Herrschaft über Ägypten teilzunehmen, daß sie ihre Kinder im Ausland studieren ließen und sich westlichen Einflüssen im weitesten Sinne öffneten. Die Möglichkeiten des Volkes blieben auf die Arbeit auf dem Lande, die handwerkliche Produktion und den Kleinhandel beschränkt.
Was die Kolonialmächte nicht anrührten, war der Glaube des Volkes. So bildete sich unter den muslimischen Gelehrten (Ulemas) die Schicht heraus, die weder mit den Besatzungsmächten kollaborieren noch mit den »einheimischen Westlern« zusammenarbeiten wollte. Aus dieser geistig-religiösen Elite entstand – neben den Staatsmännern des Landes – eine zweite Führungsschicht. In Krisen- und Kriegszeiten hörte das Volk häufiger auf die Worte der Ulemas als auf die Ansprachen der Politiker. In der Volksmeinung standen diese im Verdacht, mit den Ausländern zusammenzuarbeiten. Der luxuriöse westliche Lebensstil der herrschenden Schicht förderte noch das Mißtrauen und die Abneigung der nicht an den Reichtümern teilhabenden Bevölkerungskreise.
Der Prophet Mohammed erlaubt den Gläubigen ein gutes, auch materiell angenehmes irdisches Leben. Reichtum allein ist kein Grund für Revolten. Fast unüberbrückbar aber sind die verschiedenartigen Vorstellungen im Bereich der Moral und der Sitten. In Ägypten wurde das besonders stark empfunden, weil das Land schon seit langem zu den von Touristen aus aller Welt bevorzugten Reisezielen gehörte. Um die Unterschiede zwischen Fremden und Einheimischen klarzumachen, brauchten die nach Unabhängigkeit strebenden religiösen Führungskräfte keine ausländerfeindliche Propaganda zu machen; auch der ärmste Fellache sieht mit eigenen Augen die Kluft, die ihn vom Europäer trennt.
Noch während der Kolonialherrschaft wurde Ägypten zu einem Zentrum der radikalen religiösen Muslim-Bewegungen. Ohne ihre Gruppen im einzelnen aufzuführen – ihnen allen ist ein Ziel gemeinsam: die Verwirklichung der totalen Macht des Religiösen. Wer diesem Ziel dient, ist ihr Verbündeter; wer andere Ziele verfolgt, ist ihr Feind.
Die Bewegung der Nationalen Revolution des Generals Nasser unterstützten die radikalen Muslims nur so lange, wie sie das Volk zurück auf den Weg des Koran zu führen schienen.

Erinnern wir uns an Nassers berühmte Rede:

»Das ägyptische Volk ist ein Teil der arabischen Nation. Das Ziel der ägyptischen Außenpolitik ist die arabische Einheit. Das Ziel der Innenpolitik ist die Errichtung einer demokratischen kooperativen sozialistischen Gesellschaft. Sie wird den Ägyptern Freiheit von Ausbeutung, Chancengleichheit und soziale Sicherheit geben.«

Das war den Fundamentalisten des Islam zu wenig. Nassers Worte über den Islam, der eine Gesellschaft verwirklicht, in der allen Menschen Gerechtigkeit widerfährt, schienen ihnen mehr eine freundliche politische Geste gegenüber dem Religiösen als seine wirkliche Überzeugung zu sein.
Präsident Sadat wollte Ägypten zwar einen islamischen Charakter zubilligen, die Staatspolitik aber nicht von religiösen Grundsätzen bestimmen lassen. Als er die Aussöhnung mit Israel durchsetzte, war das für die religiösen Fanatiker kein Schritt zum Frieden, sondern eine Schwächung des Islam. Aus den Reihen der Muslim-Bruderschaft kamen die Mörder Sadats.
Sadats Politik war darauf ausgerichtet, den vorher von Nasser aufgebauten Arabischen Nationalen Sozialismus in einen Arabischen Demokratischen Sozialismus zu verändern. Den Kämpfern des reinen Islam

galt das als Vergeudung der Volkskräfte. Sie wollten alle Energien für die Verwirklichung einer islamischen Revolution einsetzen.
Präsident Mubarak drohen die Muslim-Bewegungen mit dem Volksaufstand, sollte er eine Politik treiben, »die den Einfluß der Fremden stärkt und den Glauben der Gläubigen schwächt«.
Wie diese Kraftprobe ausgeht, bleibt offen. Doch Ägyptens Haltung in der Weltpolitik ist nicht nur für den Nahen Osten von entscheidender Bedeutung. Ägypten ist nach wie vor das Zentrum der Begegnung zwischen dem technisch-wissenschaftlich ausgerichteten Okzident und dem religiös-patriarchalisch geprägten Orient.
Zur Kraftprobe zwischen »Staat und Moschee« in fast allen islamischen Staaten wird der Kampf um das islamische Recht.

Das islamische Recht

Was uns an den islamischen Gesetzen oft unbegreiflich, rückständig oder sogar unmenschlich anmutet, hat für die Politik der Ulemas auch die Funktion, die geistige Mauer zwischen Orient und Okzident zu festigen. Ein Mittel dazu ist der Kampf um die Erhebung des islamischen Rechts (Shari'a) zum Staatsgesetz in allen islamischen Staaten. Das gehört zu den unverzichtbaren Forderungen der gläubigen Muslims. Die Regierenden berufen sich in ihren Verordnungen zwar auf die Grundlagen des islamischen Rechts, doch zögern sie oft, dieses Recht voll anzuwenden. Die Gegensätze zwischen einer Staatsordnung, die sich – wie zum Beispiel in Ägypten und Syrien – demokratisch-sozialistisch bezeichnet, und der vom Koran vorgeschriebenen Shari'a sind nicht zu überbrücken.
Doch die Mehrheit der Bevölkerung fordert immer lautstärker das islamische Recht. So berichtet Thomas Ross in der »Frankfurter Allgemeinen Zeitung« aus Kairo:
»Eine breite Volksbewegung, einem langsam fließenden Strom vergleichbar, wenig organisiert und ohne sichtbare Führung, trägt die Islamisierung ... Die Regierung übt eine Rückzugsstrategie.«
An der Beachtung der Shari'a messen die Gläubigen die Rechtmäßigkeit der Regierung; daran erkennen sie, ob die Politiker Staat und Volk auf den vom Propheten Mohammed vorgezeichneten Weg führen oder ob sie sich vom Ausland beeinflussen lassen. Das islamische Recht ist mit den rechtsstaatlichen Grundsätzen europäischer Demokratien selbstverständlich nicht zu vereinbaren. Unsere Empörung über harte Urteile, die im Namen des islamischen Strafrechts vollstreckt werden (zum Beispiel das Abhacken der Hand für Diebstahl), geht von einer falschen Grundhaltung aus. Man überträgt unsere Rechtsvorstellungen auf ein völlig anderes Rechtssystem. Wie entrüstet aber wären die Europäer, würde man ihre Justiz unentwegt als gottlos, degeneriert, verkommen und zu milde gegenüber Verbrechern beschimpfen, weil sie nach weltlich-liberalen und nicht nach radikal-religiösen Gesichtspunkten ihre Urteile fällt.
So klafft auch im Rechtsverständnis eine unüberbrückbare Kluft zwischen Europa/Amerika und dem Nahen Osten.
Genau wie der Koran ist auch die Shari'a keinem historischen Wandel unterworfen. Ungeachtet aller gesellschaftlichen Entwicklungen wird sie als »ewige, unveränderbare Wahrheit« anerkannt. In der Praxis ist damit dem Richter eine nahezu unbegrenzte Strafgewalt eingeräumt.
Die Forderung nach einem islamischen Recht basiert nicht auf Willkür oder der Engstirnigkeit einiger Fanatiker. In allen islamischen Ländern herrscht Unsicher-

heit. Die Zeit der nationalen Freiheit umfaßt erst wenige Jahrzehnte. Innerhalb dieser Jahre kam es immer wieder zu politischen Erschütterungen und militärischen Niederlagen. Die Versuche, auf nationaler oder sozialistischer Grundlage ein arabisches Großreich zu bilden, sind fehlgeschlagen. Es gibt auch keine der Europäischen Gemeinschaft vergleichbare Entwicklung, die zu einem »Arabien der Vaterländer« führen könnte. Unerschüttert von allen nationalen und sozialen Mißerfolgen blieb nur der Islam. Nach all den Enttäuschungen und Demütigungen sehen große Teile der gebildeten Schichten zusammen mit den Massen der Bevölkerung nur noch in der Religion die Kraft, die den Sieg der nationalen, sozialen und geistigen Anliegen der muslimischen Völker herbeiführen kann.

Die zwei Seiten der Wahrheit

Aus dem politischen Befreiungskampf ist eine Kultur-Revolution geworden. Sie zerstört nicht, wie im China Mao Tse-tungs, die Religion, sondern sie beabsichtigt, die in jahrhundertelanger Fremdherrschaft von Ausländern und deren einheimischen Mitstreitern geschaffenen geistigen und politisch-wirtschaftlichen Grundstrukturen zu beseitigen. Der Glaube ist dabei die Basis, auf der alles andere entsteht. Diese Grundhaltung ist den materialistischen Vorstellungen total entgegengesetzt, gleichgültig, ob sie kapitalistisch oder kommunistisch begründet werden.

Der iranische Revolutionsführer Ayatollah Khomeini verfolgt das Ziel am kompromißlosesten. Seine Revolution gefährdet die arabischen Regionen, die nicht bereit sind, ihre Staaten, Scheichtümer oder Emirate in eine »Islamische Republik« zu verwandeln. Sie beunruhigt die Sowjetunion, zu deren Bevölkerung mehr Muslims gehören – knapp 50 Millionen Menschen –, als der Iran Einwohner hat, und sie bedroht die wirtschaftlichen Interessen des Westens.

Folgen wir dem Bericht von Wolfgang Günter Lerch über die Islamisten und ihre Glaubenslehre:

»Die Mullahs im Iran hatten Erfolg, weil sie einer mehr und mehr verunsicherten, aus jahrhundertelang gewachsenen Lebensverhältnissen gerissenen Bevölkerung die Vorzüge einer geschlossenen, an alter Sitte und Gewohnheit festhaltenden Gemeinschaft aufzeigen konnten.

Auch Ägypten ist dafür ein Beispiel. Die liberale Wirtschaftspolitik verschaffte dem unter fast unlösbaren wirtschaftlichen Schwierigkeiten lebenden Land am Nil einen Zustrom moderner Konsumgüter aus dem Westen . . ., der die Masse der Ägypter überforderte. Gleiches gilt für die reichen Ölstaaten am Golf, deren Bevölkerung innerhalb weniger Jahre aus dem Kamelhaar-Zelt und dem Lehmhaus in modernen Wohnkomfort umstieg – von der rapiden Verstädterung und Industrialisierung ganz zu schweigen. Nirgendwo auf der Welt gibt es so viele gemütskranke Menschen wie am Golf; ihre Zahl wäre noch höher, verhinderte der Islam traditioneller Prägung nicht das Schlimmste.«

Khomeinis Krieg gegen den Irak ist in den Vorstellungen vieler Muslims ein Kampf gegen den »gottlosen Präsidenten Saddam«, und die Beschimpfungen Nordamerikas sind für die Iraner ein Ausdruck ihrer Gefühle gegenüber dem Westen. Liegt das Ziel der Zukunft für die Muslims in der Rückkehr zur »Wahrheit des Islam«, so ist die Hauptmacht der westlichen Zivilisation mit ihren Werten von technischem Fortschritt, persönlicher Freiheit und Konsumglück der »große Satan«, dessen Geld und Unmoral die Menschen verführen und dessen politische Ziele der Verwirklichung eines Gottesstaates auf Erden entgegenstehen.

Mit dieser Kritik begehen die Mullahs die gleichen Fehler, die sie uns vorwerfen: Sie vergleichen Unvergleichbares. Einem Zerrbild der westlichen Zivilisation – deren Schwächen niemand leugnet – stellen sie das Idealbild einer reinen Religion gegenüber. Sie nehmen keine Kenntnis vom Fortschrittspessimismus Europas, sie bemühen sich nicht um ein Verständnis der Moderne und der demokratischen Welt. Sie verurteilen Bibel- und Korankritik als Gotteslästerung und freie Sitten als Verkommenheit. Sie sprechen fast allen unseren Gelehrten – von den Politikern ganz zu schweigen – die Fähigkeit ab, den Islam zu verstehen. Sie nennen uns in allen Fragen, die die Welt des Nahen Ostens betreffen, voreingenommen. Dies trifft sicherlich in vielen Fällen zu, doch ist es nur die eine Seite der Wahrheit. Im Westen gibt es so viele unterschiedliche Meinungen über den Islam, wie sie auch innerhalb der Muslims bestehen.

Hier wurde nur die Hauptlinie der islamischen Revolution beschrieben. Weder Europa noch Israel, die USA oder die Sowjetunion fürchten die islamische Welt. Der Widerstand – leider oft verbunden mit Polemik, Hetze und Lügen – besteht nicht gegen den Islam als Religion und auch nicht gegen eine islamische Revolution, sondern gegen die Errichtung totalitärer Macht im Gewand der Religion. Für den Muslim mögen Staat und Religion untrennbar sein – für die von Europa geformte Welt sind sie es nicht mehr. Man kann das bedauern oder begrüßen, die Tatsache selbst bleibt davon unbeeinflußt. Wir lehnen an den iranischen Revolutionsführern nicht ihre tiefe Religiosität ab; wogegen sich die nichtislamische Welt wehrt, ist ihr Versuch, die Umwertung der Werte in einem großen Teil der Welt mit militärischer und politischer Gewalt durchzusetzen. Dieser Gewalt widersetzen sich auch die arabischen Reiche, deren Bevölkerung streng religiös ist (zum Beispiel Saudi-Arabien) und die dennoch nicht zugunsten einer allumfassenden Islamischen Republik auf ihre nationale Identität verzichten wollen.
Einige Vorwürfe, die uns entgegengebracht werden, sind sicherlich berechtigt. Manche Medien verzerren den Iran zu einem Land der Fanatiker, der Gefängnisse und todessüchtigen Märtyrer. Sie berichten wenig über die einfachen Menschen, die ihr Vaterland lieben, die unter dem Krieg leiden und die dennoch die Zustände, wie sie unter dem Schah herrschten, nicht zurückhaben wollen. Es stimmt auch, daß Ausländer in den Staaten des Nahen Ostens vor allem mit gebildeten und wohlhabenden Einwohnern zusammenkommen. Diese Menschen vermitteln ihnen eine andere Sicht der Dinge, als es die Masse der Landbevölkerung tun würde. Das gilt insbesondere für die Fragen der Moral und der Familie.
So sagt die in Deutschland lebende iranische Journalistin Shahnaz Nadjmabadi:
»Bei der Beurteilung der Frauen läßt man sich in Europa immer wieder dazu verleiten, sie mit ihren westlichen Geschlechtsgenossinnen zu vergleichen. Die Informationen beschränken sich meist auf die zwanzig Prozent der Frauen, die in den Städten leben. Was wußte man von den übrigen achtzig Prozent in den ländlichen Gebieten? Wieviel weiß man heute von ihnen? Die Lage hat sich weder verbessert noch verschlechtert. Schon mit dem vierten Lebensjahr übernimmt ein Mädchen die Verantwortung für ihre jüngeren Geschwister, versorgt die Kleintiere, hilft bei der Feldarbeit. Mit fünfzehn heiratet es einen Mann, den die Eltern ausgewählt haben, gründet eine eigene Familie, erledigt die harte Hausarbeit (Wasser muß teilweise kilometerweit herangeholt werden), knüpft Teppiche, gebiert im Verlauf ihres Lebens zehn bis zwölf Kinder, von denen vielleicht die

Hälfte überlebt... das Leben der Frauen ist hart.«
Freiheit in unserem Sinne haben sie nie kennengelernt. Freiheit haben sie höchstens bei den Reichen gesehen, und da war sie fast immer mit Ausschweifungen verbunden. Daß diese Schicht in ihren Freiheiten eingegrenzt wurde, empört das Volk bestimmt nicht. Der Aufschrei der westlichen Feministinnen über die Unterdrükkung der Frauen in der islamischen Welt kommt gar nicht an ihre Ohren, und wenn sie ihn hörten, so würden sie nicht verstehen, wovon die Rede ist. Im günstigsten Fall würde ihre Antwort lauten: Nach dem Koran ist das, was diese Frauen tun und sagen, verboten.
Auf einer Fahrt zu einer islamischen Hochzeit in Turkmenistan kamen mir diese Gedanken. Turkmenistan grenzt an den Iran. Seine Einwohner gehören zu der großen religiösen Familie des Islam.

Unser Wagen fuhr dicht an engen, einstökkigen, aus Lehmziegeln errichteten Häusern entlang. Wohin ich auch blickte, sah ich Lehmklumpen, Steine, Schlaglöcher auf der Straße. Mühsam holperte der Wagen voran, wich einem bärtigen Wasserträger aus, hielt vor einem mitten auf der Fahrbahn stehenden Esel. Es roch nach Dung, nach gebratenen Zwiebeln und Hammelfleisch. Nicht weit weg hörten wir Händeklatschen, Gelächter und Gesang.
Wenige Minuten später waren wir bei der Hochzeitsgesellschaft. Die Braut saß festlich geschmückt auf einem von ihr selbst geknüpften dunkelroten Teppich. Sie wartete darauf, zu ihrem Bräutigam gebracht zu werden. In ihrer Nähe standen einige ältere Frauen in langen, bunten Kleidern mit hochgesteckten Frisuren. Junge Mädchen sprangen im Hof herum. Sie schlugen mit ihren Fingern auf Tamburins und riefen: »Bald kommt die Braut!« An den Wänden des Innenhofs standen die Männer. Mit zum Himmel erhobenen Händen erflehten sie den Segen Allahs für die Braut.
In dieser Sowjet-Republik wird immer wieder die Befreiung der Frau betont, die den Schleier zerrissen habe. Aber wohin ich in die von Muslims bewohnten Gebiete Zentralasiens auch kam – in den Teestuben saßen nur Männer, weit und breit war keine Frau zu sehen. Die Erklärung lautete: »Die Frauen wollen gar nicht hierher. Sie respektieren es von sich aus, daß die Männer unter sich sein wollen. Ja, die Schleier sind gefallen, aber das heißt nicht, daß unsere Frauen und Mädchen nicht wüßten, was sich gehört.«
Der private Bereich ist tabu. Schon Fragen danach werden als aufdringlich abgetan. Doch in vielen Legenden wird dazu Stellung genommen, streng moralisch und mit einer eindeutigen Aussage wie bei dieser:

Bibi-Chanum gehörte zur Sippe des Dschingis Khan. Tamerlan, auch Timur der Große genannt, hatte sie geheiratet. Er war der Herr Zentralasiens. Nach Indien, in die Türkei und die Steppen Rußlands waren seine Reiter im 14. Jahrhundert vorgestoßen. Beute brachten sie von überallher.
Samarkand, die Hauptstadt seines Reiches, ließ Timur damit ausschmücken. Moscheen, Grabstätten, Paläste entstanden – erbaut von den fähigsten der Sklaven. Wer versagte, wurde hingerichtet. Wer begabt war, erhielt Privilegien. So wurde manchem eine Frau geschenkt, die Tamerlan aus seinem Harem abgab.

Manchmal auch wählten sich die weiblichen Mitglieder des Herrscherhauses einen Gesprächspartner unter den klügsten und ansehnlichsten Männern aus. Bibi-Chanums Wahl fiel auf einen jungen Architekten. Die schönste Moschee Samarkands sollte er für sie erbauen. Doch der Jüngling verliebte sich in sie.

»Nimm irgendeine andere, laß mich«, sagte sie.
Und dann legte sie ihm auf einem Tablett dreißig mit verschiedenen Farben und Mustern bemalte Eier vor. »Sie sehen nur verschieden aus – in Wahrheit sind sie alle gleich. So ist es auch mit den Frauen.«
Der Architekt bat sie, eine Weile zu warten. Mit zwei weißen Porzellanschalen in den Händen kam er zurück. In der einen war Wasser, in der anderen Wein. »So«, sagte er, »ist es mit den Frauen. Auch wenn sie sich auf den ersten Blick gleichen wie eine Schale der anderen, so sind sie doch im Herzen ganz verschieden.«
Bibi-Chanum ließ sich küssen – aber ein Mal blieb davon auf ihrer Wange zurück. Tamerlan bemerkte es. Er raste vor Wut, ließ die Moschee einreißen, den entflohenen Architekten verfolgen, und Bibi-Chanum mußte fortan ihr Gesicht hinter einem dichten Schleier aus geflochtenen Pferdehaaren verbergen.
Aber Tamerlan dem Grausamen genügte das noch nicht. Alle Frauen sollten für den Verrat der einen büßen – und fortan mußten alle ihr Gesicht verhüllen.

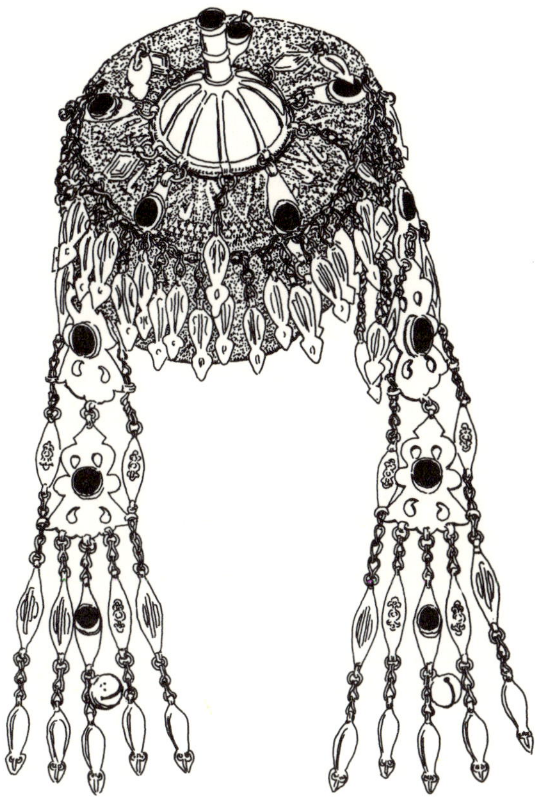

Kopfschmuck aus Turkmenistan. – 47 Millionen Menschen bekennen sich in den asiatischen Regionen der Sowjetunion zum Islam. Im Schmuck der Frauen drückt sich sowohl die Verbindung mit der Kulturtradition der islamischen Völker als auch ihre soziale Stellung aus.

Mit dem Vorsitzenden des religiösen Muslim-Direktoriums für Zentralasien, Mufti Ziyantdin Khan Bin Ishan Babakhan, sprach ich über Politik und Religion. Über Nachwuchs in den religiösen Fächern hat er nicht zu klagen. In den Seminaren herrscht rege Lehrtätigkeit, und wann immer es möglich ist, schickt er seine Schüler zu Studien in arabische Länder. Einigen wenigen Muslims erlaubt die Sowjet-Regierung jedes Jahr eine Pilgerreise nach Mekka. Auf meine Frage nach der islamischen Revolution erhielt ich die vieldeutige Antwort: »Es gibt keinen Gott außer Allah, und Mohammed ist sein Prophet. Folgen wir dem Koran, so bleiben wir auf dem rechten Weg.« Als ich dann weiter fragte nach seiner Haltung zum Nahost-Konflikt, zum Krieg zwischen dem Iran und dem Irak und zu den Vorgängen im benachbarten Afghanistan, bekannte sich der Mufti von Zentral-Asien zu der großen Gemeinschaft der islamischen Völkerfamilie. Er sagte:
»Alle Muslims sind gleichsam Glieder eines Körpers; leidet ein Teil davon unter einer Krankheit, so ist der Schmerz bei allen zu spüren.«

Das schwarze Gold

Öl. Es hat die Welt umgeformt und dem Nahen Osten Reichtum gebracht, ihn aber auch in Kriege und in Revolutionen gestürzt. Heute sind die Ölleitungen die Schlagadern der Weltwirtschaft. Wo sie mit gewaltigen Detonationen in die Luft fliegen, bangen die Herrschenden um ihre Macht; wo das schwarze Gold Tag und Nacht durch die Rohre fließt, wächst der Wohlstand.

Ob Ölproduzenten oder Ölverbraucher: Öl bestimmt die Entwicklung in ihren Ländern; es ermöglicht oder gefährdet einen hohen Lebensstandard, es entscheidet über Sieg oder Niederlage im Krieg, läßt Millionen Menschen in Flugzeugen fliegen, mit Autos fahren, in geheizten Räumen wohnen und arbeiten. Wenn das Öl versiegt, schweigen alle Motoren; Stille herrscht dann in den Werkhallen, Leere im Luftraum, auf den Meeren und auf den Straßen, Kälte in Häusern und Palästen.

Der Kampf um das Öl ist ein Kampf um die Macht. Öl hat auch den Ausgang des Zweiten Weltkrieges mit entschieden. Der Vorstoß der deutschen Wehrmacht in den Kaukasus war der Versuch, an die russischen Ölfelder bei Baku heranzukommen und von dort aus zu den Raffinerien im Iran vorzustoßen. Zur Flankensicherung des Vormarsches sollte im Osten die Wolga erreicht und Stalingrad erobert werden. Dort fiel die Entscheidung. Danach war nicht nur die Schlacht von Stalingrad für Deutschland verloren; danach versiegte auch allmählich der Ölnachschub für Panzer und Flugzeuge, für die Kriegsmarine und die Rüstungsindustrie. Die Sowjetunion und die westlichen Alliierten blieben im Besitz der Ölquellen. Churchills Prophezeiung ging in Erfüllung: »Wir werden auf einer Woge von Öl zum Sieg schwimmen.«

Der Krieg zwischen dem Iran und dem Irak ist auch ein Krieg um Öl. Nur mit dem Erlös aus dem Verkauf des Öls kann er finanziert werden. Die Waffenhändler in Ost und West – Staaten und private Firmen – machen damit die »Geschäfte des Jahrhunderts«. Allein der Irak kaufte zwischen 1981 und 1985 für 24 Milliarden Dollar Kriegsmaterial; damit überholte er sogar Saudi-Arabien, den bisher größten Waffenimporteur der Welt. Die Herrscher in Riad kauften im gleichen Zeitraum für 15 Milliarden Dollar.

Wem es gelingt, die Ölindustrie seines Kriegsgegners zu ruinieren, ist dem Sieg einen bedeutenden Schritt näher gekommen. Alle Kräfte werden eingesetzt, um dieses Ziel zu erreichen. Häfen werden blockiert, Ölgebiete bombardiert und ausländische Militärhilfe zum Schutz der eigenen Flotte in Anspruch genommen.

Die Gefährdung der Seerouten führt zum Bau von neuen Erdölleitungen. Sie sollen den lebenswichtigen Rohstoff transportieren, falls die Schiffsverluste zu groß werden. Bagdad nützt bei diesem Vorhaben die guten Beziehungen zur Türkei; eine der großen irakischen Erdölleitungen verläuft über Kirkut und Mossul zu dem türkischen Hafen Yumurtalik. Die Saudis befördern arabisches Öl von Dschubail quer durch die Halbinsel bis nach Yanbu am Roten Meer.

Öl hat die Welt verändert. Dem Nahen Osten hat es Reichtum gebracht, ihn aber auch in Kriege und Revolutionen gestürzt. Bohrinsel im Persischen Golf.

Brennende Ölquelle in der Libyschen Wüste. Die Dorfbewohner sammeln Kameldung.

Montage eines Hauptrohres zum Oberdeck einer Bohrinsel.

Folgende Doppelseite: Gemessen am Pro-Kopf-Einkommen ist Kuweit einer der reichsten Staaten der Erde. Die Ölüberschüsse gestatten umfangreiche Investitionen im Inland und Industriebeteiligungen und Kapitalanlagen im Ausland. Seine Erdölreserven betragen etwa 90 Milliarden Faß; das reicht – bei Weiterführung der heutigen Fördermenge – für die nächsten 200 Jahre.

Links: Preisabsprachen sind das Hauptanliegen der Organisation Erdölexportierender Länder (OPEC). Büro in Riad.

Unten: Erdölraffinerie in Kuweit.

Der Iran plant den Bau von zwei neuen Rohrleitungen: eine führt nach Jask am Indischen Ozean, die andere nach Baku in der Sowjetunion. Iranisches Öl könnte von dort ohne Schwierigkeiten weitertransportiert werden. Doch wenn iranisches Öl durch die Sowjetunion fließt, gewinnt der Kreml einen gewissen Einfluß auf die iranischen Ölgeschäfte – und damit auf die Staatseinnahmen Teherans.
Die US-Flagge auf kuweitischen Tankern im Golf ist für die Iraner eine Warnung, sich nicht zu eng an die UdSSR anzulehnen. Andererseits signalisiert sie den Willen Amerikas, die Schiffahrtswege im Golf freizuhalten. Die Vereinigten Staaten beziehen aus der Golf-Region nur 6 Prozent ihres Rohölbedarfs, ihre Wirtschaft könnte daher durch eine Seeschlacht in der Straße von Hormuz nicht gefährdet werden. Bedroht wäre die Wirtschaftsentwicklung ihrer Verbündeten in Westeuropa und Japan. Die Bundesrepublik Deutschland bezieht 10 Prozent Rohöl aus der Golfregion, Frankreich 32 Prozent, Italien 49 Prozent und Japan 60 Prozent.

Wenn es keinen Markt gibt, muß man einen Markt schaffen

Bei dem Kampf um das schwarze Gold waren die Nordamerikaner von der ersten Stunde an dabei. Die Geschichte des Öls ist für Washington auch ein Beweis für den Erfolg ihres Wirtschaftssystems.
Es begann wie ein Musterbeispiel des »American way of life« im Geschäftsleben. Ein Krämer mit Namen John D. Rockefeller hatte sich durch spartanischen Lebenswandel 5000 Dollar erspart. Mit diesem Geld kaufte er eine kleine Ölraffinerie, die Petroleum für die gerade auf den Markt kommenden Lampen lieferte. Das war 1863. Sieben Jahre später gründete »J. D. R.« die Standard Oil Company. Zehn Jahre später war er Millionär. 1923 war er Milliardär. 1932 betrug der Gewinn einer Standard-Oil-Aktie 2900 Prozent.
Bei der Gründung der Gesellschaft wußte Rockefeller noch nichts von der Zukunft der Automobil-Industrie, der Schiffahrt und des Luftverkehrs. Er hatte alles riskiert und gewonnen; nicht weil er jeden Sonntag zur Kirche ging, nicht rauchte, nicht trank und enthaltsam lebte, wie das den amerikanischen Kindern in der Schule erzählt wird. Er gewann, weil er der Rücksichtsloseste im Ölgeschäft war und seine Geschäftsmethoden seine Konkurrenten gleich reihenweise in den Ruin trieben. Eine seiner Praktiken hieß: 50 Prozent billiger anbieten als die Konkurrenz – bei gleicher Qualität. War der Gegner bankrott, konnte Rockefeller den Preis diktieren.
Rockefeller wußte auch, daß man Öl nicht nur finden und fördern, sondern auch transportieren muß. Er baute Tankwagen – und es versteht sich von selbst, daß seine Transportfirma die niedrigsten Frachtkosten berechnete – so lange, bis sich von den 26 bestehenden Gesellschaften 21 der Standard Oil Company angeschlossen hatten.
Als das »Land der unbegrenzten Möglichkeiten« von der Eisenbahn erschlossen wurde, tauschte Rockefeller Ölaktien gegen Eisenbahnaktien, und es dauerte nicht lange, bis er zu Amerikas Eisenbahnkönigen gehörte. Politikern, die sich an ihn wandten, half er, Wahlen zu gewinnen. Als Gegenleistung wollte er nur eins: Marktchancen. Und wenn es keinen Markt gab? Wir kennen seinen berühmten Satz: »Wenn es keinen Markt gibt, muß man einen Markt schaffen«, und er muß so groß sein, daß seine Gefährdung zu einer politischen Bedrohung werden könnte – denn dann werden die Schutzmaßnahmen von der Regierung finanziert.
Doch das Öl im Nahen Osten hat kein Ame-

rikaner entdeckt. William Knox d'Arcy war Kanadier, ein stiller, menschenscheuer Mann, illusionslos über den Gang der Dinge in der Welt und über die Macht des Geldes. Sollte er einmal zu Reichtum kommen, so wollte er ihn nur zum Nutzen der Menschen verwenden. D'Arcy war Geologe. In Australien fand er wertvolle Mineralien. Nachdem er seine Fundstellen an Minengesellschaften verkauft hatte, fuhr er nach Persien. Er wollte das Land kennenlernen, in dem angeblich aus dunklem Wüstengestein Tag und Nacht helle Flammen hochzüngelten; wo die Erde brannte, ohne daß irgend jemand das Feuer nährte, und wo die Menschen einen Licht- und Feuergott verehrten.

Er durchstreifte den Iran und erkannte Öl und Erdgas als die Nahrung der Flammen. Im Jahr 1901 kaufte er vom Schah eine Konzession. Sie erlaubte ihm und seinen Erben, überall in Persiens Erde nach der »Feuernahrung« zu graben und nach Gutdünken damit zu verfahren. Der Schah verspottete d'Arcy als einen religiösen Phantasten, der noch im 20. Jahrhundert an den Lichtgott Ormuzd der alten Perser glaubte. Er meinte, noch nie habe er für so wenig so viel Geld bekommen.

In der Nähe des Dorfes Masdschid-i-Suleiman fand d'Arcy eines der ergiebigsten iranischen Ölfelder. Es war der 26. Mai 1908. Mit diesem Tag begann für die iranisch-arabische Welt ein neues Zeitalter. Noch war es keinem bewußt. D'Arcy war kein Rockefeller, doch er ahnte, was sein Fund für das freie Leben der Nomaden, die Einsamkeit der Wüsten und Steppen bedeutete. Um keinen Preis war er bereit, das Land auszubeuten oder seine Konzession zu verkaufen. Ihm genügte, daß er sie hatte. Doch er konnte nicht verhindern, daß sein Fund bekannt wurde. Ein Londoner Bankenkonsortium bot ihm 6 Millionen Pfund für das Stück Papier mit der Unterschrift des Schahs. Doch d'Arcy lehnte ab: »Geld bringt selten Segen.«

Was nun folgt, könnte einem Abenteuerfilm als Vorlage dienen. Schlagartig veränderte sich d'Arcys Leben. Er wurde Tag und Nacht beobachtet, hübsche Frauen versuchten ihn zu verführen und ihm das Dokument abzuschmeicheln, seine Zimmer wurden durchwühlt, seine Koffer aufgebrochen. Er wurde bedroht und umworben. Nur knapp entging er einem Attentat. Ehrenämter und politische Macht wurden ihm angeboten – doch d'Arcy blieb fest.

Um seinen Verfolgern zu entgehen, buchte er eine Schiffspassage nach Amerika. Dort, so meinte er, könnte er seine Spuren am besten verwischen. Während der Überfahrt stand er stundenlang an der Reling, niemand kümmerte sich um ihn. Er schien entkommen zu sein. Eines Abends kam er mit einem anderen, ebenso einsamen Passagier ins Gespräch; ein Missionar, der so dachte wie er: »Was nützt es dem Menschen, wenn er die ganze Welt gewänne und nähme doch Schaden an seiner Seele.« Halbe Nächte diskutierten sie miteinander. D'Arcy fühlte sich verstanden, er war glücklich. Wenn es eine Macht gab, die uneigennützig zum Wohle der Menschen arbeitete, dann war es die Kirche. Kurz bevor das Schiff in New York anlegte, übergab d'Arcy dem Priester seine Konzession. Nachdem sie den Boden Amerikas betreten hatten, umarmten sich die beiden Männer – und sahen sich nie wieder. Der Missionar eilte in ein Hotel, zog seinen Priesterrock aus und verständigte seine Auftraggeber. Er war Agent einer Ölgesellschaft.

Kurz darauf wurde in London die Anglo-Persian Oil Company gegründet. 56 Prozent des Kapitals gehörten der britischen Regierung. Sie beschloß, die persischen Ölfelder sofort auszubeuten. Englands Kriegsflotte sollte von Kohle- auf Ölfeuerung umgerüstet werden. Auch die Deutschen waren nicht müßig gewesen. Der Bau der Bagdad- und der Hejaz-Bahn führte sie immer näher an die Ölfelder des Nahen Ostens heran. Doch bevor es ihnen gelang, ihren Einfluß dort voll zur Geltung zu bringen, lenkte ein Mord die Weltgeschichte in neue Bahnen.

Es war der 28. Juni 1914, ein warmer, trokkener Sommertag. Blumen und Flaggen schmückten die Häuser und Straßen der bosnischen Stadt Sarajewo. Die großen Sommermanöver der österreichisch-ungarischen Monarchie auf dem Balkan waren beendet. Der Generalinspekteur der Truppen, Erzherzog Franz Ferdinand, und seine Gemahlin, Herzogin Sophie von Hohenberg, sollten die Parade abnehmen. Während die Menge dem österreichischen Thronfolger noch zujubelte, drängte sich ein junger Mann an den Wagen heran und warf eine Handgranate. Das Attentat mißlang, der Täter wurde verhaftet und abgeführt. Franz Ferdinand beruhigte die aufgeregten Gemüter. Scherzend sagte er zu dem Bürgermeister: »Passen Sie auf, der Kerl wird – statt daß man ihn unschädlich macht – nach echt österreichischer Art noch mit dem Verdienstkreuz dekoriert. Aber nun genug davon, gehen wir, nehmen wir die Parade ab.«
Als die Wagenkolonne in der Nähe der Lateinerbrücke war, kam es zu einem zweiten Attentat. Österreichs Thronfolger und seine Gemahlin wurden tödlich getroffen.
Das Attentat von Sarajewo schreckte die Welt auf. Es war nicht die Ursache des Ersten Weltkriegs, doch es wirkte als auslösendes Moment. Die politisch-militärischen Aktionen, die daraufhin in Wien, Berlin, Paris, London und St. Petersburg beschlossen wurden, führten direkt zum Krieg. Jetzt fiel der grausame Satz: »Ein Tropfen Öl ist kostbarer als ein Tropfen Blut.«
Der Iran und die arabischen Länder erwachten allmählich aus ihrem politischen Dämmerzustand. Völker und Regierungen wurden mit den Gütern und mit dem Lebensstil konfrontiert, den die Ölgesellschaften in ihre Länder brachten. Doch der Rohstoffreichtum ging ins Ausland. Von 1908 bis 1954 wurden die iranischen Ölfelder von der Anglo-Persian Oil Company (ab 1951 British Petroleum Company, BP) ausgebeutet. Immer neue Gesellschaften wurden gegründet. Amerikanisches Geld floß in holländische Firmen, deutsches in russische, britisches in französische – doch im Hintergrund standen immer die gleichen Kräfte. Und wenn es ums Öl ging, arbeiteten Faschisten mit Kommunisten, Demokraten mit Diktatoren zusammen.
Den Kampf um die Erdölfelder Saudi-Arabiens gewannen die Amerikaner. Standard Oil of California, Texas Company und Standard Oil of New Jersey schlossen Partnerschaftsverträge ab; gemeinsam waren sie allen anderen Gesellschaften überlegen. Ihr Ölimperium erhielt den Namen Arabian American Oil Company (Aramco).
Das ließ der britischen Anglo-Iranian Company keine Ruhe. Zusammen mit der amerikanischen Gulf Oil gründeten sie die Kuweit Oil Company. Unter dem Wüstensand eines fast menschenleeren Landstriches am Golf hatten sie eines der ergiebigsten Ölfelder der Welt entdeckt.

Das persische Poker

Die Ölländer verlangten Beteiligungen. Sie drohten mit der Aufhebung der alten Verträge. Nachdem alle Verhandlungen gescheitert waren, begann der Iran 1951 mit der Verstaatlichung der ausländischen Ölfirmen. Doch London wußte, wie man in diesem Geschäft Poker spielt. Die englischen Ingenieure verließen das Land; kein britisches Schiff fuhr einen iranischen Ha-

fen an; die Tankschiffe auf See kehrten um und fuhren leer zurück. Alle Pumpwerke standen still – und es gab keine Iraner, die sie bedienen konnten. Teheran lenkte ein. »Das persische Poker«, wie man in Ölkreisen dieses Ringen genannt hatte, führte die westlichen Ölgesellschaften wieder an die Fördertürme zurück. Auf der Grundlage veränderter, die Ölländer begünstigender Bedingungen kam es mit den Staaten im Nahen Osten zu neuen Verträgen.
Aber Iraner und Araber hatten ihre Lektion gelernt. Sie setzten große Mittel ein, um einheimisches Personal auszubilden. Einige Staaten beschlossen zudem, im Kampf um das schwarze Gold gemeinsam vorzugehen. 1960 schlossen sich der Iran, der Irak, Kuweit, Saudi-Arabien und Venezuela zu der Organisation Erdölexportierender Länder (OPEC) zusammen. Ziel des Zusammenschlusses waren Preisabsprachen. Wie die Staaten des Nahen Ostens, bestritt auch das erdölreichste Land Südamerikas – Venezuela – fast alle Staatsausgaben durch Ölverkäufe. Fiel der Ölpreis, stand es vor dem Staatsbankrott. Nur die arabisch-iranischen Wirtschaftskreise garantierten dem südamerikanischen Land sichere Ölpreise.
Die Ölgiganten lenkten ein. Doch der Nahost-Konflikt hatte die Fronten verhärtet. 1971 verstaatlichten Algerien, der Irak und Libyen ihre Erdölindustrien. Zwei Jahre später schlossen sich ihnen die Vereinigten Arabischen Emirate an. 1974 verlangte Oman von allen im Land tätigen Ölgesellschaften die Mehrheitsanteile. 1977 setzte auch Kuweit diese Forderung durch, und Saudi-Arabien folgte 1980.
Die westlich orientierten Kreise in diesen Ländern hielten ihre Vorbehalte gegen eine solche Ölpolitik vor dem Hintergrund des Nahost-Konflikts zurück. Und der Erfolg gab den Radikalen recht. 1973 gelang es den Arabern zum erstenmal in ihrer Geschichte, der Weltwirtschaft ihren Willen aufzuzwingen. In Verbindung mit einem Ölembargo »gegen die Freunde Israels« setzten sie den Preis von 2,89 Dollar (Januar 1974) auf 11,75 Dollar (Juni 1974) für ein Barrel Rohöl (159 Liter) fest. Die westlichen Industriestaaten gaben wortreiche Sympathieerklärungen für Israel ab – aber sie kauften arabisches Öl. Der Preis stieg weiter. 1980 kostete ein Barrel Öl 28 Dollar. Israels militärische Siege wurden in der arabischen Welt jetzt etwas weniger schmerzlich empfunden, denn ein politisch-wirtschaftliches Traumziel war erreicht. Milliardenbeträge wurden nicht mehr zum Nutzen ausländischer Firmen und Staaten aus der arabisch-iranischen Welt herausgepumpt, sondern große Geldmengen strömten aus der westlichen Welt in den Nahen Osten. Die Einnahmen der OPEC-Länder wuchsen von 7 Milliarden Dollar im Jahr 1970 auf 90 Milliarden im Jahr 1974 und erreichten 1980 die Rekordsumme von 282 Milliarden Dollar.

Ausblick in die Zukunft

Einigkeit macht stark; aber Einigkeit war noch nie ein Kennzeichen der Völker im Nahen Osten. Die Politisierung des Erdöls und seine Wirksamkeit als offenbar unerschöpfliche Geldquelle war für die arabischen Staaten der Anlaß zu einem gesonderten Zusammenschluß ihrer Länder in der Organisation der Arabischen Erdölexportierenden Staaten (OAPEC). Sie wurde in Beirut gegründet, zu ihren Mitgliedern gehören Algerien, Libyen, Saudi-Arabien, Kuweit, Irak, Bahrein, Katar, Syrien, Vereinigte Arabische Emirate und Tunesien. Ägypten wurde 1979 wegen seines Separat-Friedensabkommens mit Israel ausgeschlossen.
Hauptziel der OAPEC ist es, die Wirt-

schaftspolitik der gesamten Region aufeinander abzustimmen. Nachdem die Ölpreise wieder gefallen waren, sollten Förderbeschränkungen sie wieder in die Höhe treiben. Auf zahlreichen Konferenzen zwischen OPEC und OAPEC wurden immer wieder bindende Beschlüsse gefaßt – und umgangen. So überschreiten zum Beispiel der Iran und der Irak alle Abmachungen über die Ölfördermengen, um ihren Krieg finanzieren zu können. Käme es zwischen Bagdad und Teheran zum Frieden, würde vielleicht auch ein arabisch-iranisches Ölkartell funktionieren.
Doch der »Ölschock«, wie der arabische Erfolg bei uns bezeichnet wurde, bewirkte eine wirtschaftliche Umorientierung der europäischen Industriestaaten, der USA und Japans. Sparmaßnahmen wurden propagiert; Außenseiter im Erdölsektor wie Norwegen und Mexiko begannen unter schwierigen Bedingungen, neue Quellen zu erschließen. Großbritannien entdeckte die Nordsee als Ölquelle. Am nachhaltigsten beeinflußt jedoch die Kernenergie die wirtschaftliche Entwicklung, die von dem Rohstoff Öl unabhängig machen soll. Ob diese Energiequelle eines Tages das Öl weit zurückdrängt, wird die Zukunft entscheiden. Aber der Kampf für oder gegen die Kernenergie ist auch ein Kampf für oder gegen die erdölproduzierenden Länder.
Die Berichte über das Abnehmen der Weltölreserven sind übertrieben; sie sind ein politisches Kampfmittel zugunsten der Kernenergie. Nach den Beurteilungen der Banken und der Wirtschaftsinstitute sind die Erdölvorräte im Nahen Osten noch immer gewaltig. Die USA und Westeuropa verfügen nur über 10 Prozent der Ölvorkommen, verbrauchen jedoch die Hälfte der Weltförderung. Und diese kommt vor allem aus der iranisch-arabischen Welt. So wird sich die Macht der OPEC wahrscheinlich wieder festigen. Um katastrophale wirtschaftliche Folgen zu vermeiden, muß es in den nächsten Jahren zu Absprachen zwischen allen Beteiligten kommen. Dazu gehört auch ein Friedensabkommen Israels mit seinen arabischen Nachbarn und das Ende der Kämpfe in der Golf-Region.

Nach den Schätzungen der internationalen Energiebehörde wird der Erdölpreis noch vor der Jahrtausendwende pro Barrel zwischen 30 und 40 Dollar liegen. Pessimisten sprechen sogar von 50 Dollar. Bei solchen Preisen ist der Kampf um das schwarze Gold vorprogrammiert. Wer ihn gewinnt, bestimmt nicht nur mit über die Zukunft des Nahen Ostens; er hat auch maßgeblichen Einfluß auf die Entwicklung der Weltwirtschaft und damit auf den Stand unserer Zivilisation.

Grund-Daten	Fläche km²	Einwohner Mio	Hauptstadt	Analphabeten %	Lebenserwartung Jahre	Pro-Kopf-Einkommen US-$	Verstädterung %	Landwirtschaft %	Industrie %
Afghanistan	647.497	14,5	Kabul	80	36	221	17	58	12
Ägypten	1,001.449	45,92	Kairo	56	57	700	45	20	34
Algerien	2,381.741	20,5	Algier (El Djaza'ir)	65	57	2.400	45	6	55
Bahrain	622	0,4	Manama			10.360	78	1	45
Irak	438.446	14,65	Bagdad	82	59	1.800	70	17	51
Iran	1,648.000	42,07	Teheran	50	60	2.000	52	29	33
Israel	20.770	4,055	Jerusalem	16	74	5.360	90	5	35
Jemen (Nord) Arab. Republik	195.000	6,23	Sana	79	44	510	14	26	17
Jemen (Süd) Demokr. Volksrep.	332.968	2,1	Aden	60	46	510	38	12	27
Jordanien	97.740	3,25	Amman	30	64	1.740	60	7	29
Katar	11.437	0,28	Doha			21.170	80	1	85
Kuweit	17.818	1,695	Kuweit	40	71	18.180	91	1	65
Libanon	10.400	2,64	Beirut	14	65		77	11	20
Libyen	175.540	3,36	Tripolis	50	57	7.500	58	3	68
Marokko	458.730	21,16	Rabat-Salé	72	52	750	42	18	31
Oman	212.457	1,13	Maskat	75	52	6.240	20	74	8
Pakistan	803.943	92,9	Islamabad	76	50	390	29	31	25
Saudi-Arabien	2,149.690	10,42	Er Riad	75	56	12.180	69	1	77
(Abgrenzung gegen Arabische Republik Jemen und der Demokratischen Volksrepublik Jemen unsicher)									
Syrien	185.180	10,42	Damaskus	42	66	1.680	49	19	31
Sudan	2,505.813	20,36	Khartum	68	47	400	23	36	14
Tunesien	164.150	6,89	Tunis	38	61	1.290	54	15	36
Türkei	780.576	47,28	Ankara	40	63	1.230	44	21	31
Vereinigte Arabische Emirate	83.600	1,169	Abu Dhabi	44	71	21.340	79	1	77
(Neue Hauptstadt Karame zwischen Abu Dhabi und Dubai am Golf geplant.)									

(Zusammenstellung der Grunddaten 1986.)

Bibliographie

Eine Übersicht der Veröffentlichungen zum Thema Naher Osten ginge weit über den Rahmen dieses Buches hinaus. So enthält dieses Schrifttumsverzeichnis nur die Namen der Bücher, Zeitschriften und Zeitungen, aus denen zitiert wurde oder die für die Arbeit herangezogen wurden. Einige der genannten Publikationen sind mit einem umfangreichen Literaturverzeichnis ausgestattet, so daß die Leser, die sich umfassend mit dem Thema beschäftigen möchten, dort genügend Hinweise finden. Weitere Informationsquellen mit reichhaltigem deutsch- und fremdsprachigem Material bieten das Forschungsinstitut der Deutschen Gesellschaft für Auswärtige Politik, Bonn; der Nah- und Mittelost-Verein, Hamburg; die Dokumentationsstelle des Deutschen Orient-Instituts, Hamburg; die Bundesstelle für Außenhandelsinformationen, Köln; die Orient-Abteilung der Bayerischen Staatsbibliothek, München; das IFO-Institut für Wirtschaftsforschung, München; das Institut für Auslandsbeziehungen, Stuttgart, und das Statistische Bundesamt, Wiesbaden.

Al-Fajr: Jerusalem palestinian weekly. 16. 5. 1986 ff.

Bachmann, O.: Durch Massailand zur Nilquelle. Berlin 1894.

Bau, M.: Iran wie er wirklich ist. München 1971.

Bitterli, U.: Die Entdeckung des schwarzen Afrikaners. Zürich 1970.

Born, N.: Die Fälschung. Hamburg 1979.

Brentjes, B.: Völker beiderseits des Jordans. Leipzig 1979.

Brown, L.: Afrika. In: Knaurs Kontinente in Farben. München 1969.

Bundesstelle für Außenhandelsinformationen (bfai): Marktinformationen. Saudi-Arabien. Köln 1986.

Dies.: A.a.O. Iran. Köln 1986.

Dies.: A.a.O. Katar. Köln 1986.

Dies.: A.a.O. Kuweit. Köln 1986.

Dies.: A.a.O. Vereinigte Arabische Emirate. Köln 1987.

Clauss, M.: Geschichte Israels. München 1986.

Collier, P. und Horowitz, D.: The Rockefellers. An American Dynasty. New York 1976.

Comay, J.: The Diaspora Story. Tel Aviv 1982.

Commerzbank (Hrsg.): Wirtschaftspartner Arabische Länder. Märkte mit Zukunft. (Mit ausführlichen Tabellen und statistischen Angaben.) Frankfurt/Main 1987.

Crollins, A.: Islam und Abendland. Düsseldorf 1984.

Drexl, W.: Die deutsch-israelischen Beziehungen. In: Der Staatsbürger. München 1. 9. 1987.

Dürrenmatt, F.: Zusammenhänge. Essay über Israel. Zürich 1976.

Engmann, G.: Spannungsherd Nahost. Berlin 1981.

Ettinghausen, R.: Aus der Welt der islamischen Kunst. Berlin 1959.

Föllmi, H.: Reise zu den verbotenen Moscheen der Schiiten. In: Neue Zürcher Zeitung. 15. 1. 1972.

Frangi, A.: PLO und Palästina. Frankfurt/Main 1982.

Franz, H. G.: Palast, Moschee und Wüstenschloß. Graz 1984.

Gähwyler, K.: Libanons Maroniten zwischen Trauma und Identität. In: Neue Zürcher Zeitung. 1. 3. 1986.

George, U.: In den Wüsten dieser Erde. Hamburg 1960.

Gille, H. W.: Politik, Staat und Nation in der dritten Welt. München 1974.

Gysling, E.: Zerreißprobe in Nahost. Zürich 1986.

Haas, M.: Husseins Königreich. München 1975.

Heimrich, B.: Theater und Toleranz. In: Frankfurter Allgemeine Zeitung. 10. November 1986.

Helmensdorfer, E.: 50mal Ägypten. München 1979.

Hottinger, A.: 10mal Nahost. München 1970.

Ders.: Die palästinensische Befreiungsorganisation. In: Neue Zürcher Zeitung. 22./23. 8. 1982.

Ders.: Die Araber unter israelischer Herrschaft. A.a.O. 22. 3. 1985.
Kanafani, G.: Men in the sun. London 1969.
King, R.: The Iran-Irak War. Bosquet 1987.
Koldewey, R.: Das wiedererstehende Babylon. Leipzig 1925.
Ders.: Die Königsburgen von Babylon. Leipzig 1931.
Konzelmann, G.: Allahs neues Weltreich. München 1986.
Lebesque, M.: Albert Camus. Reinbeck bei Hamburg 1960.
Lerch, W. G.: Die totalitäre Gesellschaft der Religiösen. In: Frankfurter Allgemeine Zeitung. 7. 8. 1982.
Ders.: Araber gegen Perser. A.a.O. 8. 8. 1987.
Malanowski, A., und Stern, M.: Iran-Irak. Hamburg 1987.
Meir, G.: Leben für mein Land. Zürich 1973.
Mejcher, H.: Die Politik und das Öl. Stuttgart 1980.
Merian (Zeitschrift): Marokko. Hamburg o. J.
Dies.: Sahara. Hamburg o. J.
Dies.: Ägypten. Hamburg o. J.
Mielche, H.: Aladin fährt Cadillac. München 1958.
Moorehead, A.: The White Nile. New York 1960.
Nadjmabadi, S.: Andere Bilder einer Reise. In: Frankfurter Allgemeine Zeitung. 14. 3. 1987.
Nagel, T.: Der Koran. Einführung, Texte, Erläuterungen. München 1983.
Neustadt, A.: Israels zweite Generation. Bonn 1987.
v. Oppenheim: Vom Mittelmeer zum persischen Golf. Band 2. Berlin 1900.
Pfeffer, P.: Asien. In: Knaurs Kontinente in Farben. München 1969.
Pönicke, H.: Die Hedschas- und Bagdadbahn. Düsseldorf 1958.
Pott, M., und Schimkoreit-Pott, R.: Beirut. Zwischen Kreuz und Halbmond. Braunschweig 1985.
Richter, H. W.: Karl Marx in Samarkand. Neuwied und Berlin 1966.
Ritterband, Ch.: Israel hautnah. Zürich 1985.
Rohmer, G., und von Rohn, H. R.: Yemen. Kreuzlingen 1979.
Rohrbach, P.: Die Bagdadbahn. Berlin 1902.
Röhring, H. H.: Die Entstehungsgeschichte des Staates Israel. In: Aus Politik und Zeitgeschichte. Beilage 2. Wochenzeitung das Parlament. 1. 1. 1968.
Ross, Th.: Das alte und das neue Kairo. In: Frankfurter Allgemeine Zeitung. 10. 1. 1987.
Rossberg, R. R.: Geschichte der Eisenbahn. Künzelsau 1977.
Rübesamen, H. E.: Spanien: Andalusien. München 1973.
Sauvaget, J.: Introduction à l'Histoire de l'Orient musulman. Paris 1961.
Schiff, Z., und Yaari, E.: Israel's Lebanon War. London 1984.
Schneider, S.: Die deutsche Bagdadbahn in ihrer Bedeutung für Weltwirtschaft und Weltverkehr. Wien 1900.
Scholl-Latour, P.: Allah ist mit den Standhaften. Stuttgart 1983.
Schultze-Westrum, Th.: Mehr als Sand und Steine. Zweites Deutsches Fernsehen. 17. 1. 1987.
Sperna-Weiland, J. (Hrsg.): Antworten. Ein Vergleich der großen Weltreligionen in Wort und Bild. Zürich 1977.
Stein, G. und Steinbach, U.: The Contemporary Middle Eastern Scene. Hamburg 1979.
Steinbach, U., Hofmeier, R., und Schönborn, M. (Hrsg.): Politisches Lexikon Nahost. (Mit ausführlichem Literaturverzeichnis.) 2. Auflage. München 1981.
Taeschner, F.: Geschichte der arabischen Welt. Stuttgart 1964.
Tibi, B.: Vom Gottesreich zum Nationalstaat. Frankfurt/Main 1987.
Timerman, J.: Israels längster Krieg. München 1985.
Varende, de la J.: Gustav Flaubert. Reinbeck bei Hamburg 1958.
Walther, W.: Erkundungen. 28 irakische Erzähler. Berlin (Ost) 1985.
Wiener, D.: Shalom. Israels Friedensbewegung. Hamburg 1984.
Wirth, E.: Nordafrika und Vorderasien. Frankfurt 1973.
Ders.: Syrien. Darmstadt 1971.
Wolffsohn, M.: Deutsch-israelische Beziehungen. Umfragen und Interpretationen 1952–1983. München 1986.